Brandt

Geschichte der römischen
Kaiserzeit 284–363

STUDIENBÜCHER
Geschichte und Kultur
der Alten Welt

Herausgegeben von

Klaus Bringmann
Elisabeth Erdmann
Klaus M. Girardet
Gustav Adolf Lehmann
Ulrich Sinn
Karl Strobel

Hartwin Brandt

Geschichte der römischen Kaiserzeit

Von Diokletian und Konstantin
bis zum Ende der
konstantinischen Dynastie (284–363)

Akademie Verlag

Die Deutsche Bibliothek – CIP-Einheitsaufnahme

Brandt, Hartwin:
Geschichte der römischen Kaiserzeit : von Diokletian und
Konstantin bis zum Ende der konstantinischen Dynastie (284–363) /
Hartwin Brandt. – Berlin : Akad. Verl., 1998
   (Studienbücher Geschichte und Kultur der Alten Welt)
   ISBN 3-05-003281-2

© Akademie Verlag GmbH, Berlin 1998
Der Akademie Verlag ist ein Unternehmen der R. Oldenbourg-Gruppe.

Das eingesetzte Papier ist alterungsbeständig nach DIN/ISO 9706.

Einbandgestaltung: Günter Schorcht, Schildow
Buchgestaltung und Satz: Hans Herschelmann, Berlin
Druck: WB-Druck, Rieden

Printed in the Federal Republic of Germany

Vorwort der Herausgeber

Es ist paradox, daß auf dem Wege Deutschlands in ein geeintes Europa den gemeinsamen Wurzeln dieses Europas in seinem Bildungssystem immer weniger Aufmerksamkeit geschenkt wird. Dem erklärten politischen Willen, ein geeintes Europa zu schaffen, steht ein zielstrebiger Abbau des tragenden Geschichtsbildes und des Wissens um sein kulturelles Werden gegenüber. Damit werden aber gerade jene Bereiche im allgemeinen Bewußtsein abgebaut, die auf dem Weg der Einigung Europas das notwendige mentale, identitätsstiftende Fundament über die wirtschaftlichen Komponenten und ökonomischen Interessen hinaus zu geben vermögen; denn letztere besitzen durchaus ein Konfliktpotential für das gewollte Zusammenwachsen. Es ist bei der Entwicklung der schulischen Lehrpläne in den verschiedenen Bundesländern festzustellen, daß gerade das Wissen um jene Perioden abgebaut wurde, ja noch weiter reduziert werden soll, aus denen Europa konkret als Einheit zu begreifen ist. Gegenüber der Antike, dem Werden des Abendlandes in der Schwellenphase von Spätantike und Frühmittelalter und schließlich dem Mittelalter selbst wird genau jene Epoche in den Vordergrund gestellt, in der sich Europa durch Nationalismus, Imperialismus und wirtschaftliche Konkurrenz zu einem erbitterten Gegeneinander entwickelt hat. Geschichte in der Schule vermittelt keine europäische Perspektive, sondern wird zur nationalen Nabelschau. Dagegen werden die Phänomene zurückgedrängt, in denen sich eine völker-, sprachen- und kulturübergreifende Symbiose verwirklicht hatte, wie wir dies im Hellenismus, zu dem auch das republikanische Rom und der westliche Mittelmeerraum gehörten, und im Imperium Romanum vor Augen haben. Gerade hier sind Multikulturalität und Kulturationsprozesse, Innovation und Beharren sowie wirtschaftliche, kulturelle und soziale Interferenzen beispielhaft zu verfolgen, also die Sinnhaftigkeit des Phänomens, das wir mit dem Schlagwort Europa meist nur vage ansprechen, nachzuvollziehen. Daß es für diese Vergangenheiten unserer Gegenwart eine breite Nachfrage nach Information gibt, das zeigt nicht nur die umfangreiche Produktion von Sachbüchern, sondern auch das Interesse an Medienproduktionen zu Themen von Archäologie und Antike. Die

Folgen der skizzierten Entwicklung auf dem Feld der Schulbildung werden noch dadurch verstärkt, daß sich der Zugang zu den Zeugnissen des Altertums über die Quellensprachen immer mehr verengt. Dabei darf nicht übersehen werden, daß das Griechische für die „römische Welt" als allgemein verbreitete und den Osten des Imperium Romanum prägende Sprache zu dem Gesamtphänomen gehört, ja den Zugang zu den Quellen für die aktuellsten Fragestellungen nach dem sozialen und wirtschaftlichen Alltag eröffnet, von seiner prägenden Kraft als Kirchensprache ganz abgesehen. Der nur auf die Gegenwart hin funktionalisierte schulische Unterricht kann die Bedürfnisse nach stabiler Orientierung und Identität nicht befriedigen, er macht gerade anfällig für Ideologien und ‚einfache Lösungen'. Die Verengung im schulischen Unterricht wirkt in komplexer Weise auf die akademische Ausbildung zurück, in den fehlenden Vorkenntnissen der Studierenden ebenso wie in der Strukturierung des Studiums oder einer ‚Verschlankung' der Lehrausbildung. Fördernder schulischer Unterricht sowie qualifizierte, problemorientierte Medientätigkeit setzen aber Kompetenz voraus. Aus der fachlichen und methodischen Qualifikation erwachsen Autorität, eigenes Einsichtsvermögen und damit die Voraussetzungen für kreative Vermittlung von Inhalten. Die Fähigkeit zur Erklärung von komplexen, übergreifenden Phänomenen bedarf des eigenen vertieften Zuganges.

Die Reihe „Studienbücher Geschichte und Kultur der Alten Welt" möchte zu einer Antwort auf die angesprochenen Probleme beitragen. Die einzelnen Bände sollen in der Breite wie in der Konzentration der gebotenen Inhalte ein fundiertes Informationsmedium und ein in die Vertiefung von Fragestellungen wie Methoden führendes Arbeitsinstrument darstellen. Sie sollen nicht nur auf den akademischen Unterricht und das Studium ausgerichtet sein, auch wenn dies eine wesentliche Zielsetzung bildet, sondern ebenso auf die Bereiche von Lehrerfortbildung, Unterrichtsvorbereitung oder Projektunterricht, auf die Nachbarwissenschaften und auf den breiten Kreis interessierter Leser. Die Bände der Reihe werden zum einen in einer chronologischen Gliederung einzelne Abschnitte der geschichtlichen Entwicklungen zum Gegenstand haben, zum anderen thematisch aufgebaut sein. Dabei soll besonders auf die Überwindung traditioneller Schematismen hingewiesen werden. Das inhaltliche Spektrum und die Vertiefung der Darstellung sind gegenüber bisherigen Quellensammlungen, auch solchen des angelsächsischen Raumes, entscheidend erweitert. Nicht die Vielzahl der vorgelegten Quellen, sondern deren exemplarischer Charakter und beispielhafte Erschließung stehen im Mittelpunkt. Darstellung, Kommentierung, Glossar und Bibliographie sollen die einzelnen Bände zu Arbeitsinstrumenten machen, die den Zugang zu Diskussionsstand und Verständnis der behandelten Phänomene bieten. Dabei sollen literarische wie nichtliterarische Textquellen, antike Bildmedien und archäologische Befunde gleichberechtigt nebeneinandertreten. Abbildungen dienen nicht der Illustration, sondern stellen Quellen dar, die in Aussage wie Problematik erschlossen werden. Die Herausgeber hoffen, durch die neue Reihe eine Lücke in den Instrumenten zur Vermittlung vertieften Wissens und Verständnisses für das Altertum als Grundlage unserer europäisch geprägten Welt zu schließen und zu einem breiten, nicht auf die Zeitgeschichte verengten Geschichtsbild beizutragen. Daß die Textquellen dabei in einer auf ihre Begrifflichkeit hin geprüften Übersetzung geboten werden, soll nicht als Zugeständnis an den „Zeitgeist" mißverstanden werden; die Kenntnis der Quellensprachen bleibt unverzichtbar. Es ist vielmehr das Ziel, den Zugang zu den Textquellen für die breiten Kreise zu öffnen, die in der universitären, schulischen und gesellschaftlichen Allgemeinheit nicht über Kenntnisse der klassischen europäischen oder gar der altorientalischen Sprachen verfügen, ebenso für jene Studierenden, die sich ihre Kenntnisse erst an der Universität aneignen und nicht mehr über eine breite schulische Textlektüre verfügen. Die antike Begrifflichkeit soll durch die Übersetzung nicht ausgeklammert, sondern als quellensprachlicher Schlüssel herausgestellt werden. So sind zugleich die begriffsgeschichtlichen Vorgaben der Terminologien zu erhellen, die wir in allen Bereichen benutzen und die sich auch in Neuschöpfungen aus der antiken Sprachlichkeit ableiten. Die Tatsache, daß die lateinische Begrifflichkeit den gesamten romanischen Raum prägt, ist dabei sicher eher im Bewußtsein als ihre Präsenz auch im Englischen. Daß Sprache und Begriffe unser Denken wie die mentalen Strukturen unserer Wahrnehmung formen, ist dabei ins Gedächtnis zu rufen. Die Herausgeber hoffen, daß die Reihe „Studienbücher Geschichte und Kultur der Alten Welt" durch die Breite der Themen und die Vielfalt der vorgestellten Quellen die antike Welt in dem Reichtum ihrer Aspekte, in der Pluralität ihrer Lebenswelten und in der Modernität vieler Fragestellungen bewußt werden läßt. Die Welt der Antike ist in der Gegenwart stets präsent; sie hat aus der griechischen Welt den Gedanken einer politischen Partizipation des Bürgers, die von einem Gemeinwesen der Bürger getragene politische und soziale Ordnung eingebracht, aus dem Imperium Romanum die Ordnung auf der Grundlage des Bürgerrechts und der in den größeren politischen Verband integrierten kommunalen und regionalen Selbstverwaltungseinheiten. Ohne sie hätte der mehr als ‚schlanke Staat' des Imperium Romanum nie funktioniert, nie die tragende Akzeptanz gewonnen, ja nie in seiner Multi-Ethnizität und Multikulturalität so dauerhaft existiert. Dabei ist gerade diese Existenz des Imperium Romanum die Voraussetzung für die Ausbreitung des Christentums, für die Ausbildung des Abendlandes und der Moderne, ja für die Formung des Begriffes „Europa" gewesen.

Im Frühjahr 1998   Die Herausgeber

Vorwort

Dieses Buch wurde zum größten Teil im Wintersemester 1996/97 in Rom geschrieben, wo ich während eines Forschungsfreisemesters die Reichtümer der einzigartigen Bibliothek des Deutschen Archäologischen Instituts nutzen durfte.

Die Anregung zu dem Unternehmen verdanke ich Herrn Kollegen K. M. Girardet (Saarbrücken), der mich für die neue Reihe der Studienbücher gewann und dem ich für zahlreiche Anregungen und Hinweise im Zuge eines kollegialen und fruchtbaren Austausches zu Dank verpflichtet bin. Insbesondere habe ich von der Lektüre seiner (1998 erscheinenden) Studie über "Die Konstantinische Wende und ihre Bedeutung für das Reich" profitiert, die er mir im Manuskript großzügigerweise überlassen hat.

Frau Sylvia Weigel hat mit ebenso großer Geduld wie Zuverlässigkeit mehrere Versionen des gesamten Textes geschrieben, den Christof Schuler (Tübingen) in Teilen gelesen und durch hilfreiche Vorschläge verbessert hat.

Für die Anfertigung und Übersendung von Abbildungsvorlagen danke ich der Fotoabteilung des DAI in Rom und vor allem Andreas Thomsen (Tübingen), und, last but not least, danke ich dem Akademie Verlag und Herrn Manfred Karras für die angenehme Zusammenarbeit.

Chemnitz, im Dezember 1997   Hartwin Brandt

Inhaltsverzeichnis

III. Anhang

Abkürzungsverzeichnis

AA	= Archäologischer Anzeiger
AE	= Année Épigraphique
AJA	= American Journal of Archaeology
AncSoc	= Ancient Society
ANSMusN	= The American Numismatic Society Museum Notes
AW	= Antike Welt
AnTard	= Antiquité Tardive
BHAC	= Bonner Historia Augusta-Colloquium
BJ	= Bonner Jahrbücher
CIL	= Corpus Inscriptionum Latinarum
CTh	= Codex Theodosianus
FHG	= Fragmenta Historicorum Graecorum
GGA	= Göttingische Gelehrte Anzeigen
GWU	= Geschichte in Wissenschaft und Unterricht
HZ	= Historische Zeitschrift
InvLuc	= Invigilata Lucernis
JbAC	= Jahrbuch für Antike und Christentum
JNG	= Jahrbuch für Numismatik und Geldgeschichte
ILS	= Inscriptiones Latinae Selectae
JRS	= Journal of Roman Studies
LNV	= Litterae Numismaticae Vindobonenses
MGH, AA	= Monumenta Germaniae Historica, Auctores antiquissimi
PLRE	= Prosopography of the Later Roman Empire
RAC	= Reallexikon für Antike und Christentum
RE	= Realencyklopaedie der classischen Altertumswissenschaft
RIC	= Roman Imperial Coinage
RM	= Mitteilungen des Deutschen Archäologischen Instituts. Abtlg. Rom
RQ	= Römische Quartalsschrift für christliche Altertumskunde und für Kirchengeschichte
SM	= Schweizer Münzblätter

TRE   = Theologische Realenzyklopädie
ZPE   = Zeitschrift für Papyrologie und Epigraphik

I. Darstellung

Einführung:
Altes und Neues – Die Spätantike

Schon immer hat man – in der analysierenden Rückschau – gesehen, daß das Jahr 284 einen bedeutsamen Einschnitt in der römischen Geschichte markierte: Mit dem Herrschaftsantritt Diokletians am 20. 11. 284 begann die Spätantike, begann etwas Neues – aber an der historischen Interpretation dieser Neuerungen scheiden sich bis heute die Geister. Die lange Jahrzehnte geradezu kanonische Deutung geht auf Theodor Mommsen zurück: Mit Diokletian sei der Prinzipat durch den Dominat abgelöst worden, in welchem der Kaiser als Herr („dominus") weit über den Aristokraten sowie über der kaiserzeitlichen Rechtsordnung gestanden und gar eine gottähnliche Stellung eingenommen habe. Diese Auffassung kann inzwischen als überholt betrachtet werden,[1] gleichwohl diskutiert man weiterhin, ob und inwiefern Diokletian und seine Mitherrscher eine überlegte Neuformierung der Kaiserherrschaft angestrebt haben und wie ihre Reformen in Staat, Wirtschaft und Gesellschaft zu beurteilen sind.

Gewandelt hat sich auch das Bild der Spätantike insgesamt. Galt diese früher als lange Verfallszeit des Altertums bzw. als Ouvertüre des europäisch-byzantinischen Mittelalters, so besteht heute kein Zweifel mehr an dem genuin antiken Charakter des spätrömischen Reiches, das im 4. Jahrhundert sogar eine neue Blüte erlebte.[2] Die wichtigsten Elemente der geschichtlichen Entwicklungen und Wandlungen der Zeit zwischen 284 und 363 werden in dem vorliegenden Band anhand von literarischen Quellen, Dokumenten und Denkmälern zur Sprache kommen, darunter insbesondere auch die religiöse Entwicklung, bildet doch der Konflikt zwischen Christentum und Heidentum ein, wenn nicht gar *das* beherrschende Thema des 4. Jahrhunderts. Insofern bietet der chronologische Endpunkt des Bandes, das Jahr 363, in zweifacher Hinsicht eine sinnvolle Zäsur: Mit dem Tod des Kaisers Julian endete nicht nur die konstantinische Dynastie, sondern zugleich scheiterte der letzte umfassende Versuch, der fortschreitenden Christianisierung

---

1 Bleicken (1978).
2 Vgl. Demandt (1989) XIIIf.; ders., Der Fall Roms, 1984.

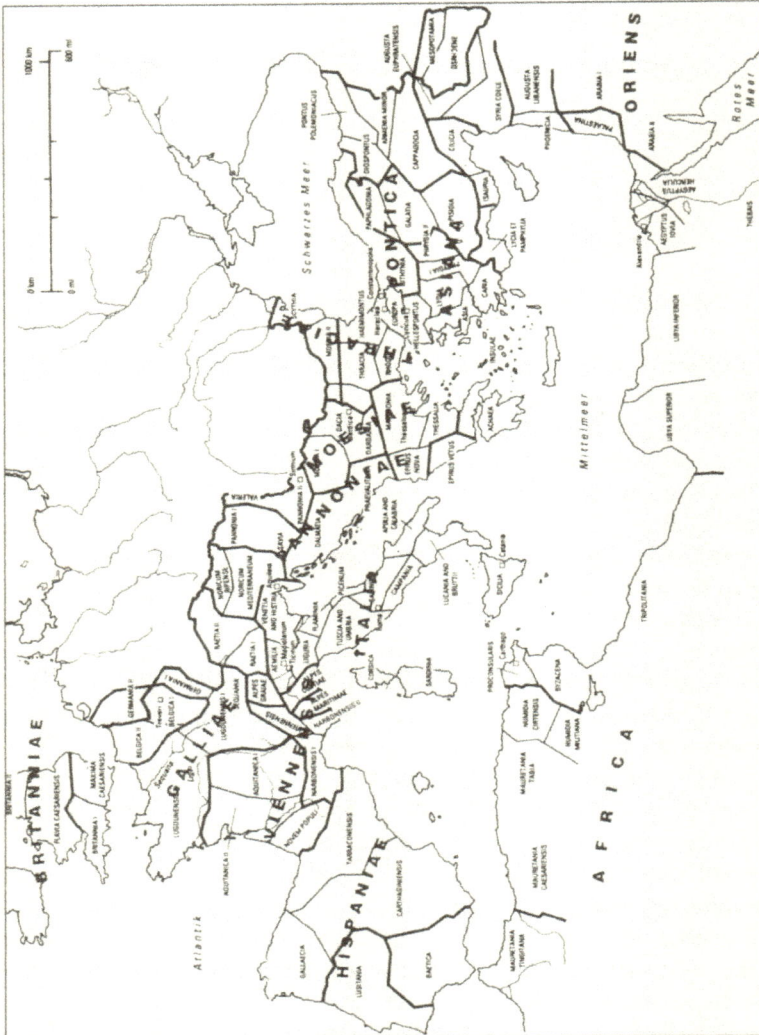

Abb. 1: Das römische Reich in der Spätantike

des römischen Reiches Einhalt zu gebieten – der vermeintlich „letzte Kampf des Heidentums" in Rom (392–394) unter dem Usurpator Eugenius[3] war demgegenüber nur ein schwaches Echo der bereits unter Julian gescheiterten religiösen Restauration.

---

3 Vgl. T. Grünewald, Der letzte Kampf des Heidentums in Rom?, Historia 41 1992, 462–487 (mit ausführlicher Literatur zu diesem Schlagwort in 462 Anm. 1).

1. Diokletian und die Tetrarchie (284–305): Reform und Erneuerung

Der Herrschaftsantritt[4] Diokletians am 20. 11. 284 in Nikomedeia ließ zunächst nur ein weiteres Kapitel in der schon langen Geschichte von Usurpationen und Thronwechseln des krisenhaften 3. Jahrhunderts erwarten: Der aus einfachen Verhältnissen stammende, in Dalmatien beheimatete und eine rein militärische Karriere aufweisende Offizier C. Valerius Diocles wurde von den römischen Truppen zum Kaiser ausgerufen, und seine erste ‚Amtshandlung' bestand in der sofortigen Ermordung des in der Heeresversammlung neben ihm postierten Prätorianerpräfekten und potentiellen Konkurrenten Aper. Trotz dieser mit Blick auf das gesamte 3. Jahrhundert geradezu konventionellen Art der Amtsübernahme, die erst endgültig durch den Tod des amtierenden Kaisers Carinus (August/September 285) und die nachfolgende Anerkennung durch den Senat abgerundet wurde, zeigte sich bald, daß der neue, sich nun M. Aurelius (C.) Valerius Diocletianus nennende Kaiser weiterreichende Vorstellungen entwickelte, die auf eine umfassende Reformierung von Herrschaft, Staat und Gesellschaft abzielten. Fast alle Einzelelemente dieses Reformwerks werden, genauso wie die (primär aus fragmentarischen Inschriften, Papyri sowie Münzemissionen zu rekonstruierende) Abfolge wichtiger historischer Begebenheiten, in der althistorischen Forschung sehr lebhaft diskutiert. Umstritten ist vor allem die Frage, ob Diokletian bereits sehr früh die Formierung einer Mehrkaiserherrschaft auf neuer Basis angestrebt hat oder durch den Zwang der Ereignisse zu einer schrittweisen Aufteilung der kaiserlichen Kompetenzen auf mehrere Schultern gezwungen war.

---

4 Ich folge hier und im weiteren vornehmlich den Auffassungen von F. Kolb (1987) 10ff.; ders. (1995) 21–31; zu den abweichenden Positionen vor allem von T. D. Barnes siehe nur Kolb, ebd., und Gnomon 60, 1988, 45ff.

1.1 Das neue System der Tetrarchie

Bereits Ende 285, wahrscheinlich am 13. 12., erkor Diokletian den nahezu
gleichaltrigen, ebenfalls von niedriger Herkunft durch eine militärische Laufbahn aufgestiegenen Landsmann Maximianus zum Caesar, offenbar in der
festen Absicht, ihn schon bald – nach einer Bewährungszeit – zum Augustus
zu erheben.[5] Maximian erfüllte die in ihn gesetzten Hoffnungen: Er besiegte
die aufständischen Bagauden in Gallien und avancierte im Frühjahr 286 –
vielleicht am 1. Mai – zum Augustus. Wie wohldurchdacht Diokletian vor-
ging, zeigen die Modalitäten der Entstehung dieser Zweikaiserherrschaft
(Dyarchie): Maximian nahm das Gentilnomen Diokletians an und hieß fortan M. Aurelius Valerius Maximianus. Beide Augusti erhielten überdies zwei
Beinamen, die künftig in Inschriften, auf Münzen und in offiziösen Festreden (Panegyrici) propagandistisch genutzt wurden: Diokletian erhob als
„Iovius" den Anspruch, Abkömmling Jupiters zu sein, und Maximian leitete
sich als „Herculius" von Hercules her. Es entstand somit eine theokratisch
untermauerte Zweikaiserherrschaft, die sich einerseits durch eine aufwendige
und raffinierte Herrschaftsideologie um Akzeptanz beim Volk und vor allem
bei den Soldaten bemühte und andererseits von vornherein potentiellen
Usurpatoren jede Legitimität bestreiten wollte.[6]

Wollte Diokletian langfristige Stabilität der Kaiserherrschaft anstreben,
mußte er vor allem für eine Lösung des stets prekären Nachfolgeproblems
Sorge tragen. In diesem Punkt verfiel er auf eine wahrhaft originelle Idee: Im
Frühjahr 293[7] wurden zwei ebenfalls dem Balkanraum entstammende, mit
den beiden Augusti nahezu gleichaltrige Militärs – Constantius I. Chlorus
und Galerius – zu Caesares ernannt, als Söhne („filii") von den Augusti
adoptiert und zugleich als „Iovius" bzw. „Herculius" in die göttliche Herr-
scherfamilie („domus divina") aufgenommen. Das revolutionäre Moment
dieser Regelung besteht darin, daß hiermit der leibliche Sohn Maximians,
Maxentius, von der Nachfolge ausgeschlossen wurde.

Spätantike Autoren und eine Reihe von modernen Gelehrten motivieren
diese Erweiterung der Dyarchie zur Tetrarchie mit militärischen und politischen Problemen, derer die beiden Augusti allein nicht mehr Herr zu werden vermochten, aber exakte chronologische Untersuchungen[8] lassen dies
zweifelhaft erscheinen. Zwar mußten (wahrscheinlich) zwischen Herbst 296

---

5 Dafür könnte das auffällige Fehlen der Münzen für den Caesar Maximian sprechen –
  anscheinend hatte Diokletian die Aufwertung Maximians zum Augustus und Bruder
  („frater") bereits ins Auge gefaßt (Kolb 1987, 46f.).
6 Vgl. vor allem Kolb (1987) 88–114 und unten M 10.
7 Die exakten Daten sind nicht gesichert, vgl. zuletzt Kolb (1995) 23.
8 Kolb (1988a) 105–125.; ders. (1988b) 325–343; ders. (1987) 68ff.

und Sommer 298 Aufstände in Ägypten (gegen Domitius Domitianus und Aurelius Achilleus) bekämpft und gegen den sassanidischen Herrscher Narses Krieg geführt sowie das 286/87 von dem Usurpator Carausius beherrschte Britannien zurückgewonnen werden,[9] aber mit diesen Begebenheiten läßt sich nicht plausibel die Erhebung der Caesares im Jahre 293 begründen. Das ausschlaggebende Motiv dürfte daher in der Stabilisierung der neuformierten Kaiserherrschaft und der längerfristig geregelten Nachfolge liegen, und dieser Eindruck wird bestätigt durch die erkennbare Vervollkommnung des tetrarchischen Systems zwischen 293 und 303.[10] Gezielte Manipulationen bei der offiziellen Zählung der Herrschaftsjahre von Diokletian und Maximian ermöglichten die gemeinsame Feier ihrer Vicennalia (des 20-jährigen Regierungsjubiläums) und mündeten ein in eine weitere revolutionäre, am 1. 5. 305 realisierte Neuerung des tetrarchischen Systems: die freiwillige Abdankung der Augusti. Entgegen tendenziösen Darstellungen etwa des christlichen Historikers Laktanz[11] scheint der Rücktritt vom Kaiseramt länger geplant und – zumindest von seiten Diokletians – freiwillig erfolgt zu sein, worauf unter anderem die Baugeschichte des Diokletianspalastes in Spalato deutet (M 5). Jedenfalls wurden anläßlich der Etablierung der zweiten Tetrarchie am 1. 5. 305 Münzen ausgegeben, auf denen die Legenden mit der Nennung von Gelübden („vota") aufgrund von Regierungsjubiläen – VOT X (für die Caesares) und VOT XX (für die Augusti)[12] – eine „dezimale Symmetrie" (F. Kolb) der Herrschaftszeiten fingieren. Offensichtlich strebte Diokletian eine dauerhafte Fortsetzung des von ihm geschaffenen Systems an, indem zwei Augusti jeweils nach zwanzig Jahren abtreten und die bereits zehn Jahre amtierenden Caesares als neue Augusti nachrücken sollten, um ihrerseits neue Caesares als präsumtive Augusti zu ernennen. Nur am 1. Mai 305 hat dieses wahrlich ingeniöse Modell reibungslos funktioniert: Die Caesares Constantius I. Chlorus und Galerius avancierten zu Augusti, und zwei weitere, ebenfalls aus dem Balkanraum stammende Militärs, Severus und Maximinus Daia, wurden zu Caesares ernannt – die leiblichen Söhne der Augusti gingen leer aus.

---

9 Vgl. die Ereignistabelle bei Kolb (1995) 26f.
10 Siehe dazu Kolb (1987) 115–127.
11 Lact. de mort. pers. 18, 1–7: Er behauptet, Galerius habe Diokletian zur Abdankung gezwungen.
12 Kolb (1987) 126 (mit Nachweisen und Münzabbildungen).

1.2 Reformen in Wirtschaft und Verwaltung

Die tetrarchischen Reformbestrebungen auf den Feldern der Währungs-
und Steuerpolitik sowie im Verwaltungswesen setzen offenbar ebenfalls
schon früh in den 290er Jahren ein und unterstreichen den Eindruck einer
tatsächlich längerfristig konzipierten und keineswegs kurzatmigen, nur ad
hoc reagierenden Politik. Energische Maßnahmen ergriffen die Tetrarchen
zur Behebung der im 3. Jahrhundert stetig gewachsenen Münzprobleme, die
zur Verminderung des Metallgehalts sowie zu Wertverfall und Inflation
geführt hatten.[13] Es wurde (vielleicht schon seit 292/93) eine reichsweite
Vereinheitlichung der Münzherstellung mit zentral gelenkten Reichsmünz-
stätten geschaffen, die Sesterzprägung aufgegeben, und als neue, wichtigste
Gebrauchsmünze für die ‚kleinen Leute‘ wurde eine mit Silber überzogene
Bronzemünze, der Follis, eingeführt. Deutlich erkennbar ist jedoch bereits
die Tendenz, vor allem eine stabile Gold-(„aureus solidus") und Silberwäh-
rung („argenteus") zu etablieren[14] – mit diesen zukunftsweisenden Maßnahmen, die vor allem eine weit über die Spätantike hinaus solide Goldwährung
begründeten, gelang eine zumindest temporäre Beruhigung der Währungs-
turbulenzen.

Eine vor wenigen Jahrzehnten gefundene Inschrift aus Kleinasien (M 6)
vermittelt uns Einblicke in die Einzelheiten der letzten großen Etappe dieser
Politik, der Währungsreform vom 1. 9. 301. Deren Hauptzweck bestand
augenscheinlich in der Schonung der staatlichen Silberressourcen, denn allein
die Silbernominale und versilberten Bronzen wurden durch dieses Edikt in
ihrem Wert verdoppelt, worauf der Markt natürlich mit entsprechenden
Preissteigerungen reagieren würde. Daher erließen Diokletian und seine
Kollegen nur wenig später – noch im Jahre 301 – das berühmte Preisedikt
(M 7) mit einer umfänglichen Liste von Höchstpreisen für Güter und
Dienstleistungen. Zwar erwies sich diese Preisbindungspolitik letztlich in
dem riesigen Imperium Romanum als nicht konsequent durchsetzbar,[15]
gleichwohl zeugen die genannten Inschriften von einem für die damalige
Zeit bemerkenswerten Niveau wirtschaftspolitischer Überlegungen und
Strategien.

---

13 M. F. Hendy, Mint and Fiscal Administration under Diocletian, his Colleagues and
his Successors, JRS 62, 1972, 75–82; P. Bruun, The Successive Monetary Reforms of
Diocletian, ANS MusN 24, 1979, 129–148.
14 Jahn (1975) 91–105; Brandt (1988) 26ff.
15 Immerhin kommt jüngst H. Böhnke (1994) 473–483 zu dem Ergebnis, daß Diokletians Geldpolitik nicht als gescheitert anzusehen sei.

Nicht weniger innovativ agierten die Tetrarchen auf dem Sektor der Steuerpolitik. In den Einzelheiten bis heute nicht definitiv geklärt[16] und etwa von dem christlichen Historiker Laktanz als Instrument zur Vermehrung der Steuerlasten gebrandmarkt (M 8), dürfte das Hauptziel der neuen, vielleicht schon seit 287 auf den Weg gebrachten[17] Maßnahmen doch darin bestanden haben, auch hinsichtlich der Steuererhebung ein reichsweit einheitliches System zu kreieren und dessen Rationalität und Effizienz zu garantieren. Die wichtigste, in Naturalien oder (in Folge der sog. Adäration)[18] in Geldform zu zahlende Grundsteuer („annona") wurde aufgrund eines im gesamten Imperium praktizierten Veranlagungsprinzips erhoben, das sowohl die verfügbaren Arbeitskräfte samt Viehbestand („capita") als auch die nach Produkten differenzierte Anbaufläche („iugera") berücksichtigte. Alle fünf Jahre sollte eine neue Bemessung („indictio") der Steuerpflicht vorgenommen werden; seit Konstantin erfolgte die Indiktion alle fünfzehn Jahre und blieb noch im Mittelalter als Element der Datierung in Kraft, als dieses Steuersystem längst nicht mehr existierte.

Das in zahlreichen Gesetzen der spätantiken Codices behandelte System der „capitatio-iugatio" (vgl. M 8) diente natürlich insbesondere der Gewährleistung des staatlichen Budgets, aus dem als gewiß größter Posten die Ausgaben für die Heeresversorgung und die zivile Administration bestritten werden mußten. Letztere wurde einerseits durch die Mehrzahl der Kaiser aufgebläht, die alle über eine eigene, mobile Hofverwaltung („comitatus") verfügten, andererseits durch die von Diokletian initiierte Reorganisation der Provinzverwaltung, die zu einer Verkleinerung und annähernden Verdoppelung auf fast 100 Provinzen noch unter den Tetrarchen führte. Als neue Zwischeninstanz zwischen den Provinzen und der Reichszentrale fungierten – vielleicht bereits seit diokletianischer, möglicherweise aber auch erst seit konstantinischer Zeit[19] – nun (später von der christlichen Kirche als Organisationseinheit übernommene) zwölf Diözesen, denen „vicarii" vorstanden.

---

16 Siehe zuletzt Carrié (1994).

17 So Carrié, ebd. 33–64.

18 Vgl. dazu vor allem K. L. Noethlichs, Spätantike Wirtschaftspolitik und Adaeratio, Historia 34, 1985, 102–116; Brandt (1988) 61ff.

19 Gegen die traditionelle Meinung, die bereits Diokletian diese Maßnahmen zuschreibt, wendet sich jetzt Migl (1994).

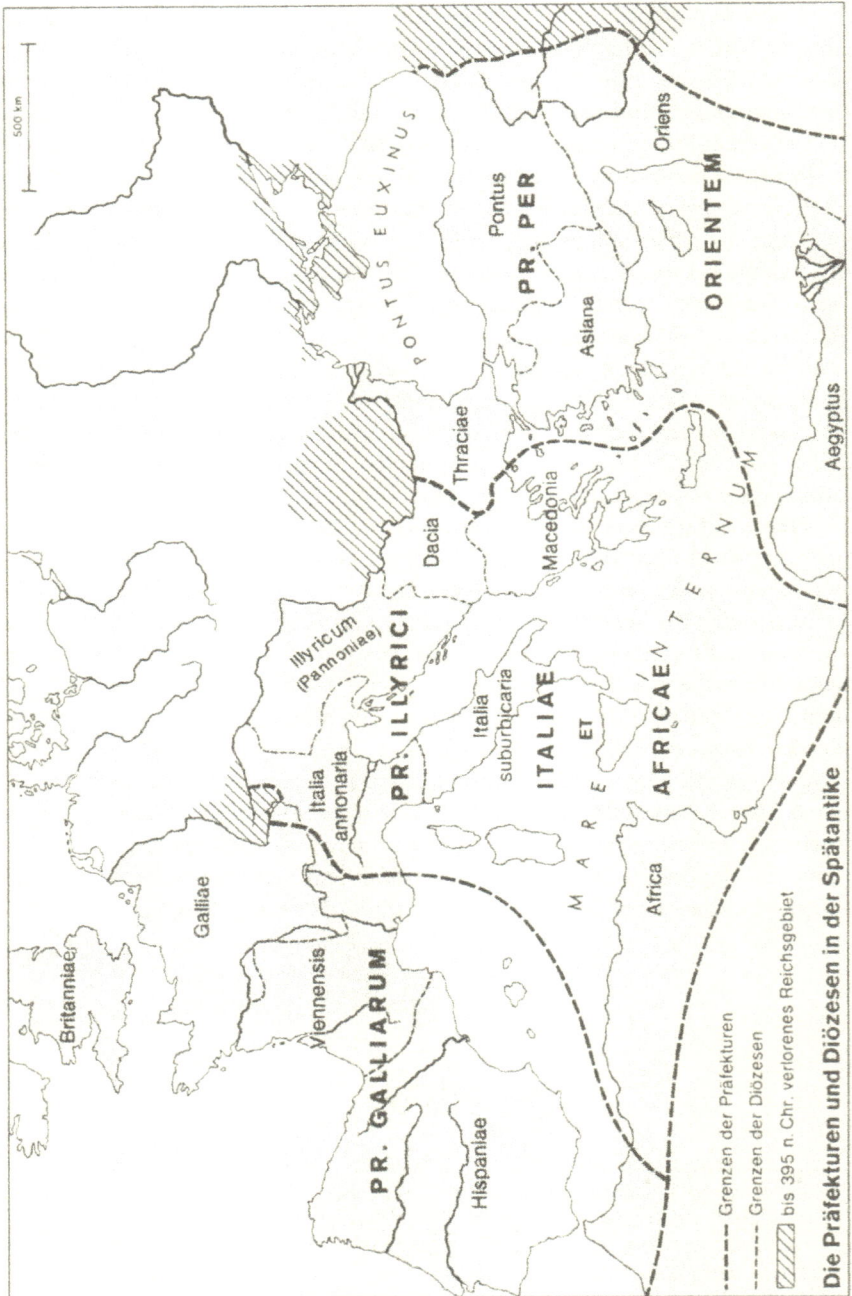

Abb. 2: Die Präfekturen und Diözesen in der Spätantike

Mit dem ebenfalls neugeordneten und auf vielleicht ca. 400.000 Mann angewachsenen Heer[20] gelang den Tetrarchen weitgehend die Sicherung der territorialen Integrität des Reiches. Ohne daß eine faktische Reichsteilung stattgefunden hätte, kristallisierten sich dennoch spezifische Kompetenz- und Operationsbezirke der einzelnen Tetrarchen heraus:[21] Diokletian agierte primär im gesamten Ostreich und war an militärischen und diplomatischen Aktionen gegen die Perser, in Syrien und im aufstandsgeplagten Ägypten beteiligt. Der vor allem für Griechenland und den Balkan zuständige Galerius führte im Donauraum Kriege gegen Sarmaten, Goten, Markomannen und Karpen und war maßgeblich an der Beendigung des Perserkrieges (298) beteiligt. Constantius I. Chlorus hatte den prekären nordwestlichen Raum (Gallien und Britannien) zu befrieden, während der zweite Augustus, Maximian, den verbleibenden größeren Westteil des Imperium kontrollierte und nach seinen früheren Erfolgen in Gallien (oben Seite 20) auch in Spanien und Nordafrika (296–298) erfolgreich gegen rebellierende Stämme operierte. Wahrscheinlich im Frühjahr 298[22] konnte daher der Festredner Eumenius in Autun das Bild eines befriedeten Erdkreises entwerfen.[23] Die äußere wie innere Stabilität hing freilich vom Bestand einer allgemein akzeptierten und funktionierenden Herrschaft der Kaiser ab. Da diese, wie gesehen, nicht zuletzt auf einer sakralen, an Jupiter und Herkules ausgerichteten Ideologie beruhte, konnten die Tetrarchen religiöse Bewegungen, welche die Gültigkeit und den Wert der altrömischen Religion in Zweifel zogen, nicht tolerieren.

1.3 Innovation und Restauration: Die Religionspolitik

Mit der am 23. Februar 303 begonnenen Christenverfolgung zogen die Tetrarchen die Konsequenz aus ihrem Anspruch, als Gottesabkömmlinge[24] die Welt zu regieren – die christliche Religion mit ihrem Absolutheitsanspruch und ihrer aggressiven Ablehnung der altheidnischen Kulte sollte beseitigt

---

20 Vgl. Joh. Lydos (6. Jh. n. Chr.) de mens. I 27 und M. Clauss, Artikel Heerwesen, RAC 13, 1986, 1009.
21 Die außenpolitischen und militärgeschichtlichen Ereignisse bietet in geraffter Form vor allem Eutrop. 9, 20–25 (vgl. M 2).
22 So F. Kolb (1988a) 112ff; ders. (1995) 23f.
23 Pan. Lat. 9(5)21, 1–3.
24 Eine Inschrift (ILS 629) ist den Kaisern als „den von Göttern Geschaffenen und Erzeugern von Göttern" („diis genitis et deorum creatoribus") gewidmet! Vgl. unten M 10.

werden.[25] Der innovativen Iovius-Herculius-Ideologie entsprach folglich das restaurative Bemühen um die uneingeschränkte Wiederherstellung der Gültigkeit altrömischer Kulttraditionen.[26] Auch diese Politik entsprang offenbar längerfristigen Überlegungen Diokletians und ist nicht mit Laktanz (de mort. pers. 10–11) auf den vermeintlich alleinigen Initiator der Christenverfolgung, Galerius, zurückzuführen. So proklamierte schon das 295 erlassene Eheedikt (M 9) die unabdingbare Notwendigkeit der Ehrfurcht gegenüber den römischen Göttern, und das gegen eine religiöse Sektenbewegung gerichtete, vielleicht 297 zu datierende und in der Forschung heftig diskutierte Manichäeredikt[27] unterstreicht, daß sich Diokletian der hochpolitischen Gefahren religiösen Dissenses bewußt war.

Insofern bildet die Christenverfolgung durchaus einen Höhe- und Endpunkt einer religionspolitischen Strategie. Der Zeitpunkt war klug gewählt und symbolträchtig: Der 23. Februar, der Tag, an dem, wie jüngst K. H. Schwarte durch einen detaillierten Textvergleich zwischen Laktanz und Eusebius hat zeigen können,[28] das erste und einzige Verfolgungsedikt ausgefertigt wurde, fiel auf das dem Jupiter heilige Fest der Terminalia. Christliche Kirchen und Schriften sollten zerstört und ein allgemeines (natürlich vor allem gegen christliche Kleriker gerichtetes) Opfergebot befolgt werden. Weitere Durchführungsbestimmungen offenbarten den rücksichtslosen Verfolgungswillen Diokletians: „Das diokletianische Christengesetz bot dem Christen, der einmal in das Räderwerk der Verfolgungsmaschinerie geraten war, nur die Alternative von Tod oder manifester Apostasie."[29] Ihr Ziel hat die blutig realisierte Politik der Tetrarchen nicht erreicht, mit dem Toleranzedikt des Galerius von 311 (M 24) wurde sie denn auch offiziell eingestellt. Gleichwohl hat sie lange in das 4. Jahrhundert hineingewirkt und innerkirchliche Konflikte wie etwa den nordafrikanischen Donatistenstreit heraufbeschworen, da nach dem Ende der Unterdrückung unter den Christen Verdächtigungen und Vorwürfe wegen (vermeintlichen oder tatsächlichen) Abfalls vom wahren Christenglauben in der Verfolgungszeit erhoben wurden.

---

25 Vgl. dazu F. Kolb, L'ideologia tetrarchica e la politica religiosa di Diocleziano, in: G. Bonamente/F. Fusco (Hgg.), I Cristiani e l'impero nel IV secolo, 1988, 17–44.
26 Schwarte (1994) 203–240.
27 Zum aktuellen Diskussionsstand siehe zuletzt Kolb (1995) 27ff.
28 Schwarte (1994).
29 Schwarte (1994) 232.

2. Konstantin der Große (306–337): Monarchisierung und Christianisierung

2.1 Die Rückkehr zur Monarchie[30]

Das tetrarchische System ist an seinen beiden originellsten und zugleich revolutionärsten Elementen gescheitert: an dem Ausschluß der leiblichen Kaisersöhne von der Nachfolge und an der Idee der freiwilligen Abdankung. Zwar verlief der Übergang zur zweiten Tetrarchie am 1. 5. 305 noch komplikationslos, doch als der neue Augustus Constantius I. Chlorus bereits im Juli 306 in Britannien starb, riefen die Truppen unverzüglich seinen Sohn Konstantin zum Augustus aus. Zunächst konnte Galerius diese Situation noch einmal entschärfen, indem er den Caesar Severus zum Augustus und dafür Konstantin (neben Maximinus Daia) zum Caesar machte (dritte Tetrarchie), doch bereits im Herbst desselben Jahres proklamierten in Rom – ganz im Stil des 3. Jahrhunderts – die Prätorianer (zusammen mit Senat und Volk) den Sohn Maximians, Maxentius, zum Kaiser. Ihm blieb die Anerkennung durch die amtierenden Tetrarchen versagt, doch der gegen ihn gesandte Severus fand 307 den Tod; Maxentius, der gezielt die ‚stadtrömische Karte‘ spielte (vgl. M 4), blieb unbehelligt, und sein Vater Maximian beanspruchte sogar auch wieder eine aktive Rolle als Augustus. Angesichts dieser Sachlage übernahm der emeritierte „senior Augustus" Diokletian noch einmal den Konsulat und schuf 308 auf der Konferenz von Carnuntum die vierte (und letzte) Tetrarchie: Neben Galerius trat als neuer Augustus (ohne vorheriges Caesariat!) der ebenfalls aus dem Illyricum stammende Offizier Licinius, die Caesares (Konstantin und Maximinus Daia) blieben im Amt, und Maximian trat erneut zurück. Das tetrarchische System hatte jedoch seine Lebens- und Überzeugungskraft eingebüßt: Bereits 310 gab es vier legale Augusti, da die Caesares ihre Inferiorität nicht länger akzeptierten, während Maxentius weiterhin Rom sowie beträchtliche Teile Italiens und Nordafrikas beherrschte und sein Vater Maximian nach einem erneuten, erfolglosen ‚Comeback‘-Versuch 310 Selbstmord beging. Als Galerius 311 starb, gab es keine Versuche mehr, die Tetrarchie zu restituieren, sondern es herrschte Bürgerkrieg

---

30 Ausführlich zur Ereignisgeschichte und den Quellen: Demandt (1989) 61ff.

zwischen den Machtrivalen. Konstantin gab folgerichtig seinen bisher praktizierten Anschluß an die Herculius-Ideologie auf und fingierte nun seine
Abstammung von dem Kaiser Claudius II. Gothicus (268–270), um eine
eigene dynastische Tradition zu begründen. Am 28. Oktober 312 besiegte er,
nach einer angeblichen christlichen Vision (M 19), Maxentius in der berühmten Schlacht nahe der Milvischen Brücke (M 13), 313 nahm sich Maximinus
Daia in militärisch aussichtsloser Lage das Leben, und von 313 bis 324
regierten fortan die beiden Augusti Konstantin (im Westen) und Licinius (im
Osten) das Imperium eher gegen- als miteinander. 324 kam es schließlich zur
großen Entscheidungsschlacht bei Adrianopel, und der siegreiche Konstantin amtierte künftig als alleiniger Augustus.

Die Monarchie alten Stils war wiederhergestellt, und dementsprechend
betrieb Konstantin auch eine traditionelle dynastische Politik: Seine drei
jüngeren Söhne – den ältesten, Crispus, hatte er 326 zusammen mit anderen
Verwandten und seiner Ehefrau Fausta wahrscheinlich aus Angst vor deren
politischen Ansprüchen grausam ermorden lassen – und einen Neffen ernannte er zu Caesares, denen er bei seinem Tod (22. 5. 337) eine trotz
wahrscheinlich vorhandener Nachfolgeregelungen letztlich doch labile Situation als schwere Hypothek hinterließ (vgl. M 26).

2.2 Rom und Barbaren: Eine neue Strategie?

Im Zentrum der modernen wissenschaftlichen Debatte um Konstantin steht
zweifellos seine Religionspolitik (siehe unten 2.5), doch auch andere Elemente seiner Politik sind Gegenstand lebhafter Diskussionen, darunter seine
Außenpolitik, insbesondere deren Spätphase. Allerdings leidet die Debatte
unter der schwierigen Quellenlage, da neben den nur kurzen Geschichtsab-
rissen (Breviarien) des 4. Jahrhunderts vorwiegend spätere, häufig tenden-
ziöse Berichte zur Verfügung stehen und auch Inschriften sowie Münzen
selten gesicherte Daten und Ereignisse bieten.

Immerhin sind Germanenfeldzüge Konstantins zwischen 306/7 und 313
einwandfrei belegt,[31] die zu einer langfristigen Stabilisierung der Rheingrenze führten. 315 folgten wahrscheinlich erfolgreiche Expeditionen gegen
Goten und Sarmaten an der Donau,[32] und auch im Osten konnte zumindest
auf diplomatischem Wege eine Stabilisierung der römischen Position gegen
die Perser erzielt werden.[33] In der Herrschaftspropaganda wurden selbst
derartige Übereinkünfte als Ausdruck römischer Sieghaftigkeit gepriesen,

---

31 Grünewald (1990) 104 mit Anm. 250.
32 Grünewald, ebd. 107; zur Forschungslage jetzt Lippold (1992) 379.
33 Barceló (1981) 75ff.

wie die lange Liste der bereits in einer Inschrift von 318 für Konstantin verzeichneten Siegesbeinamen dokumentiert (M 14: ILS 696). 322 fanden erneut – in der Münzprägung durch Emissionen mit der siegverkündenden Aufschrift „Sarmatia devicta" gefeierte[34] – Feldzüge gegen die Sarmaten statt, die möglicherweise durch einen Vertrag („foedus") abgeschlossen wurden,[35] und 323 provozierten Goteneinfälle[36] in Moesien und Thrakien einen erneuten Krieg gegen die Goten.

In der Folgezeit hielt sich Konstantin überwiegend im Donauraum auf und betrieb eine dezidierte Grenzsicherungspolitik, die in der (328 erfolgten) Anlage einer Steinbrücke über die Donau ihren Höhepunkt fand.[37] Die erwähnten Forschungskontroversen beziehen sich sowohl auf die Interpretation dieser konstantinischen Maßnahmen (beabsichtigte der Kaiser eine Wiedereroberung Dakiens?) und der einschlägigen numismatischen Zeugnisse[38] als auch insbesondere auf das anschließende Geschehen von 332. Denn in diesem Jahr kam es zu erneuten militärischen Auseinandersetzungen zwischen Römern und Goten, die in dem berühmten Gotenfoedus von 332 gipfelten. Die später noch detaillierter darzustellende Diskussion um diesen Vertrag (M 15) betrifft die Frage, ob bereits jetzt die Goten zu reichsangehörigen Föderaten geworden wären (was spätestens seit 383 nachweislich der Fall war). Aufgrund neuerer Forschungen wird man diese Frage verneinen müssen,[39] gleichwohl hat Konstantin mit der wahrscheinlich in dem „foedus" verankerten Vereinbarung einer fakultativ zu leistenden Waffenhilfe der Goten eine sinnvolle Strategie eingeschlagen. Ob dieser Vertrag darüber hinaus mit eventueller Intensivierung der römisch-gotischen Kontakte auch als Movens der späteren Christianisierung der Goten anzusehen ist, muß freilich dahingestellt bleiben.[40]

---

34 Vgl. Grünewald (1990) 130; Lippold (1992) 377f.
35 So Lippold, ebd., 378.
36 Die einzige Quelle ist die Origo Constantini c. 21 (näheres unten S. 112ff.).
37 Vgl. Bleckmann (1995) 45ff., 61. Die Brücke verband den Ort Oescus mit dem am jenseitigen Ufer gelegenen Kastell Sucidava und entsprach der Köln-Deutzer-Anlage: Das unter Konstantin angelegte Kastell Deutz (CIL XIII 8502) bildete einen rechtsrheinischen Brückenkopf und war über die Rheinbrücke mit dem kölnischen Raum links des Rheins verbunden.
38 Vgl. Bleckmann, ebd., 45 und 50f mit Anm. 81.
39 Näheres unten Seite 112ff.
40 Vgl. Lippold (1992) 389f.

2.3 Eine neue Hauptstadt? Konstantinopel

Bereits die spätantiken Quellen haben einen Bogen geschlagen von den militärischen Erfolgen Konstantins zur Gründung von Konstantinopel. So heißt es in der Kirchengeschichte des Sozomenos (5. Jahrhundert): „Weil ihm nämlich alle Dinge nach Wunsch gelangen und er auch durch seine Kriege und durch die Friedensverträge die Beziehungen zu den Barbaren in erfolgreicher Weise geordnet hatte, beschloß er, eine Stadt zu gründen, die seinen Namen hatte und mit Rom gleichrangig war."[41] Wenn auch Sozomenos und anderen späteren Historiographen die chronologischen Details nicht immer deutlich vor Augen standen,[42] so trafen sie insofern das Richtige, als tatsächlich Münzen um 332 die Stadtgründung eindeutig mit der Sieghaftigkeit des Kaisers Konstantin assoziieren.[43] Nicht nur ein Siegessymbol, sondern zugleich eine neue Hauptstadt habe Konstantin errichten wollen – so jedenfalls lautet die herrschende Gelehrtenmeinung bis in die jüngste Zeit.[44] Demgegenüber hat H. Chantraine zu Recht darauf aufmerksam gemacht, daß Konstantin die seit 324 durch ein großangelegtes Bauprogramm von Byzanz zu Konstantinopel umgestaltete Stadt deutlich hinter Rom zurücksetzte: Es gab hier weder Prätoren noch einen Stadtpräfekten („praefectus urbi"), sondern nur einen „proconsul", auch galten die Angehörigen des neugeschaffenen, konstantinopolitanischen Senats nur als „clari", im Gegensatz zu den „clarissimi" in Rom.[45] Ohne Zweifel wollte Konstantin ein monumentales Denkmal seiner selbst mit durchaus christlich geprägtem Charakter (M 16: Stadtplan von Konstantinopel) schaffen, aber keine Kapitale anstelle Roms: „Konstantinopel war... ein zweites, aber deutlich abgestuftes Rom und vor allem die Stadt Konstantins."[46] Erst unter Constantius II. und vor allem unter Theodosius I. sollte das „neue Rom" tatsächlich der alten, traditionsreichen Hauptstadt in Rang, Titulatur und administrativer Ausstattung angeglichen werden.

41 Sozom. HE 2,3,2 (Übersetzung: Bleckmann (1995, 55).
42 Sozomenos und Iordanes (Get. 112) unterstellen, das Gotenfoedus sei schon vor der Gründung Konstantinopels abgeschlossen worden, siehe Bleckmann, ebd. 55 Anm. 104.
43 Vgl. Bleckmann, ebd. 55f.
44 Siehe die Angaben bei H. Chantraine, Konstantinopel: vom Zweiten Rom zum Neuen Rom, GWU 43, 1992, 3f., ferner Demandt (1989) 75 und jetzt noch Bleckmann, ebd. 56.
45 Chantraine, ebd., 5f.
46 Ebd., 8.

2.4 Eine neue Währungspolitik? Der „aureus solidus"

Während in der älteren Forschung Konstantin auch auf den Feldern der Fiskal- und Geldpolitik sowie im Verwaltungswesen grundlegende Reformen zugeschrieben wurden, hat sich in den letzten Jahrzehnten die Erkenntnis durchgesetzt, daß Konstantin hier eher als Fortsetzer tetrarchischer Neuerungen zu begreifen ist.[47] Immerhin wird ihm weiterhin eine bahnbrechende Innovation zugeschrieben: die Einführung einer neuen Goldmünze, des „solidus", der bis weit in die byzantinische Zeit hinein stabil geblieben und zur Grundlage einer neuen Geldwirtschaft geworden sei[48] (vgl. M 18). Zumindest gewisse Einschränkungen sind hier geboten, und ob das vieldiskutierte Zeugnis des Anonymus de rebus bellicis (2,1-2: M 17) einen literarischen Beleg für konstantinische Neuerungen bietet, bleibt ebenfalls zumindest diskutabel (unten Seite 123ff.). Jedenfalls bieten die lateinischen Fragmente des diokletianischen Preisediktes (vgl. M 7) aus Aizanoi einen klaren Beleg dafür, daß bereits unter der Tetrarchie die Münzbezeichnung „solidus" üblich war.[49] Immerhin modifizierte Konstantin geringfügig Gewicht und Goldgehalt des „solidus": Statt der diokletianischen Relation (1 „aureus solidus" = 1/60 Pfund) galt nun eine Relation von 1/72 Pfund pro „solidus". Während dieser Goldstandard tatsächlich viele Jahrhunderte lang Bestand haben und für stabile Preise in Gold sorgen sollte, entziehen sich die monetären Entwicklungen ansonsten einer klaren Bewertung: Aus Papyri wissen wir, daß die Gold-Bronze-Relationen weiterhin stark schwankten und vor allem die in Bronzenominalen ausgedrückten Preise enorm stiegen.[50] Ob man daher von inflationären Prozessen im ausgehenden 4. Jahrhundert ausgehen muß, ist weiterhin stark umstritten.[51]

---

47 Demandt (1989) 77; Cameron (1994) 68f.
48 Siehe nur Demandt, ebd. und Cameron, ebd.; ferner F. de Martino (1991) 425. Noch jüngst insistiert E. Lo Cascio (1995) 45 auf der seit Jahrzehnten vor allem in der italienischen Forschung postulierten ‚währungspolitischen Revolution Konstantins ("rivoluzione monetaria operata da Costantino"); vgl. zur älteren Literatur Brandt (1988) 30.
49 Jahn (1975) 96. 103 mit Anmerkung 53; vgl. Brandt, ebd.
50 Vgl. nur Brandt (1988) 30ff. und zuletzt Lo Cascio (1995).
51 Näheres unten zu M 17.

2.5 Der neue Kurs (I): Die ‚konstantinische Wende'

Alle bisher genannten Forschungskontroversen stehen freilich eindeutig im Schatten der immer noch lebhaft diskutierten sog. konstantinischen Frage, in der es um den Ursprung, das Ausmaß, die Beweggründe und die Ziele der unverkennbaren Förderung des Christentums seitens Konstantins geht.[52] Besonders umstritten sind dabei immer noch die Interpretationen der ‚christlichen Vision' Konstantins vor der Schlacht nahe der Milvischen Brücke im Oktober 312 (**M 19**), Datierung und Deutung der Silbermultiplums mit dem XP-Monogramm aus der Münzstätte Ticinum (**M 22**), das Bildprogramm und die Inschrift des Konstantinsbogens in Rom (**M 20–21**) sowie die Berichte und Selbstäußerungen des Kaisers im Rahmen der innerkirchlichen Konflikte. Da bei diesen und weiteren Detailproblemen selten eindeutige Lösungen zu erzielen, sondern in der Mehrzahl nur plausible Erwägungen zu formulieren sind, entzieht sich letztendlich auch die übergeordnete Frage, ob Konstantins Begünstigung des Christentums auf politisches Kalkül oder auf religiöse Überzeugung zurückzuführen ist, bislang einer klaren Beantwortung.[53]

Neue Nahrung hat die Diskussion zuletzt durch Bleickens sehr pointierte, in den Grundthesen freilich kaum überzeugende Abhandlung erhalten. Bleicken begreift die religionspolitischen Entwicklungen dieser Zeit primär als Ausdruck politischer Zweckrationalität seitens der Protagonisten. So habe Galerius mit der Einstellung der Christenverfolgungen im Jahr 311 (**M 24**) nur das Ziel verfolgt, im Osten, wo die Verfolgungen intensiv betrieben worden waren, für eine innenpolitische Beruhigung zu sorgen, zumal im Westen die diokletianischen Vorgaben kaum befolgt worden waren. Und die bahnbrechende Übereinkunft vom Februar 313 in Mailand zwischen Konstantin und Licinius, welche das Christentum in den Rang einer den anderen Kulten gleichberechtigten Religion erhob, sei Ausfluß des Bestrebens vor allem von Licinius gewesen, die Christen im Osten gegen den scharfen

---

52 Zum neuesten Stand der Forschung siehe nur Bleicken (1992); Bringmann (1995) 21–47; Bleckmann (1996), besonders 58ff. und jetzt vor allem Girardet (1998); siehe auch K. Gross-Albenhausen, Zur christlichen Selbstdarstellung Constantins, Klio 78, 1996, 171–185.

53 Müßig erscheint mir der Versuch, frühe, weit vor 312 zu datierende christliche Neigungen Konstantins nachweisen zu wollen (so, neben T. D. Barnes, Classical Views 29, 1985, 371–391, etwa P. A. Barceló, Die Religionspolitik Kaiser Constantins des Großen vor der Schlacht an der Milvischen Brücke, Hermes 116, 1988, 76–94), da die späteren, tendenziösen Nachrichten aus der Feder christlicher Autoren (Laktanz, Eusebius) keine Glaubwürdigkeit beanspruchen können. Vgl. Grünewald (1990) 80ff.; Girardet (1998) 22ff.

Christenverfolger Maximinus Daia aufzuwiegeln.[54] Demgegenüber hat
jüngst K. Bringmann in seiner Auseinandersetzung mit Bleicken zu Recht
vor allem auf die Dokumente des Donatistenstreites und der Kontroversen
um den Arianismus verwiesen,[55] in denen Konstantin sich „als Bruder in
Christo" stilisiert habe, mehr noch: „was Konstantin tat, lief auf die Erhebung des katholischen Kultus in den Rang einer Staatsreligion hinaus."[56]
Es gilt nun immerhin zu bedenken, daß Konstantin primär gegenüber
Christen bzw. im Kontext religionspolitischer Angelegenheiten seine Nähe
zu deren Glauben deutlich erkennen ließ und in seiner Gesetzgebung im
wesentlichen über eine Gleichstellung der christlichen Kirche und ihrer
Kleriker mit den Institutionen und Würdenträgern der alten heidnischen
Staatskulte nicht hinausgegangen ist.[57] Daß nach dem Sieg über Licinius „der
frontale Angriff auf das Heidentum"[58] eingesetzt habe, erscheint – trotz
eines möglicherweise in CTh 16,10,2 indirekt überlieferten Verbots heidnischer Opfer[59] – daher etwas übertrieben. So behielt Konstantin die seit
Augustus für den Kaiser kanonische Funktion eines obersten Sakralbeamten
(„pontifex maximus"), prägte weiterhin Münzen mit Darstellungen heidnischer Gottheiten (vor allem des Sonnengottes Sol Invictus), und noch 333/
335 konzedierte er den Bau eines Tempels für das eigene (flavische) Kaiser-
haus, verbat sich dabei freilich allzu blutige Opferhandlungen.[60] Als Teilneh-

54 Bleicken (1992).
55 Bringmann (1995) besonders 38ff.; einschlägige Texte mit deutscher Übersetzung
versammelt V. Keil, Quellensammlung zur Religionspolitik Konstantins des Großen, Darmstadt 1989, 72–145. Von besonderer Bedeutung ist hier das Schreiben
Konstantins an den heidnischen, afrikanischen Prokonsul Anullinus von Ende 312/
Anfang 313 (Eus. HE 10,7,1 = v. Soden [1950] Nr. 9, 4–15). Konstantin schreibt
darin mit Blick auf das Christentum: Aus vielen Dingen sei deutlich geworden, daß
die Gottesverehrung dem römischen Namen größtes Glück und der gesamten
Menschheit außerordentlichen Segen gebracht habe. In dieser Äußerung artikuliert
sich möglicherweise Konstantins selbst erfahrene und empfundene Bekehrung zum
Christentum. Entsprechendes gilt für den Brief Konstantins aus dem Jahr 314 an die
zu einem Konzil in Arles versammelten Bischöfe: v. Soden (1950) Nr. 18, 1–15.
Darin bezeichnet sich der Kaiser als gläubiger Christ, und der Christengott wird als
allmächtiger Gott („deus omnipotens") tituliert.
56 Bringmann, ebd. 39; noch dezidierter in diesem Sinne jetzt Girardet (1998).
57 Allerdings hat er die christlichen Kleriker schon 312/13 mit besonderen steuerlichen Immunitäten bedacht, s. F. Vittinghoff, Staat, Kirche und Dynastie beim
Tode Konstantins, in: Dihle (1989) 14ff. Zwar artikuliert sich in dieser Politik die
unbezweifelbare Nähe Konstantins zum Christentum, nicht jedoch schon eine
Erhebung des Christentums zur Staatsreligion.
58 Bringmann, ebd. 42.
59 Zum Stand der Debatte siehe Bringmann, ebd. 42 mit Anm. 69; Girardet (1998) 93f.
60 ILS 705.

mer an Konzilien begegnet Konstantin erst seit 325,[61] und immerhin ist auch die Gründung von Konstantinopel teilweise nach heidnischem Ritus zelebriert worden.[62] Ungeachtet dieser relativierenden Bemerkungen bleibt jedoch unbestreitbar, daß Bleicken die Religionspolitik in allzu starkem Maße auf Machtpolitik reduziert und Konstantins religiöse Beweggründe unterschätzt hat, daß man weiterhin von einer bahnbrechenden konstantinischen Wende sprechen muß und daß diese Wende den Weg für die Christianisierung von Staat und Gesellschaft im spätantiken Imperium Romanum und damit für einen das gesamte Mittelalter und die Neuzeit bedeutsamen Prozeß geebnet hat. Seit der Herrschaft Konstantins befand sich das Heidentum auf den meisten politischen und sozialen Ebenen in der Defensive, und die endgültige, rechtswirksame Etablierung des Christentums als Staatsreligion unter Theodosius I. war denn auch weniger ein revolutionärer Akt als vielmehr Endpunkt und Besiegelung längst vollzogener Entwicklungen.

2.6 Der neue Kurs (II): Christen, Häretiker, Heiden und Juden

Trotz der aus welthistorischer Perspektive kaum zu überschätzenden Hinwendung Konstantins zum christlichen Monotheismus blieb natürlich die überwiegende Mehrheit der Reichsbevölkerung weiterhin – und zwar noch weit über den Tod Konstantins hinaus – heidnisch und hielt an dem traditionellen Götterkanon fest.[63] Es entstand folglich ein gravierendes, angesichts des jahrhundertelang geltenden Polytheismus und der ihm inhärenten Toleranz gegenüber vielfältigen Religionsrichtungen bislang kaum bekanntes Problem:[64] der Konflikt zwischen einer genuin intoleranten, da mit dem alleinigen Wahrheitsanspruch versehenen und nun sogar von der politischen Spitze favorisierten Christentums auf der einen und einer Vielzahl andersartiger Religionen auf der anderen Seite. Das Galeriusedikt von 311 (**M 24**)

---

61 K. M. Girardet, Kaiser Constantin der Große als Vorsitzender von Konzilien, in: Bonamente/Fusco I, 1992, 445–459; ders., Der Vorsitzende des Konzils von Nicaea – Kaiser Konstantin der Große, in: Festschrift A. Lippold, 1993, 331–360.
62 Vgl. Demandt (1989) 76, ferner unten **M 16**.
63 Der Versuch, den Anteil der Christen an der Gesamtbevölkerung des frühen 4. Jhs. zu quantifizieren, sieht sich unüberwindlichen Quellenproblemen gegenüber; vielleicht kann man mit Girardet (1998) von ca. 10 % Christen ausgehen.
64 Vgl. allgemein Noethlichs (1996) Kap. 4 (27–43): „Pluralismus als Herrschaftsprinzip: Möglichkeiten und Grenzen von Toleranz und Integration in der römischen Gesellschaft."

hatte tatsächlich das alte Toleranzprinzip bestätigt und jetzt auf das Christentum ausgedehnt, welches nun als „zugelassene Religion" („religio licita") eine unter vielen anderen sein durfte – doch konnte es aus der Sicht des Christentums überhaupt mehrere „religiones licitae" geben? Wie verhielt sich Konstantin, der immerhin „pontifex maximus" blieb, in diesem prinzipiellen Konflikt?[65]

Ein Blick in die recht ausführlichen einschlägigen Quellen[66] führt rasch zu einer klaren Erkenntnis: Konstantin blieb trotz seiner unbestreitbaren persönlichen Affinität zum Christentum politischer Pragmatiker und agierte nicht als ‚Missionar auf dem Kaiserthron.' Gleichwohl fand er nicht nur in der an christliche Glaubensbrüder gerichteten Korrespondenz, sondern auch in reichsweit proponierten Rechtssetzungen deutliche Worte gegen die heidnischen Kulte und deren Anhänger und war ferner um eine einheitliche Linie innerhalb der Christen bemüht.

Letzteres, um damit zu beginnen, stellte sich als überaus schwierig dar. Denn unmittelbar nach seiner auch offiziell erkennbaren Hinwendung zum Christentum (312/13) hatte Konstantin auf die in Nordafrika ausgebrochenen innerchristlichen Unruhen einzugehen, die als Donatismusstreit bezeichnet werden.[67] Die Konflikte resultierten aus den Begebenheiten während der tetrarchischen Christenverfolgung (M 11) und drehten sich um die Frage, wer ‚standhafter Christ' geblieben und wie mit den „Lauen und Gottverleugnenden,"[68] den ‚(Ab-)gefallenen' („lapsi"), umzugehen sei. Konstantin setzte auf eine (letztlich erfolglose) Doppelstrategie: auf Druck und Integrationsbereitschaft.[69] Er berief die hier erstmals begegnenden großen Konzilien (Bischofsversammlungen) ein[70] und nahm in seinen dabei getätigten Äußerungen kein Blatt vor den Mund: Die Frömmigkeit „unseres Got-

---

65 Grundlegend zu diesem Komplex, mit der gesamten einschlägigen Literatur, ist jetzt Girardet (1998).

66 Wichtig sind vor allem Konstantins Selbstaussagen im Rahmen des Donatistenstreites: (v. Soden 1950); Auswahl: V. Keil, Quellensammlung zur Religionspolitik Konstantins des Großen, 1989, 72–95) und im Kontext der Auseinandersetzungen um den Arianismus (Auswahl: Keil, ebd., 96–145), ferner einschlägige Gesetze in den spätantiken Codices; vgl. Girardet (1998) 18ff.

67 Grundlegend immer noch: W. H. C. Frend, The Donatist Church, 1952.

68 J. Bleicken, Verfassungs- und Sozialgeschichte des römischen Kaiserreiches Bd. 2, 3. Aufl. 1994, 217.

69 Dazu jetzt Girardet (1998) Kap. VI: „Politik der Christianisierung II. Ketzer und ‚Katholiken'."

70 K. M. Girardet, Die Petition der Donatisten an Kaiser Konstantin (Frühjahr 313) – Historische Voraussetzungen und Folgen, Chiron 19, 1989, 185–206; ders., Konstantin und das Reichskonzil von Arles (314), in: Festschrift W. Schneemelcher, Genf 1985, 151–174.

tes" ("dei nostri") dulde es nicht, daß durch böswillige Geisteshaltung der christliche Heilsweg verdunkelt und verstellt werde.[71] Die (in diesem Falle donatistischen) Abweichler werden folglich als Ketzer perhorresziert.

Noch schärfer ging Konstantin in Wort und Tat gegen die Arianer vor, welche die Wesensgleichheit von Gottvater und Gottessohn bezweifelten.[72] Versammlungsverbote, Bücherverbrennungen und gar die Drohung mit der Todesstrafe gehörten nun zum Waffenarsenal des christlichen Kaisers gegen die ketzerischen Abtrünnigen.[73] Doch auch auf diesem Feld verzeichnete Konstantin nur Teilerfolge – vor allem unter der Herrschaft seiner Söhne sollte der Arianismus ein bedeutender, das ganze Reich betreffender Konfliktherd bleiben.[74]

Von erheblich größerer Bedeutung als die geschilderten Probleme war jedoch, aus reichspolitischer Perspektive betrachtet, der Umgang Konstantins mit der paganen Mehrheit der Reichsbevölkerung. Auch hier läßt sich eine ambivalente Haltung des Kaisers erkennen: Verbale Attacken mit antiheidnischen Ausfällen stehen neben einer ausgesprochen maßvollen politischen Praxis,[75] die sogar auch auf symbolisch gemeinte, proheidnische Handlungen – wie z. B. auf den Bau heidnischer Kultgebäude in Konstantinopel (M 16) – nicht verzichtete. So schränkte Konstantin zwar allzu blutige Exzesse bei Opferhandlungen ein, zu einem allgemeinen Opferverbot hat er sich aber wahrscheinlich – trotz CTh 16,10,2 – nicht verstiegen.[76] Auch in seiner Personalpolitik ließ Konstantin sich offenbar von zweckrationalen Überlegungen leiten: Von einer Diskriminierung heidnischer Ämterkandidaten ist nichts bekannt.

---

71 So Konstantin in einem Brief von 314 an die Synodalen in Arles: v. Soden (1950) Nr. 18,32. Fraglich bleibt meines Erachtens – trotz Girardets (1998) glänzender und anderslautender Argumentation –, ob diese in christlichem Kontext verfaßten Briefe Konstantins tatsächlich als allgemeingültige Glaubensverlautbarungen gelten können; im übrigen zeugt auch der immer wieder in diesem Zusammenhang angeführte Brief des Kaisers an den heidnischen Prokonsul Anullinus (Eus. HE 10,7,1f. = v. Soden [1950] Nr. 9, 4–15) meiner Auffassung nach noch nicht von einem dezidiert christlichen Monotheismus Konstantins, sondern von seiner unverkennbaren Bevorzugung des christlichen Glaubens vor allen anderen Religionen – für deren Existenz blieb er gleichwohl als "pontifex maximus" weiterhin ein wichtiger Garant.

72 Zum Arianismus s. etwa A. R. Ritter, Art. Arianismus, TRE 3, 1978, 692–719; R. L. Williams, Arius, Heresy and Tradition, 1987.

73 Eus. Vita Const. III, 64f.; vgl. Girardet (1998) 99ff.

74 Vgl. u. I 3.2.

75 Siehe jetzt Girardet (1998) Kap. V. 3.3: "Der Paganismus in Proklamationen und politischer Praxis." Eine bedeutsame Quelle ist Konstantins bei Eusebius (Vita Const. II 48–60) überlieferter Brief an die Provinzialen vom Jahr 324.

76 Vgl. jetzt Girardet (1998) 93f. mit Anm. 338.

Gesonderte Betrachtung verdient schließlich noch Konstantins Umgang mit den Juden, die sich seit Jahrhunderten eines besonderen Rechtsstatus erfreuten, aber bereits aus frühchristlicher Sicht als Mitschuldige am Tod Christi gebrandmarkt worden waren.[77] Ausdruck der traditionellen religionspolitisch und rechtlich manifestierten Toleranz der Römer war etwa das ausschließlich den Juden konzedierte Privileg, die Beschneidung praktizieren zu dürfen, ferner die rechtlich garantierte Ausübung des Sabbats sowie die partielle Befreiung der Juden von der Pflicht zum Militärdienst; auch fiskalische Sonderbestimmungen wären hier zu nennen.

Im Prinzip hat Konstantin an der Anerkennung von Juden als einer besonderen Glaubensgemeinschaft festgehalten und auch deren Geistlichkeit die gängigen steuerlichen Privilegien belassen.[78] Andererseits lassen seine einschlägigen Gesetze[79] erkennen, daß er vor allem darum bemüht war, die Konversion von Juden zum Christentum zu befördern und den umgekehrten Weg zu verstellen. Besonders charakteristisch für Konstantins persönliche Haltung sind seine Ausfälle gegen die Juden in seinem wiederum bei Eusebius tradierten Brief (= M 25) an die seinerzeit nicht beim Konzil von Nikaia (325) anwesenden Bischöfe: Grobe Vorwürfe an die Juden stehen neben einer moderaten Behandlung der Juden in praxi und dokumentieren erneut das schon mehrfach hervorgehobene religionspolitische Prinzip Konstantins: Das Christentum wurde dezidiert gefördert und nach Möglichkeit privilegiert, ohne gegenüber anderen Kulten und Glaubensgemeinschaften in praktizierte Intoleranz oder gar systematische Unterdrückung und Verfolgung zu verfallen. So bleibt abschließend festzuhalten, daß in Konstantins Regierungszeit nicht nur die bis heute bedeutsamen Ursprünge des christlichen Abendlandes zu suchen sind, sondern auch die Wurzeln derjenigen Konflikte, die das gesamte Mittelalter und die Neuzeit prägen sollten und die sich mit den Stichworten ,Kirchenspaltungen, Ketzerverfolgungen und Judenhaß' knapp umreißen lassen.

---

77 Noethlichs (1996) 76ff. (zur Rechtslage); siehe jetzt ferner Girardet (1998) 81ff.; zur Judenfeindschaft der Christen s. etwa (aus dem späten 2. Jh. n. Chr.) Tert. Apol. 7,3.
78 CTh 16,8,2.4.
79 CTh 16,8,1–5. Const. Sirm. 4.

3. Die Söhne Konstantins (337–361): Krisen und Konflikte

3.1 Die Krise des Kaisertums: Nachfolgekämpfe und Usurpationen

Der von Diokletian initiierte Versuch, bei der Thronfolge die leiblichen Söhne der Mitregenten zu übergehen, hatte sich auf Dauer als unrealisierbar erwiesen, folgerichtig kehrte Konstantin zum traditionellen dynastischen System zurück und sah in seiner Nachfolgeregelung eine Mehrkaiserherrschaft durch Mitglieder seiner Familie vor. Die Details dieser Pläne Konstantins werden freilich in der antiken Überlieferung nicht einheitlich berichtet, und so bietet auch die moderne Forschung keine einmütige Auffassung.

Die christlichen Autoren des 4. und 5. Jahrhunderts (Eusebius, Rufinus, Sokrates, Sozomenos und Theodoret) berichten unisono, Konstantin habe auf seinem Sterbebett seine drei Söhne – Constantinus II., Constans und Constantius II. – zu Erben eingesetzt.[80] Diese Version kann nicht zutreffen, denn sie unterschlägt den 335 zum Caesar erhobenen Stiefneffen Konstantins, Delmatius. Dieser muß in der Sukzessionsregelung Konstantins berücksichtigt worden sein, wie sie zuverlässiger in der Ende des 4. Jahrhunderts verfaßten, heidnischen Epitome de Caesaribus (M 26) und kürzer auch bei Eutrop, dem ebenfalls paganen Verfasser einer um 370 publizierten Kurzfassung der römischen Geschichte, tradiert wird (10,9,1): „(Konstantin) hinterließ als Nachfolger seine Söhne und einen Sohn seines Bruders."

Durch die Heranziehung numismatischer Zeugnisse (M 26) hat vor kurzem H. Chantraine weitere Elemente der konstantinischen Nachfolgeordnung zu ermitteln vermocht:[81] Konstantin hat keine Reichsteilung, sondern wahrscheinlich eine gemeinsame Viererherrschaft intendiert, allerdings, entgegen der bisherigen Auffassung, offenbar mit Rangabstufungen innerhalb dieses Quartetts. Wahrscheinlich sollten Constantinus II. (im Westen und Norden) sowie Constantius II. (im Osten) als Augusti amtieren, mit Unter-

---

80 Textstellen und weitere Einzelheiten bei Chantraine (1992) 6–9; zu den drei Konstantinssöhnen s. J. Moreau, Art. Constantius I., Constantinus II., Constantius II., Constans, JbAC 2, 1959, 158–184.

81 Ebd. 16ff.; vgl. Bleckmann (1996) 130ff.

stützung jeweils eines Caesars (Constans in Italien, Afrika und im Donauraum, Delmatius in Thrakien, Makedonien und Achaia). Die Kombination einer Oberherrschaft zweier Augusti und einer „Assistenz" durch zwei Caesares erinnert an die diokletianische Tetrarchie, allerdings handelt es sich in diesem Fall klar um ein dynastisches System.[82]

Die tatsächlichen Begebenheiten nach dem Tode Konstantins zeigen freilich, daß auch diese Pläne an den individuellen Aspirationen der Kaisersöhne und der dynastischen Haltung der Militärs gescheitert sind. Auf Konstantins Tod im Mai 337 folgten Querelen, Meutereien und Konflikte, so daß formell der tote Konstantin weiterhin als Augustus galt.[83] Treibende Kräfte dieser Vorgänge waren laut dem heidnischen Historiker Zosimos (II 40) vor allem der an einer Alleinherrschaft interessierte Constantius II. sowie die Soldaten, welche verlautbaren ließen, „niemand anderen als die Söhne Konstantins als Befehlshaber über sich dulden zu wollen" (Zos. II 40,3). Den blutigen Auseinandersetzungen als Konsequenz dieser Nachfolgekämpfe fielen unter anderem der Caesar Delmatius und sein Bruder, der als Klientelkönig von Armenien amtierende Hannibalianus, zum Opfer. Erst am 9. September 337, nach drei turbulenten Monaten, wurden die drei leiblichen Söhne Konstantins zu Augusti proklamiert, und die Zuweisung von Herrschaftsbezirken und Kompetenzen erfolgte erst im Frühjahr 338. Doch selbst dieses Arrangement hatte nicht lange Bestand, denn bereits 340 zog Constantinus II. gegen den in Rom weilenden Constans, fand jedoch dabei den Tod, so daß nur noch zwei Augusti amtierten: Constans im Westen, Constantius II. im Osten.

Bei dieser Konstellation blieb es bis zum Jahre 350, als der Offizier Flavius Magnentius die Augustuswürde usurpierte (vgl. M 27) und Constans ermordet wurde. Constantius II. brach daraufhin sein kriegerisches Unternehmen gegen die Perser ab, ernannte seinen Vetter Gallus, der zusammen mit seinem jüngeren Bruder Julian von der Mordwelle des Jahres 337 verschont geblieben war, zum Caesar und wandte sich gen Westen, wo sich im März 350 noch ein weiterer hoher Militär zum Augustus hatte ausrufen lassen, der illyrische Heermeister Vetranio.[84] Letzterer konnte noch im De-

---

82 Ferner hat jüngst B. Bleckmann (Constantina, Vetranio und Gallus Caesar, Chiron 24, 1994, 29–68) mit guten Gründen angenommen, daß Konstantin seiner Tochter Constantina noch vor seinem Tod den Augusta-Titel zuerkannt habe (so Philostorg. 3,2).

83 Zu den Einzelheiten siehe R. Klein, Die Kämpfe um die Nachfolge nach dem Tode Constantins des Großen, Byzantinische Forschungen 6, 1979, 101–150.

84 Bei diesen Begebenheiten hat möglicherweise Constantina als Drahtzieherin im Hintergrund eine bedeutendere Rolle gespielt, als bislang angenommen: Bleckmann (o. Anm 82) besonders 42ff.

zember 350 zur Abdankung gezwungen werden, gegen Magnentius mußte sich Constantius II. freilich erst in einer verlustreichen Schlacht am 28. September 351 bei Mursa (Pannonien) durchsetzen; Magnentius beging schließlich im August 353 Selbstmord.

Die dynastische Krise dauerte trotz der nominellen Wiederherstellung der Monarchie unter Constantius II. an, denn bereits Ende 354 ließ dieser seinen Caesar Gallus aus dem Wege räumen. Angeblich hatte Gallus seine Kompetenzen überschritten und im Osten eine Willkürherrschaft praktiziert, aber möglicherweise fürchtete Constantius II. vor allem etwaige Ansprüche seines Caesars auf die Augustuswürde.[85] Zum Nachfolger des Gallus bestellte Constantius II. dessen jüngeren Bruder Julian (6. November 355), der in der Folgezeit mit großem Erfolg Gallien und die Rheingrenze befriedete und dabei militärische Erfolge gegen Alamannen und Franken erzielte. Als Constantius II., inzwischen wieder im Perserkrieg (vgl. M 30) engagiert, angesichts der ,Gallia pacata' Julian aufforderte, Truppenkontingente in den Osten zu beordern, brach erneut ein Dissens zwischen Augustus und Caesar aus, der in der Augustusproklamation Julians durch die Soldaten in Gallien gipfelte, denn diese waren nicht zu einer Verlegung gen Osten bereit (Februar/März 360). Da Verständigungsversuche zwischen Julian und Constantius II. fehlschlugen, erschien eine militärische Eskalation unausweichlich. Im Sommer 361 zog Julian mit seinen Truppen gegen Constantius II., der auf seinem Rückmarsch aus Persien jedoch überraschend starb (3. November 361), so daß der Weg für Julian zur Alleinherrschaft frei war – im Dezember 361 zog er in Konstantinopel als Augustus ein und zelebrierte selbst die Totenfeier für seinen gestorbenen Verwandten und Rivalen.

3.2 Innere Konflikte: Staat, Kirche und Gesellschaft

Sorgten schon die geschilderten Auseinandersetzungen zwischen den konstantinischen Caesares und weiteren Thronprätendenten für innere Labilität, so taten die in der konstantinischen Zeit nicht gelösten, weiter schwelenden religiösen Konflikte ein übriges, um Unruhe im römischen Reich zu stiften. Nicht nur verschärften sich die Reibungen zwischen Christen und Heiden, sondern gerade auch die innerchristlichen Streitigkeiten hielten Kaiser, Kirchenfunktionäre und bisweilen sogar ganze Städte in Atem und führten nicht selten – wie etwa in Alexandria – zu bürgerkriegsähnlichen Zuständen. Dabei überlappten sich zusehends profane und konfessionelle Probleme.

85 Bleckmann ebd., 59ff.

Letzteres läßt sich exemplarisch am arianischen Streit verdeutlichen, der sich an der von dem alexandrinischen Kleriker Arius vertretenen Auffassung entzündet hatte, zwischen dem christlichen Gott und seinem Sohn habe keine Wesensgleichheit bestanden. Zwar war diese Auffassung auf dem großen Konzil von Nikaia (325) verurteilt und als orthodoxer Lehrsatz die Wesensgleichheit zwischen Vater und Sohn festgeschrieben worden,[86] gleichwohl tobte die Auseinandersetzung weiter und erstreckte sich vor allem auch auf Personalfragen: Arianische und orthodoxe Bischöfe wurden im Wechsel gleich reihenweise abgesetzt, dann wieder rehabilitiert, um bei nächster Gelegenheit erneut exkommuniziert zu werden. So erging es sowohl dem zweimal (327 und 335) von Konstantin rehabilitierten Arius als auch seinem großen orthodoxen Gegenspieler, dem 328 zum Bischof von Alexandria avancierten Athanasius.[87] Letzterer wurde 335 von Konstantin seines Postens enthoben und nach Trier verbannt, weil er zur Durchsetzung seiner Position angeblich mit einer Behinderung des (für die Stadt Rom lebenswichtigen) Getreideexports aus Ägypten nach Italien gedroht hatte – ein deutliches Indiz für die wachsende Säkularisierung konfessioneller Konflikte.

Nach dem Tode Konstantins verschärfte sich dieser reichsweit virulente Konflikt, indem er mit den machtpolitischen Rivalitäten zwischen den Konstantinsöhnen zusammentraf:[88] Constans, getaufter Christ und Anhänger der athanasischen Lehre, sorgte für die Rückkehr des Athanasius auf seinen alexandrinischen Bischofsstuhl (337 und dann, nach weiteren Konflikten und neuerlichem Rückzug des Athanasius aus Ägypten, in den Jahren 346–350), Constantius II. dagegen, Sympathisant der Arianer, veranlaßte nach dem Tod seines Bruders die erneute Verbannung des streitbaren alexandrinischen Metropoliten, der auch in den Wirren der 360er Jahre noch mehrmals seinen Posten zurückerhielt bzw. wieder verlor. Daß hier beileibe keine akademische Auseinandersetzung geführt wurde, beweisen ferner etwa die blutigen, aufstandsartigen Kämpfe zwischen Anhängern der jeweiligen Glaubensrichtungen um die Neubesetzung des konstantinopolitanischen Bischofsstuhles 341/2.[89]

---

86 Dazu s. jetzt R. Staats, Das Glaubensbekenntnis von Nizäa-Konstantinopel. Historische und theologische Grundlagen, 1996.

87 Knapp, aber instruktiv: G. Gentz, Art. Athanasius, RAC I, 1950, 860–866; ausführlicher: T. D. Barnes, Athanasius and Constantius. Theology and Politics in the Constantinian Empire, 1993.

88 Über die Religionspolitik der einzelnen Konstantinsöhne informiert J. Moreau, (o. Anm. 80); ausführlicher: Noethlichs (1989); R. Klein, Constantius II. und die christliche Kirche, 1977; C. Pietri, in: Dihle (1989) 113–173.

89 Vgl. Demandt (1989) 88.

Grundsätzlich ergibt sich aus diesen notgedrungen kursorischen Bemerkungen bereits, daß „die Abhängigkeit der Kirche vom Kaiser erhalten blieb."[90] Gleichwohl sorgten die nahezu permanenten, auf Konzilien und Synoden häufig unter kaiserlicher Präsenz behandelten Kontroversen für eine zunehmende Diskussion um Rolle und Stellung des Kaisers in Kirchenfragen – insbesondere die jeweils mit den Resultaten derartiger Zusammentreffen unzufriedene Gruppierung stellte kritische Fragen nach dem Recht der weltlichen Herrscher, sich in innerkirchlichen Angelegenheiten zu engagieren. Wir treffen hier bereits auf die Wurzeln einer Diskussion um das Verhältnis zwischen Kirche und Kaiser,[91] die auf die späteren Eskalationen etwa zwischen Ambrosius und Theodosius I., auf die Zwei-Gewaltenlehre und schließlich auf die das gesamte Mittelalter prägenden Konflikte vorausweisen.

Dennoch verstellt die (vor allem durch die Quellen gelenkte) Konzentration auf die ‚große Politik' ein wenig den Blick für die Räume, wo am stärksten und unmittelbarsten die Konsequenzen der geschilderten Entwicklungen spürbar waren. In erster Linie sind dies die Städte, denn: „Am engsten begegneten sich Staat und Kirche auf der kommunalen Ebene."[92] Der – vor allem bis zu seinem Rombesuch von 357 (M 28) deutlich verschärfte – antiheidnische Kurs von Constantius II.[93] betraf primär die Städte: Dort wurden heidnische Tempel zerstört, dort führten die kaiserlichen Opferverbote zu Zerwürfnissen innerhalb der Bevölkerung, dort bildeten die – 355 (CTh 16,2,12) sogar der weltlichen Gerichtsbarkeit entzogenen – Bischöfe zunehmend auch eine profane politische Macht und litten die Stadträte unter der Abwanderung von Curialen in den Kirchendienst. Bereits Konstantin hatte dieses die kommunale Selbstverwaltung gefährdende Phänomen erkannt, aber durch seine für Curialen eingeführten Behinderungen des Eintritts in den Klerikerstand nicht effektiv bekämpfen können. In einem historisch überaus aufschlußreichen Gesetz (CTh 16,2,15 = M 29) verzichtete Constantius II. daher auf diesen Weg und hob im Prinzip die steuerliche Immunität, welche die kirchliche Karriere für vermögende Mitglieder der städtischen Führungsschicht attraktiv gemacht hatte, auf.

Nicht nur im Steuerwesen, sondern auch in anderen politischen Bereichen hinterließ die Religionspolitik dieser Zeit ihre Spuren. So wurden etwa zusehends Christen bei der Vergabe höherer Positionen im Reichsdienst

---

90 Noethlichs (1989), 284.
91 Noethlichs, ebd. 280.
92 Ebd. 261.
93 Siehe vor allem CTh 16,10,2–6.

bevorzugt.[94] Letzteres erfuhr eine erhebliche Ausweitung durch die infolge der Mehrkaiserherrschaft fortschreitende Dezentralisierung und Regionalisierung der Administration. Deutlich erkennbar ist dies an der zwischen 337 und 361 weiter vorangetriebenen Etablierung regionaler Präfekturen unter jeweils eigenen „praefecti praetorio", die wiederum einen Unterbau rangniedrigerer Posten bedingten.[95] Da auch die Zahl der Soldaten, über die jeder Kaiser schon aus Gründen des Machterhalts in ausreichendem Maße verfügen mußte, zunahm, mag Ammianus Marcellinus, unser wichtigster Informant für diesen Zeitraum,[96] durchaus Recht haben, wenn er bei seiner Bilanz der Regierungszeit von Constantius II. deren „Bitterkeit" („amaritudo temporum": 21,16,17) hervorhebt, die sich vor allem in einem erhöhten Steuerdruck geäußert habe („multiplicatis tributis et vectigalibus": 21,16,17). Zwar gehören Klagen über zu hohe Abgaben zu den klassischen Topoi der spätantiken Zeitkrititk, aber die höheren Personalkosten dürften in der Tat den finanziellen Bedarf des Staates vergrößert und ihren Teil zu einer überhaupt wenig positiven wirtschaftlichen Bilanz dieser Jahrzehnte beigetragen haben.[97]

Insgesamt gesehen waren die Jahrzehnte nach Konstantins Tod eine Zeit der Krisen und Konflikte. Dies lag freilich wohl weniger an den Auseinandersetzungen zwischen Heiden und Christen[98] als an der mangelnden politischen Integrationsfähigkeit und dem fehlenden Kooperationswillen der politischen Protagonisten.

3.3 Der permanente Konflikt: Rom und Persien

Hatte Konstantin seinen Nachfolgern noch ein Imperium „in gesicherten Grenzen" hinterlassen, „die nur im Osten durch eine Aggression des Perserreiches in Richtung Armenien bedroht waren,"[99] so verzeichnet Ammianus Marcellinus in seinem Rückblick auf das Wirken Constantius' II. vor allem

---

94 R. v. Haehling, Die Religionszugehörigkeit der hohen Amtsträger des Römischen Reiches seit Constantins I. Alleinherrschaft bis zum Ende der thedosianischen Dynastie (324–450 bzw. 455 n. Chr.), 1978, 527–535.

95 Gegen die bislang dominierende Auffassung vermag Migl (1994, bes. 161ff.) plausible Argumente für die Auffassung beizubringen, daß die Prätorianerpräfekten erst in valentinianischer Zeit regional fixierte Amtsräume erhielten.

96 Vgl. unten S. 153ff.

97 S. De Martino (1991) 481ff.

98 Vor deren Überschätzung warnt Cameron (1994) 100.

99 F. Vittinghoff, Staat, Kirche und Dynastie beim Tode Konstantins, in: Dihle (1989) 2f.

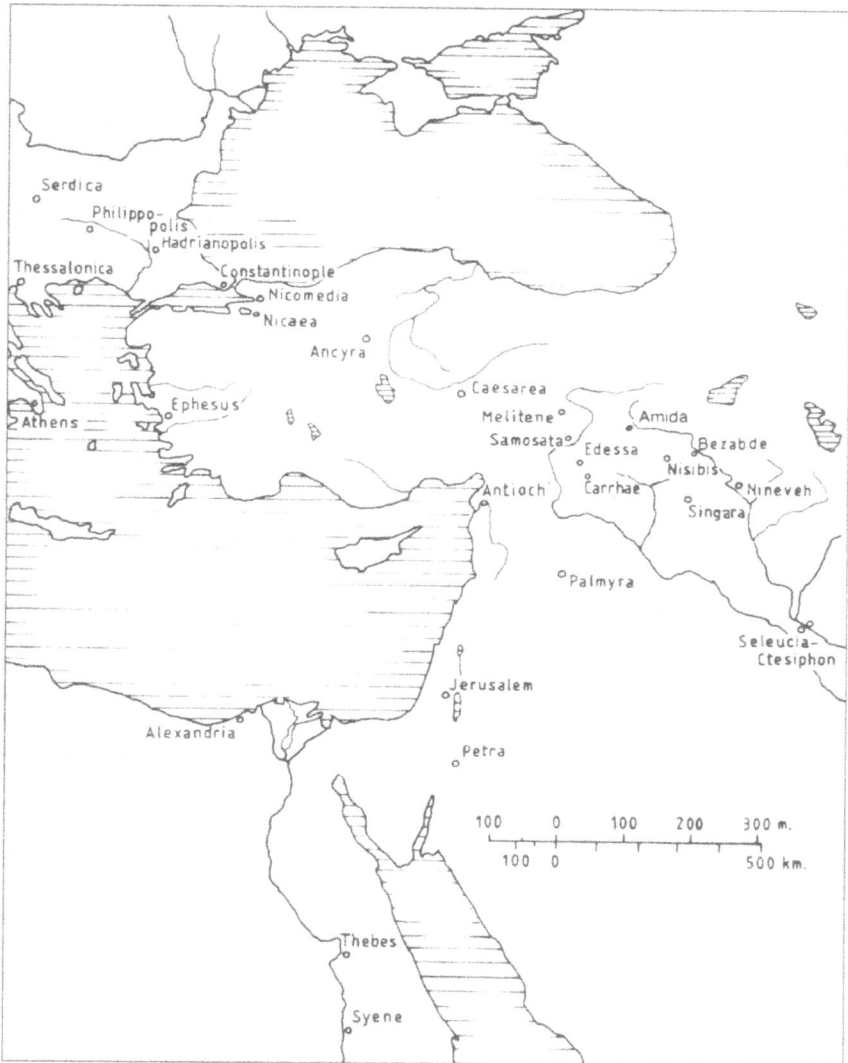

Abb. 3: Der römische Osten in der Spätantike

römische Niederlagen gegen auswärtige Völker.[100] Dieses kritische Urteil entspringt zweifellos der Reserve des Juliananhängers und Heiden Ammian gegenüber dem dezidierten Arianer und Gegenspieler Julians, Constantius II., und ist in der gelehrten Forschung durch eine verhalten positive

---

100 Amm. 21,16,15.

Einschätzung korrigiert worden, vor allem mit Blick auf den Westen des Reiches. In Gallien und Germanien hatte sich, nach eher ephemeren Konflikten mit den Franken (341/2), ab 350 die Lage durch Germaneneinbrüche dramatisch verschlechtert, was zweifellos eine direkte Konsequenz der Ermordung des Constans und der Usurpation des Magnentius war – die Wechselwirkung von innerer Verfassung und auswärtiger Politik liegt hier klar auf der Hand. Im Laufe der 50er Jahre gelang dann Constantius II. freilich eine weitgehende Stabilisierung der Lage: 354–356 behauptete er sich mehrfach gegen die Alamannen,[101] 357–359 komplettierte sein Caesar Julian die Befriedung des Westens auch im Rheingebiet, und in den erst seit 358 erneut ausgebrochenen Konflikten im Donauraum (mit Juthungen, Sarmaten, Quaden und Limiganten) behielt Constantius II. ebenfalls weitgehend die Oberhand.

Die skizzierten Vorgänge im Westen zwangen Constantius II. allerdings zu einer mehrjährigen Unterbrechung seiner Ostpolitik, die eigentlich ins Zentrum seiner außenpolitischen Überlegungen gerückt war. Denn in den letzten Lebensjahren Konstantins hatten sich, wie eingangs dieses Abschnitts bemerkt, die geradezu traditionell zu nennenden Konflikte zwischen Rom und Persien erneut zugespitzt.

Der Sturz des Arsakidenhauses durch die Sassaniden hatte die Spannungen zwischen Rom und Persien, die sich stets primär an konkurrierenden Ansprüchen in Mesopotamien und Armenien entzündeten, keineswegs entschärft,[102] und zuletzt hatten Diokletian und Galerius nach militärischen Erfolgen den Sassanidenherrscher Narses zu Gebietsabtretungen im Friedensvertrag von Nisibis (298) nötigen können.[103] Es war unausweichlich, daß (der von 309 bis 379 regierende) Shapur II. in erster Linie eine Revision dieser Bestimmungen anstrebte, und so waren bereits in den letzten Jahren Konstantins neue Spannungen aufgetreten, die einen offenbar von Konstantin noch sorgfältig geplanten Perserkrieg erwarten ließen.[104] Der Tod des Kaisers und die anschließenden dynastischen Wirren vereitelten dieses Vorhaben jedoch und ermunterten vielmehr Shapur II., seinerseits die Initiative

---

101 Hauptquelle für diese und die im folgenden geschilderten Begebenheiten ist Ammian; zu den Ereignissen im Spiegel der neueren Forschung, die in den großen Zügen ein relativ einheitliches Bild bietet, siehe nur Stallknecht (1969) 43–58, und Barceló (1981) 23–49 (Gallien und Germanien). 59–71 (Donauraum); zu Rom und den Alamannen im 4. Jh. s. jetzt D. Geuenich, Geschichte der Alemannen, 1997, 42–64.

102 Einzelheiten bei E. Winter, Die sassanidisch-römischen Friedensverträge des 3. Jh. n. Chr., 1988.

103 Vgl. Winter, ebd., 152–207.

104 Barceló (1981) 73ff.

zu ergreifen. 337 oder 338[105] fiel er in Mesopotamien ein und belagerte Nisibis, mußte dieses Unternehmen aber erfolglos abbrechen und sich zurückziehen. Die Folgezeit sah eine Reihe diplomatischer Aktivitäten und kleinerer Scharmützel,[106] bis Shapur II. Mitte der 50er Jahre erneut die Initiative ergriff und kategorisch die Rückgabe Armeniens und Mesopotamiens forderte (vgl. M 30). Da Constantius II. dies strikt ablehnte, gingen die Perser im Jahr 359 in großem Stil zur Offensive über und eroberten im September die strategisch wichtige Stadt Amida.[107] 360 schlossen sich weitere, erfolgreiche Operationen in Mesopotamien an, denen der erst im Frühjahr 360 im Osten eingetroffene Constantius II. wenig entgegenzusetzen hatte, zumal er auf militärischen Zuzug aus dem nun befriedeten Gallien wartete. Statt der erhofften Unterstützung erhielt er in Caesarea jedoch die Nachricht von der im März 360 erfolgten Usurpation seines Caesars Julian, die ihn, nach einem gescheiterten Versuch im Frühsommer 360, die verlorene Festung Bezabde zurückzuerobern[108], zum Abbruch des Krieges im Osten und zum Rückmarsch nach Westen zwang.

Sein Tod beendete den Perserkrieg nicht, denn Julian erbte diese Hypothek, und auch dessen Nachfolger sahen sich stets aufs Neue mit den Problemen der römischen Ostgrenzen konfrontiert. Das weitgehend negative Echo der Perserpolitik Constantius' II. in den antiken Quellen ist von Stallknecht und Barcelo als überzogen erwiesen worden – der Kaiser hat offenbar bisweilen durchaus umsichtig, wenn auch zurückhaltend agiert und vor allem riskante militärische Operationen vermeiden wollen.[109] Julian hat dann zwar sehr viel energischer eine militärische Entscheidung gesucht, dabei aber früh den Tod gefunden.

---

105 Zur Frage, ob die erste Belagerung von Nisibis noch 337 oder erst im Jahr 338 stattgefunden hat, siehe zuletzt J. Matthews, The Roman Empire of Ammianus, 1989, 499 Anm. 15, und Blockley (1989) 470.

106 Die – zumeist auf Ammian fußenden – Details bei Barceló (1981) 84ff. und bei Blockley (1989) 468ff. Die einzige größere Schlacht (344: um Singara) endete für die Römer mit einem Mißerfolg. Zur erneuten, freilich erfolglosen Belagerung von Nisibis durch die Sassaniden im Jahr 350 siehe unten M 30.

107 Amm. 19,1–9.

108 Amm. 20,11,8–32.

109 Stallknecht (1969) 47ff.; Barceló (1981) besonders 92ff.

4. Julian (361–363): Das Scheitern der Restaurationspolitik

Obwohl der Augustus Julian nur von Februar/März 360 – als alleiniger Augustus gar erst ab November 361 – bis zum 26. Juni 363 regierte, als ihn nach einer Verwundung der Tod ereilte, gehört er dennoch zu den prominentesten und gleichzeitig umstrittensten römischen Kaisern überhaupt. Dies liegt zweifellos zum einen an der außergewöhnlich guten Quellenlage, zu der Julians eigene Schriften (Briefe und Reden) einen gewichtigen Teil beitragen, zum anderen an seiner gewaltigen politischen Energie und an seinen programmatischen Ansprüchen an sich selbst und seine Zeitgenossen. Obwohl Julian von Mai 362 bis zu seinem Ende im äußersten Osten mit den Vorbereitungen und der Durchführung des noch unvollendeten Perserkrieges beschäftigt war, entwickelte er daneben dennoch eine enorme legislative und innenpolitische Reformtätigkeit. Die nach erfolgreichen römischen Vorstößen bis vor die persische Hauptstadt Ktesiphon[110] erst auf dem Rückzug empfangene, tödliche Verletzung bereitete dem Versuch Julians, das römische Reich im Inneren grundlegend zu restaurieren, eine jähes Ende – ob dieser Versuch von dauerhaftem Erfolg hätte sein können, ist eine reizvolle, aber letztlich sinnlose Frage.[111]

4.1 Politische Restauration: Städte und Steuern

In seinem Rückblick auf die Regierung Julians zieht Ammianus Marcellinus vor allem hinsichtlich seiner Fiskal- und Städtepolitik eine außerordentlich positive Bilanz (25,4,15): „Es gibt zahlreiche und wahrhaftigste Zeugnisse für seine Generosität („liberalitas") – so sind unter anderem nur leichte

---

110 Zum Perserfeldzug Julians, der ausführlich von Ammianus Marcellinus in den Büchern 23–24 geschildert wird, siehe nur Barceló (1981) 98ff.
111 Vgl. die unterschiedlichen Akzentsetzungen auf die Frage, ‚was wäre, wenn', bei Demandt (1989), 109 und Cameron (1994), 119.

Tribute erhoben worden, das Kranzgold („aurum coronarium") wurde erlassen, viele im Laufe der Zeit angesammelte Steuerschulden wurden annulliert und Streitigkeiten zwischen dem Fiskus und Privatleuten beigelegt; den
Gemeinden („civitates") wurden Steuereinnahmen und Güter zurückgegeben mit Ausnahme derer, die frühere hohe Amtsinhaber unter dem Schein
des Rechts verkauft hatten; niemals gierte er nach Vermehrung seines eigenen
Vermögens."

In der modernen (insbesondere in der italienischen) Forschung[112] hat man
dieses Bild weitgehend akzeptiert und Julian als „philopolis", als großen
Freund und Förderer der Städte und Stadträte, gepriesen. In der Tat kann gar
kein Zweifel daran bestehen, daß Julian „entsprechend seiner Begeisterung
für die griechische Kultur den alten Polis-Gedanken nochmals zu beleben
suchte,"[113] aber zwischen Anspruch und Wirklichkeit können bekanntlich
Welten liegen. So hat Julian wohl vor allem als Caesar im krisengeschüttelten
Gallien Abgabenerleichterungen und eine kurienfreundliche Politik realisieren können,[114] als Augustus aber hat er, wie seine erhaltenen Gesetze dokumentieren, weit weniger segensreich agiert, als es Ammians resümierende
Belobigungen suggerieren: Das – ursprünglich einmal freiwillig entrichtete,
inzwischen längst obligatorisch gewordene – Kranzgold, welches den Kaisern bei Regierungsantritt und anläßlich von Herrschaftsjubiläen (also im
5-Jahres-Rhythmus) von seiten der Kurien zuteil wurde, schaffte Julian
keineswegs ab; vielmehr behielt er sich in einem Gesetz explizit das Recht
vor, im Bedarfsfall diese Abgabe zu jedem beliebigen Zeitpunkt einzufor-
dern.[115] Trotz vehementer Beschwerden gerade von seiten der Stadträte hielt
er an der Erhebung der allgemeinen Handels- und Gewerbesteuer („collatio
lustralis") fest,[116] und bei den (freilich auch von seinen Vorgängern und
Nachfolgern vorgenommenen) in der Tat erfolgten Steuernachlässen wurden sehr wohl fiskalische Interessen berücksichtigt, wie der knappe Text des
hier einschlägigen Gesetzes CTh 11,28,1 belegt: „Mit Ausnahme von Gold
und Silber erlassen wir die Steuerschulden."[117]

Schließlich erwies sich Julian auch im Rahmen der vieldiskutierten Versorgungskrise von Antiochia (362/3), wo er sich selbst aufhielt (vom Juli 362

---

112 Vgl. Brandt (1988) 94ff. (insbesondere 94 Anm. 265 zur italienischen Althistorie);
  Pack (1986) 61f. (mit weiteren antiken Belegen im Tenor Ammians).
113 Demandt (1989) 100.
114 Amm. 16,5,15f.; vgl. Brandt (1988) 94f.; Pack (1986) 62–102.
115 CTh 12,13,1; vgl. Brandt (1988) 96; Pack (1986) 132ff.
116 Brandt (1988) 96f; allenfalls lokale Ausnahmen (z. B. für Antiochia) sind zu ver-
  zeichnen: Wiemer (1995) 289 mit Anm. 128–130.
117 Vgl. Brandt (1988) 96f.; Pack (1986) 118ff.

bis März 363), als wenig geschickter Sachwalter städtischer Belange.[118] Trotz
im einzelnen divergierender Auffassungen in der gelehrten Literatur ist deutlich, daß die Unterversorgung des antiochenischen Marktes mit Getreide aus
dem Zusammenwirken mehrerer Faktoren resultierte: schlechte Ernten, ein
erhöhter Bedarf durch die Anwesenheit des kaiserlichen Gefolges und der
für den Perserkrieg hier zusammengezogenen Truppen sowie das Fehlverhalten getreidehortender (auf Preiserhöhungen spekulierender) Grundbesit-
zer führten zu besagten Engpässen, welche die städtische Bevölkerung zu
Protesten gegenüber Julian veranlaßten. Dieser tat zunächst einmal drei
Monate lang nichts,[119] setzte dann Höchstpreise fest und ließ Getreide her-
beischaffen, das aber von den Spekulanten zum großen Teil aufgekauft und
ebenfalls gehortet wurde. Als Julian Ende März/Anfang April 363 Antiochia
im Zorn verließ, war die Krise immer noch nicht behoben.

Für die gewiß ambitionierte Städtepolitik Julians dürften die antiochenischen Vorgänge durchaus exemplarische Bedeutung beanspruchen. Gut gemeinte Maßnahmen des Kaisers entsprachen nicht unbedingt den wirklichen
Erfordernissen, scheiterten an widrigen Umständen und allerdings auch an
mangelndem Kooperationswillen gerade der Städte selbst.[120] Hinzu kommt,
daß Julians Städtepolitik immer auch Religionspolitik gewesen ist.[121] So ist
die – für das Städtewesen immer bedeutsame – kaiserliche Baupolitik[122] im
Falle Julians vor allem eine ‚Kultbauten'-Politik gewesen, denn es wurden
primär beschädigte oder zerstörte heidnische Tempel restauriert oder gar
neu errichtet.[123] Dieser Zusammenhang wird besonders auch in Julians pro-

---

118 Die ältere Literatur findet sich bei den jüngsten ausführlichen Abhandlungen zu
     diesem Thema von Pack (1986) 301–377, Brandt (1988) 97–100 und Wiemer
     (1995) 269–355.
119 Wiemer (1995), der den früheren gelehrten Interpretationen nur den Rang „reduk-
     tionistischer Erklärungsansätze" (366) konzediert, versucht Julians Inaktivität
     damit zu legitimieren, „daß er in die Belange der städtischen Selbstverwaltung
     nicht eingreifen wollte" (297). Selbst wenn diese idealistische Haltung Julians
     diesen zu seinem Verhalten bewogen haben sollte, so wäre dies immer noch Aus-
     druck frappierender Naivität und einer Fehleinschätzung der Situation. Julians
     eigener Beitrag zur Verschärfung der Situation – z. B. durch seine Truppenkonzen-
     tration – wird von Wiemer zu Unrecht minimalisiert (292), denn die 20.000 mit
     Julian neu in den Osten gelangten Soldaten stellten natürlich einen gewaltigen
     Nachfragefaktor dar.
120 Dies arbeitet Wiemer (1995) 341ff. am Beispiel des Libanios gut heraus.
121 Dies belegt nachdrücklich sein berühmtes Rhetoren- und Grammatikergesetz
     (M 34).
122 Vgl. zum Beispiel Kleinasien jetzt die instruktive Darstellung von E. Winter, Staat-
     liche Baupolitik und Baufürsorge in den römischen Provinzen des kaiserzeitlichen
     Kleinasien, 1996.
123 Vgl. Demandt (1989) 100; ferner besonders Liban. or. 13,45f.

minentem ‚Städtegesetz' (vom 13. März 363) deutlich, in dem es unter anderem heißt (CTh 10,3,1):[124] „Wir befehlen, daß den Gemeinden („civitates") ihre öffentlichen Besitzungen zurückerstattet werden, so daß sie zu angemessenen Bedingungen verpachtet werden können, wodurch die Wiederherstellung („reparatio") aller Gemeinden geleistet werden könne." Mit der Wiederherstellung („reparatio") öffentlicher Bauten bezog sich Julian zweifellos vor allem auf heidnische Kultbauten, verbot er doch in einem anderen Gesetz (CTh 15,1,3) Provinzstatthaltern, für Neubauten Sorge zu tragen – „außer für Tempelbauten."[125] Auch diese Verquickung von Städte- und Religionspolitik wird der ersteren nicht immer gut bekommen sein, beeinträchtigten doch konfessionelle Spannungen gerade das städtische Leben. Freilich ließ sich Julian davon kaum beirren – die Rückwendung zu den traditionellen Kulten war zweifellos sein Hauptanliegen.

4.2 Religiöse Restauration

Nach dem Tode Julians entbrannte zwischen Heiden und Christen eine Debatte um die Frage, ob eine Apotheose Julians stattgefunden habe.[126] Auch über die Todesursache entstand schnell eine religionspolitisch gefärbte Diskussion: Hatte ein Christ aus dem eigenen Gefolge Julians den frevlerischen Lanzenwurf getan,[127] oder hatte nicht vielmehr der Christengott selbst den abtrünnigen Kaiser für seine Gottlosigkeit gestraft?[128] Die Debatte sollte andauern, und noch der tote Julian blieb ein Protagonist in dem spätantiken Kampf zwischen Heidentum und Christentum: Die paganen, stadtrömisch-aristokratischen Kreise hielten sein Andenken hoch (M 36), den christlichen Schriftstellern des 5. Jh. und der späteren Zeit galt er hingegen als Symbol heidnischer Verblendung.

Bereits diese knappen Hinweise auf die Rezeptionsgeschichte zeigen, daß Julian schon in der Spätantike vor allem als Religionspolitiker begriffen worden ist, und jüngst ist mit Blick auf Julians Wirken und dessen Echo bei Libanios noch einmal bekräftigt worden, „daß die Wiederherstellung des Götterkultes das integrierende Zentrum von Julians Politik war."[129] Ausgerechnet der letzte lebende Nachkomme aus dem Hause Konstantins, unter dem einst die prochristliche Wende eingeleitet worden war, hatte noch ein-

124 Vgl. Wiemer (1995) 103–107.
125 „Exceptis dumtaxat templorum aedificationibus"; vgl. Wiemer (1995) 103.
126 Die einschlägigen Stellen bei Straub (1972) 161ff.
127 So Liban. or. 18,273f.
128 So die (erfundenen) ultima verba Julians bei Theodor. HE III 25,7.
129 Wiemer (1995) 365.

mal versucht, das Rad der Geschichte zurückzudrehen – und war gescheitert.

Dabei hatte man noch alles getan, um den 331 geborenen Julian, dessen (arianisch gesonnene) Mutter bald nach seiner Geburt gestorben und dessen Vater – Iulius Constantius – im Zuge der dynastischen Konflikte von 337 ums Leben gekommen war, auf den ‚rechten‘ (das heißt christlichen) Weg zu bringen, denn er stand zunächst unter der Kuratel des arianischen Bischofs Eusebius von Nikomedeia. Es folgte eine dezidiert christliche Erziehung in der Abgeschiedenheit einer kaiserlichen Domäne im kleinasiatischen Kappadokien, und erst seit Beginn der 50er Jahre konnte Julian seinen (vor allem auf die Philosophie gerichteten) Neigungen ungestört nachgehen und bei verschiedenen (neuplatonisch orientierten) Philosophen und Rhetoren in Kleinasien studieren.[130] In diese Zeit dürfte auch seine endgültige – von Julian selbst später auf das Jahr 351 datierte – Abwendung vom Christentum fallen.[131] Als Caesar unter dem arianischen Augustus Constantius II. mußte er seine innere Einstellung freilich noch verbergen, was auch in der Münzprägung zum Ausdruck kommt: Der Caesar Julian erscheint noch ohne den Philosophenbart auf den Münzen, erst mit seiner Alleinherrschaft vollzieht sich der „steady change from the smooth face of the ‚Caesar‘ to the bearded ‚Augustus‘.“[132]

Entsprechendes gilt für Julians Religionspolitik, die er ebenfalls erst seit 361 in seinem Sinne gestalten konnte. Von einer nun beginnenden Christenverfolgung seitens des Kaisers kann freilich keine Rede sein – man muß deutlich differenzieren zwischen kaiserlichen Maßnahmen und lokalen antichristlichen Racheakten der Heiden für in den vorherigen Jahren erlittene Repressalien.[133] Dennoch war der religionspolitische Kurs nun eindeutig: Julian ordnete die Restitution ehemals konfiszierten Kirchenbesitzes an, kassierte Vergünstigungen der christlichen Kleriker und verbot den Neubau christlicher Kirchen.[134]

Im Detail läßt sich der restaurative Impetus Julians in den Monaten seines Antiochia-Aufenthaltes studieren. Julian ließ christliche Reliquien aus dem berühmten Apollon-Tempel von Daphne entfernen und beschuldigte die Christen der (nicht erweisbaren) Urheberschaft des Brandes, dem im Oktober 362 ebendieser Tempel zum Opfer fiel; als Konsequenz ließ er christliche

---

130 Zur (möglicherweise retrospektiv aufpolierten) Frühgeschichte der Kontakte zwischen Julian und Libanios siehe Wiemer (1995) 13ff.

131 Vgl. Demandt (1989) 96.

132 A. Alföldi, Some portraits of Julian Apostate, AJA 66, 1962, 403.

133 Demandt (1989) 101.

134 Vgl. zum berühmten ‚Städtegesetz‘ Julians (vor allem CTh 10,3,1) Wiemer (1995) 102ff. und oben S. 52.

Kirchen schließen und kirchliche Besitztümer konfiszieren.[135] Dennoch be-
ließ er Christen auch auf hohen Staatsposten und vertraute ihnen sogar
höchste militärische Kommandostellen an,[136] was eindeutig gegen ältere
Auffassungen von einer geradezu obsessiven Christenfeindschaft Julians
spricht.[137] Vielmehr gilt es darauf hinzuweisen, daß Julian sich vor allem
aufgrund seiner philosophischen, neuplatonischen Vorstellungen, die er auch
in eigenen Schriften artikulierte,[138] zu antichristlichen Maßnahmen veranlaßt
sah, zumal, wie er in seinem Sendschreiben anläßlich des antichristlichen
Rhetorengesetzes (M 34) bemerkt, von christlicher Seite die Freiheit der
Kultausübung massiv behindert worden war. Nur allzu verständlich erschien es daher, diese neugewonnene Freiheit nun zu nutzen, um die für das
Wohl des Imperium Romanum als unverzichtbar angesehene Gunst der
Götter aufs Neue zu erlangen. Daß Julian gerade darin seine Hauptaufgabe
sah, demonstriert er mit seiner statuarischen Selbstdarstellung (M 33) als
Oberpriester in griechischen Gewändern – als Philosoph auf dem Kaiserthron wollte er begriffen werden (nicht anders als der von ihm als Vorbild
empfundene Marc Aurel), doch gerade in dieser Funktion ist er gescheitert.[139] Die Christianisierung des spätantiken römischen Reiches ist durch
Julian nicht aufgehalten, allenfalls verzögert worden.

---

135 Wiemer (1995) 193f.
136 Demandt (1989) 99.
137 Vgl. die Hinweise bei R. Smith, Julian's Gods. Religion and Philosophy in the
     Thought and Action of Julian the Apostate, 1995, 207ff.
138 Vgl. C. Zintzen (Hg.), Die Philosophie des Neuplatonismus, 1977.
139 Julian hat dabei gewiß unterschätzt, wie stark heidnische Traditionen im Zuge des
     Vordringens des Christentums im Laufe des 4. Jh. bereits an Rückhalt in der
     Bevölkerung verloren hatten. So dürfte beispielsweise sein Versuch, die blutigen
     Opfer neu zu beleben, selbst in heidnischen Kreisen vielfach auf Ablehnung oder
     Desinteresse gestoßen sein, siehe S. Bradbury, Julian's pagan revival and the de-
     cline of blood sacrifice, Phoenix 49, 1995, 331–356.

II. Material

1. Diokletian und die Tetrarchie (284–305)

1.1: Das neue System der Tetrarchie

M 1: Porträt Diokletians (?)

Abb. 4: Diokletian(?)

Der hier abgebildete, wohl ursprünglich zu einer Statue gehörige Kopf kann nur vermutungsweise als Diokletians-Porträt bezeichnet werden; der Versuch einer historischen Interpretation muß sich daher – nicht anders als zum Beispiel im Falle des später noch zu behandelnden vermeintlichen Julian-Bildnisses in Paris (**M 33**) – stets der Tatsache bewußt bleiben, aufgrund nicht vollständig gesicherter Vorannahmen zu erfolgen.

Daß ein Kaiserbildnis vorliegt, ist unbestreitbar: Das Kranzdiadem mit Stirnjuwel im Stil des Eichenlaubkranzes, der „corona civica",[140] weist den Dargestellten als Kaiser aus, der aufgrund stilistischer Merkmale auf jeden Fall ins spätere 3. Jh. n. Chr. zu datieren ist. Für Diokletian spricht vor allem der Fundort des (heute im Archäologischen Museum in Istanbul verwahrten) Stückes. Es wurde 1938 in Izmit, dem antiken Nikomedeia (Bithynien) gefunden, also in der Stadt, in welcher Diokletian am 20. 11. 284[141] zum Kaiser ausgerufen wurde und die er später als bevorzugte Residenz nutzte. Doch auch andere Kandidaten sind von archäologischer Seite für dieses Porträt ins Spiel gebracht worden, etwa Claudius II. Gothicus[142] oder Aurelian.[143] „Da weder Physiognomie, noch Kranz, noch Frisur eine eindeutige Entscheidung in dieser Frage zulassen, bleiben nur stilistische Argumente für die eine oder andere Benennung."[144]

Der an diversen Stellen (Lippen, Augen, Ohren, Haarkranz, vor allem an der Nase) beschädigte Kopf[145] zeigt einen Mann in fortgeschrittenem Alter, was vor allem an den wulstigen Lidern, Tränensäcken unter den Augen, der zerfurchten Stirn und dem Bart erkennbar ist. Gegenüber den Bildnissen der ebenfalls als Kandidaten ins Spiel gebrachten Soldatenkaiser weist der Istanbuler Kopf laut D. Stutzinger größere Unruhe auf, „wirkt das Gesicht des Kaisers aus Nicomedia schon fast ‚zerwühlt' wie tetrarchische Köpfe."[146] Das vor allem an die Vorgänger Diokletians erinnernde und nur schwerlich mit den Münzbildnissen Diokletians (kurzes Haar, kurzer Bart) zu harmonisierende längere Haar sowie den lockigen Bart unseres Kopfes erklärt Stutzinger plausibel mit bewußten Anklängen des folglich frühen Diokletians-Porträts an ebendiese Vorgänger.

Die von Stutzinger vorgeschlagene Interpretationslinie hat kürzlich mit großem Nachdruck J. Meischner übernommen und mit weiteren Überlegungen untermauert:[147] Meischner arbeitet in einem genauen Stilvergleich deutliche Unterschiede zwischen den Porträts von Claudius II. Gothicus

---

140 Ursprünglich wurde die „corona civica" als Auszeichnung für die Errettung eines römischen Bürgers verliehen, seit Augustus wird sie zum Attribut des Kaisers, mit dem dieser als Retter und Wohltäter gepriesen wird: D. Kienast, Augustus. Prinzeps und Monarch, 2. Aufl. 1992, 81.
141 Unkorrekt ist die Angabe (17. 11. 284) bei D. Stutzinger, Kat. Nr. 23: Porträt Diocletians, in: Spätantike und frühes Christentum (1983) 404.
142 L'Orange (1984) 96f.
143 So vor allem K. Fittschen, GGA 225, 1973, 53f.
144 Stutzinger, in: Spätantike und frühes Christentum (1983) 404.
145 Die Beschreibung nach Stutzinger, ebd.
146 Ebd. 404.
147 J. Meischner, Bemerkungen zu einigen Kaiserporträts des 3. Jh. n. Chr. Philippus Arabs, Aurelian, Diokletian, AA 1995, 375–387.

(268–270) und Aurelian (270–275) sowie dem Istanbuler Kopf heraus, den sie ebenfalls für ein in die Jahre 284 bis 294 zu datierendes Diokletians-Bildnis hält. Zugleich ermittelt sie einen weiteren, späteren Diokletians-Typus (294–305, vertreten in einem Mailänder Exemplar) und sieht in einem neu aufgetauchten Kopf aus New York eine weitere, ihre Deutung stützende Parallele zu dem Stück aus Nikomedeia.

Mit einiger Zuversicht wird man daher den vor allem in der „corona civica" dokumentierten Traditionalismus des nikomedischen Porträts mit Diokletians restaurativer (Religions-)Politik in Verbindung bringen können. Auch die generellen Schwierigkeiten bei der Zuweisung von tetrarchischen Porträts, von denen kaum zwei Stücke mit relativer Sicherheit demselben Herrscher zugewiesen werden können,[148] sind vielleicht als Ausfluß der tetrarchischen Gleichheits- und Eintrachtideologie zu verstehen sowie als Resultat der zunehmenden Zahl von Kaiserresidenzen zu erklären. Denn möglicherweise wurden unter der Tetrarchie kaum noch reichsweit einheitliche Porträttypen hergestellt und verschickt, sondern statt dessen eher lokal bzw. regional unterschiedliche Bildnisentwürfe bevorzugt.

M 2:   Die Genese der Tetrarchie

(Eutr. 9,20-22)

Eutrop hat seinen „Geschichtsabriß seit Gründung der Stadt Rom" im Jahr 369 oder 370 erstellt. Das kleine Werk gehört zu einer Gruppe von vier sämtlich in der zweiten Hälfte des 4. Jh. entstandenen Breviarien,[149] die von dem Bestreben zeugen, die geschichtliche Erinnerung jedenfalls in Grundzügen lebendig zu halten. Eutrop gehörte dem Senatorenstand an und amtierte in Konstantinopel als „magister memoriae"[150] am Hof des Kaisers Valens, auf dessen Initiative das Breviarium Eutrops zurückgeht. Klarheit und Schnörkellosigkeit zeichnen dieses Werk aus, was auch im folgenden Abschnitt (9,20-22) über die Entstehung der ersten Tetrarchie deutlich wird:

---

148 Vgl. die Bemerkungen von M. Bergmann, Zum römischen Porträt des 3. Jh. n. Chr., in: Spätantike und frühes Christentum (1983) 50; ausführlicher dies., Studien zum römischen Porträt des 3. Jh. n. Chr., 1977, 138ff.

149 Die anderen drei Kurzfassungen sind das Breviarium des Festus, das fast gleichzeitig mit demjenigen des Eutrop geschrieben wurde, die „Caesares" des Aurelius Victor (von 360) und die anonym überlieferte, erst nach 395 verfaßte „Epitome de Caesaribus."

150 Als solcher war er zuständig für das Schreiben und Versenden kaiserlicher Anordnungen, s. Demandt (1989) 233.

„(20,1) Diokletian schwor in der ersten Versammlung[151] der Soldaten, daß Numerian ohne jede Hinterlist von seiner Seite den Tod gefunden habe, und weil neben ihm Aper[152] stand, der Numerian den Anschlag bereitet hatte,[153] wurde er vor den Augen des Heeres von der Hand Diokletians mit dem Schwert durchstoßen. (20,2) Danach besiegte er den unter dem Haß und der Verfluchung aller lebenden Carinus in einer gewaltigen Schlacht beim Margus – dieser war von seinem Heer, über das er als das eigentlich stärkere verfügte, freilich verlassen worden –, zwischen Viminacium und dem Berg Aureus.[154] (20,3) Nachdem er sich so des römischen Staates bemächtigt hatte, schickte Diokletian, weil Landbewohner in Gallien einen Aufstand angezettelt hatten und ihrer Aufstandsbewegung den Namen ‚Bagauden‘ gaben – als Anführer hatten sie Amandus und Aelianus –,[155] den Maximianus Herculius als Caesar gegen sie,[156] um sie zu unterwerfen; in unbedeutenden

---

151 D. h. in der ersten Versammlung nach seinem in 9,19,2 geschilderten Herrschaftsantritt vom 20. 11. 284; die hier erwähnte Versammlung ist entweder mit derjenigen identisch, in welcher das Heer Diokletian zum neuen Kaiser erkor, oder sie fand unmittelbar danach statt, also wohl noch am 20. November 284.

152 Aper, der Schwiegervater des Kaisers Numerianus, amtierte als Prätorianerpräfekt für den östlichen Reichsteil.

153 Numerianus, der jüngere Sohn des Augustus Carus, war Ende 282 zum Caesar und im Sommer 283 nach dem Tod seines Vaters zum Augustus erhoben worden. Über seinen Tod im November 284 herrscht bereits in den antiken Quellen Unsicherheit, und auch in der modernen Forschung ist man sich nicht einig über die genauen Umstände des Todes. Daß Aper, wie Eutrop berichtet, der Urheber einer Mordtat war, ist unwahrscheinlich (so aber Demandt, 1989, 46), da er damit selbst seinen wichtigsten Protektor beseitigt hätte. Auch Diokletian wird kaum als Mörder Numerians anzusehen sein, sondern wahrscheinlich starb letzterer – wie persische Quellen berichten – an einer während des Perserkrieges erlittenen Verwundung; siehe zur detaillierten Diskussion Kolb (1987) 11–15.

154 Die Schlacht fand im Spätsommer 285 am Fluß Margus in Moesia Superior (heute: Morava) statt. Carinus, der ältere Sohn des Carus und bereits seit Frühjahr 283 Augustus, hatte in der Schlacht gesiegt, wurde aber von seinen eigenen Leuten umgebracht, s. auch Aur. Vict. Caes. 39,11.

155 Um diese Bagauden, die noch im 5. Jh. n. Chr. in Gallien ihr Unwesen treiben, dreht sich eine lang anhaltende Forschungsdiskussion, vor allem um die Frage, ob es sich um eine Aufstandsbewegung mit sozioökonomischem Hintergrund handelt, s. zuletzt, mit ausführlichen Quellen- und Literaturangaben: D. Lassandro, Le rivolte bagaudiche nelle fonti tardo-romane e medievali, InvLuc 3/4 1981/82, 57–110; C. Minor, Bacaudae: A Reconsideration, Traditio 51, 1996, 297–307. Zumindest bei diesen frühen Bagaudenbewegungen ist große Skepsis gegenüber vermeintlich sozialreformerischen Bestrebungen angebracht, denn Amandus „prägte Münzen mit der gewöhnlichen Kaisertitulatur. Es handelt sich mithin um einen Usurpator" (Demandt, 1989, 49f.).

156 Zur Datierung und zum Hintergrund der Caesarernennung Maximians s. gleich unten, zum Beinamen „Herculius" s. M 10. Eutrops Sprachgebrauch bedeutet

Schlachten zähmte er dieses Bauernvolk und stellte den Frieden in Gallien wieder her.[157]

(21,1) Zu dieser Zeit hat auch Carausius, der von niedrigster Herkunft war, durch eine ansehnliche militärische Laufbahn einen glänzenden Ruf erlangt: Als er bei Bononia in der Gegend von Belgica und Armoricum[158] die Aufgabe, das Meer zu befrieden, übernommen hatte, welches Franken und Saxonen unsicher machten, da wurden oft viele Barbaren gefangengenommen, aber weder war die Beute unversehrt den Provinzialen zurückgegeben noch den Kaisern überstellt worden. Weil er so begonnen hatte, in den Verdacht zu geraten, daß die Barbaren absichtlich von ihm herbeigelassen wurden, damit er sie, wenn sie mit ihrer Beute vorbeizogen, fangen und sich bei dieser Gelegenheit bereichern konnte, wurde von Maximian befohlen, ihn zu töten, und so nahm er den Purpur an und besetzte Britannien.[159]

(22,1) Weil so über den gesamten Erdkreis hin Aufruhr herrschte, Carausius in Britannien rebellierte, Achilleus in Ägytpen,[160] die Quinquegentiani Africa gefährdeten[161] und Narseus im Osten Krieg anzettelte,[162] machte Diokletian

nicht, daß er bereits dem Caesar Maximian (also im Jahr 285) den Beinamen Herculius zuschreibt, sondern er beugt damit im Dienste seiner Leser nur einer möglichen Verwechslung mit dem späteren Caesar Maximianus Galerius vor. Über Maximians frühere Laufbahn ist wenig bekannt: Er stammte aus dem Illyricum, war nur wenig jünger als Diokletian (ca. 250 geboren) und hatte sich im Militär hochgedient, s. Kienast (1990) 268.

157 Diese Siege erlangte Maximian wahrscheinlich im Frühjahr 286: Kolb (1987) 41; Demandt (1989) 50.

158 Beim heutigen Boulogne-sur-Mer. Der strategisch wichtige Ort, von dem aus in der Regel die Überfahrt nach Britannien angetreten wurde, hieß bis ins frühe 4. Jh. n. Chr. Gesoriacum.

159 Über Carausius, mit dem ein mehr als zehn Jahre existierendes britisches Sonderreich begründet wird, wissen wir wenig – er war wohl tatsächlich niederer Herkunft und entweder Flottenpräfekt oder ein Distriktkommandeur im nördlichen Gallien gewesen, s. Kienast (1990) 274. Seine Usurpation kann nach Aussage numismatischer Quellen nicht vor der zweiten Hälfte des Jahres 286 stattgefunden haben, s. Kolb (1987) 48f.

160 Der Aufstand in Ägypten, der zum Teil von einem „corrector" namens Achilleus geführt wurde, aber in der Augusterhebung eines Mannes namens L. Domitius Domitianus gipfelte, stellt ein überaus kompliziertes Problem dar, das sich aus dem Zusammenführen literarischer, numismatischer und papyrologischer Evidenz nur mit Vorbehalten lösen läßt. Einen derartigen Versuch hat mit sehr plausiblen Ergebnissen Kolb unternommen (1988b); s. auch dens. (1995) 22ff. Demnach begann die Revolte wahrscheinlich im Frühherbst 296 und konnte erst Ende 297 oder Anfang 298 endgültig niedergeschlagen werden (vgl. auch Eutrop 9,23).

161 Die Quinquegentiani, ein maurischer Volksstamm, erhoben sich Ende 296/Anfang 297 gegen Rom, Maximian zog daraufhin nach Africa und schlug die Revolte wohl noch 297 nieder (Eutr. 9,23) s. Kolb (1988a) 112ff.; Demandt (1989) 53.

den Maximianus Herculius vom Caesar zum Augustus,[163] den Constantius und Maximianus zu Caesares, von denen Constantius über eine Tochter als Enkel des Claudius gilt;[164] Maximianus Galerius soll aus Dakien (nicht weit von Serdica entfernt) stammen.[165] Und um diese untereinander auch durch verwandtschaftliche Beziehungen zu verbinden, nahm Constantius die Stieftochter des Herculius,[166] Theodora, zur Frau, von der er später sechs Kinder, die Geschwister Konstantins, hatte,[167] Galerius heiratete Valeria, die Tochter Diokletians;[168] beide waren gezwungen, die Ehefrauen, die sie bereits hatten, zu verstoßen.

---

162 Für die Behandlung des Perserkrieges gilt ähnliches wie für das Problem der ägyptischen Unruhen (o. Anm. 160): Das Quellenmaterial ist höchst disparat, Panegyrici, spätere Berichte, Inschriften, Münzen und Papyri lassen aber immerhin eine plausible Rekonstruktion der Ereignisse zu, die wiederum Kolb zu verdanken ist (1988a): Demnach griff im Frühjahr 296 der Sassanidenherrscher Narses die Römer an, und Diokletian zog mit Galerius nach Syrien. Während Diokletian aber aufgrund der gleichzeitig ausgebrochenen ägyptischen Revolte gen Alexandria marschieren mußte, erlitt Galerius gegen die Perser im Herbst 296 eine Niederlage. Erst im Frühjahr/Sommer 297 konnte Galerius in einer zweiten Kampagne bis nach Ktesiphon vordringen, während Diokletian in Mesopotamien agierte. Im Winter 297/98 kam es dann zu Friedensverhandlungen, die im Frühjahr 298 zu einem Vertragsabschluß führten.

163 Wahrscheinlich fand die Augustuserhebung Maximians im Frühjahr/Sommer 286 (1. Mai?) statt, s. Kolb (1987) 49ff.; Kolb (1995) 22f. Zur Interpretation dieses Vorgangs s. u. S. 63f.

164 Constantius I. (Chlorus), ebenfalls wie Maximian aus dem Illyricum stammend und nahezu gleichaltrig, hatte eine steile militärische Karriere hinter sich, die ihn bis zur Prätorianerpräfektur (seit 288) geführt hatte, s. Kienast (1990) 276. Seine Ernennung zum Caesar fand am 1. März 293 statt, s. Kolb (1987) 68ff. Seine angebliche Abstammung von Claudius II. Gothicus (268–270) ist fiktiv und erst von Konstantin dem Großen seit 310 propagiert worden, um eine von den Tetrarchen unabhängige genealogische Linie proklamieren zu können, s. Grünewald (1990) 46ff. Der viel später schreibende Eutrop kennt diese Fiktion natürlich und ist ihr erlegen.

165 Auch Galerius dürfte ähnlichen Alters wie Constantius I. gewesen sein (oder allenfalls etwas jünger), er stammte aus einem später Romulianum genannten Ort (im östlichen Serbien), wo er sich als Augustus eine große Villenanlage mit Mausoleum und Tempeln (ähnlich derjenigen des Diokletian in Spalato: M 5) erbaute.

166 Gemeint ist wieder (s. o. Anm. 156) Maximian.

167 Constantius I. heiratete Theodora (PLRE 895 Nr. 1), die Stieftochter Maximians, spätestens 289; vorher hatte er viele Jahre mit Helena zusammengelebt, die ihm den späteren Kaiser Konstantin den Großen geboren hatte. Die sechs gemeinsamen Kinder mit Theodora – Dalmatius, Iulius Constantius, Hannibalianus, Constantia, Anastasia und Eutropia (s. Kienast, 1990, 277f.) – waren also Stiefgeschwister Kaiser Konstantins.

168 Die Ehe zwischen Galeria Valeria und Galerius blieb kinderlos. 308 avancierte sie zur Augusta, wurde aber 314 von Licinius getötet, s. Kienast (1990) 282.

(22,2) Gleichwohl kam es mit Carausius, nachdem gegen den in militärischen Dingen höchst versierten Mann vergeblich kriegerische Anstrengungen unternommen worden waren,[169] letztendlich zu einem Frieden. Nach sieben Jahren tötete ihn sein Mithelfer Allectus und beherrschte nach ihm selbst noch für drei Jahre Britannien. Dieser wurde unter Führung des Prätorianerpräfekten Asclepiodotus besiegt.[170] So ist Britannien im zehnten Jahr zurückgewonnen worden. "

Dieser Abschnitt aus Eutrops Breviarium wird vor allem von denjenigen Gelehrten gern zitiert, die nicht von der Existenz einer längerfristig konzipierten Neuordnung des Herrschaftssystems durch Diokletian ausgehen.[171] Eutrop belege, daß Diokletian mit der Ernennung von Mitherrschern nur auf aktuelle Notlagen reagiert habe: „Stets ist es der Krieg gewesen, der Diokletian die Wahl von fähigen Männern nahelegte, von denen er nicht zu fürchten hatte, sie würden Usurpatoren werden."[172] Demgegenüber ist aber mit F. Kolb darauf zu verweisen, daß diese vermeintlich ursächlichen Verbindungen von militärisch-politischer Krise und Mitkaisertum auf chronologische Schwierigkeiten stoßen. Maximian ist laut Eutrop (9,20,3) zum Caesar gemacht worden, um die Bagauden zu bekämpfen. Kolb[173] hat freilich deutlich machen können, daß Maximian, der am 13. Dezember 285 zum Caesar ernannt wurde, von vornherein auch zum Augustus gemacht werden sollte, denn es wurden keine Münzen für Maximian als Caesar geprägt, und er wurde nicht „filius Augusti" (Sohn des Augustus) genannt – offenbar deshalb, weil Diokletian von Beginn an beabsichtigte, Maximian in naher Zukunft zum Mitherrscher zu machen: „Falls Maximian gegen die Bagauden erfolgreich sein würde, wollte er ihn zum gleichberechtigten Augustus und ‚frater' erheben. Mit diesem Versprechen entsandte er ihn Ende 285 oder Anfang 286 in den Westen des Reiches."[174]

Bestätigt wird die Existenz dieser frühen Konzeption einer Mehrkaiserherrschaft durch die Chronologie des Jahres 286: Als Maximian (im Frühjahr/Frühsommer 286)[175] zum Augustus avancierte, hatte die Usurpation

---

169 Im 289 mißlang der Versuch Maximians, Carausius zu besiegen.

170 Allectus, über dessen Herkunft wir nichts wissen, hatte eine militärische Karriere unter Carausius absolviert. Ende 293 ließ er sich nach dessen Ermordung zum Augustus ausrufen, wurde aber Ende 296 von Constantius I. und dessen Prätorianerpräfekten Asclepiodotus besiegt und getötet, s. Kienast (1990) 275.

171 Insbesondere von W. Seston, Dioclétien et la tétrarchie I, 1946; ders., Art. Diocletianus, RAC 3, 1954, 1038f.

172 Seston, Diocletianus, ebd. 1039.

173 Kolb (1987) 27ff., bes. 38f. (zu Maximian und den Bagauden).

174 Kolb (1987) 45.

175 S. o. Anm. 163.

des Carausius auf jeden Fall noch nicht stattgefunden[176] – die Einsetzung Maximians als Augustus kann also keine improvisierte Notmaßnahme gewesen sein, wie Eutrop in 9,22,1 suggeriert, sondern war von Diokletian konzeptionell vorbereitet und intendiert.

Auch die in demselben Passus von Eutrop unterstellten Gründe für die Ernennung der Caesares im Jahr 293 können nicht zutreffen: Die Quinquegentiani erhoben sich erst 296, Narses attackierte die Römer ebenfalls erst im Jahr 296, und die ägyptischen Rebellionen brachen auch nicht vor dem Herbst 296 aus. Einzig die andauernde Usurpation des Carausius in Britannien wird die Ernennung des Constantius zum Caesar vielleicht mitbestimmt haben.[177]

Die an symbolträchtigen Tagen (1. März bzw. 21. Mai 293?) erfolgte Ernennung von zwei Caesares dürfte folglich ebenfalls Ausfluß einer tetrarchischen Herrschaftskonzeption gewesen sein, die in der Folgezeit noch deutlich an Konturen gewinnt.[178]

Eutrop schildert folglich zutreffend militärische Aufgaben und Leistungen der einzelnen Tetrarchen, verbindet sie aber unkorrekterweise mit den ihm offenbar nicht mehr verständlichen Ernennungen der diokletianischen Mitregenten. Da er im vorliegenden Abschnitt überdies keine chronologisch gegliederte, sondern eine erkennbar nach Sachgruppen geordnete Aufstellung wichtiger Begebenheiten bietet,[179] wird man den Eutrop-Text nicht als Argument gegen die aus anderen Quellen abzuleitende These von einem neuen, schon frühzeitig verfolgten tetrarchischen Herrschaftsmodell benutzen können.

M 3: Das Fünfsäulendenkmal auf dem Forum Romanum

Nur im Hintergrund eines Reliefs des Konstantinsbogens in Rom (M 20) ist ein für das Selbstverständnis und die Ideologie der Tetrarchen aufschlußreiches Denkmal zu erkennen, von dem ansonsten wenig auf uns gekommen ist:[180]

---

176 S. o. Anm. 159 Auch die Insurrektionen in Africa begannen nicht vor Ende 296 (s. o. S. 61).

177 Kolb (1987) 68ff. Die alternativ von I. König angebotene Variante (Die Berufung des Constantius Chlorus und des Galerius zu Caesaren, Chiron 4, 1974, 567–576), die Ernennung zweier Caesares sei Ausdruck der Rivalität zwischen beiden Augusti gewesen, wird von Kolb (ebd. 77ff.) überzeugend zurückgewiesen.

178 Kolb (1987) 80ff.; vgl. M 10.

179 Kolb (1987) 23 Anm. 55.

180 Die bahnbrechende Studie stammt von H. P. L'Orange, RM 53, 1938, 1ff.; siehe seither vor allem Kähler (1964); Wrede (1981) 111–142; J. Engeman, Die religiöse

Abb. 5: Das Fünfsäulendenkmal auf dem Konstantinsbogen

Das Relief zeigt den Kaiser Konstantin bei einer Ansprache auf den –
links und rechts jeweils mit einer Sitzstatue (Hadrian und Marc Aurel?)[181]
geschmückten – Rostra auf dem Forum Romanum, vor einem fünfsäuligen
Denkmal, von dem – abgesehen von wenigen Architekturfragmenten[182] –
nur ein reliefverzierter Säulensockel erhalten ist, die sogenannte Dezennalienbasis:

Herrscherfunktion im Fünfsäulenmonument in Rom und in den Herrschermosai-
ken Justinians in Ravenna, Frühmittelalterliche Studien 18, 1984, 336–356; Kolb
(1987) 123ff.

181 Kähler (1964) 17.

182 Sie werden zusammengestellt und diskutiert bei Kähler(1964) passim.

Abb. 6: Dezennalienbasis

Die Basis zeigt auf der hier abgebildeten Seite zwei Victorien mit einem über zwei Gefangenen an einem Baumstamm aufgehängten Rundschild, der die Inschrift trägt: „Caesarum decennalia feliciter" (‚Glückwünsche zum 10-jährigen Jubiläum der Caesares'); links und rechts rahmt je ein Tropaion die Szene ein. Die übrigen drei Seiten des Postaments bieten eine Opferszene (einer der Caesares[183] opfert dem Mars und wird dabei vom Genius des Senats sowie einer Victoria bekränzt), eine Prozession von „togati" und Soldaten sowie die Suovetaurilien (einen dem Kriegsgott Mars gewidmeten Opferritus). Aus frühneuzeitlichen Berichten ist bekannt, daß die Inschrift einer weiteren Basis dem 20-jährigen Regierungsjubiläum der Augusti galt („Augustorum vicennalia feliciter") und das Postament der größten, im Zentrum der Anlage befindlichen Säule insgesamt die „vicennalia imperatorum", also die 20-jährige Herrschaft der Kaiser, bezeichnete.

Das gesamte Monument läßt sich recht sicher rekonstruieren:

---

183 Es ist nicht zu entscheiden, auf welchen der beiden Caesares – Constantius Chlorus bzw. Galerius – diese Basis zu beziehen ist.

Abb. 7: Das Fünfsäulendenkmal (Rekonstruktion)

Die größte, mittlere Säule trug Jupiter, die anderen Säulen bezogen sich auf die beiden Augusti – Diokletian und Maximian – sowie auf die beiden Caesares – Constantius Chlorus und Galerius; dargestellt waren aber nicht die Herrscher selbst, sondern ihre Genien, und zwar jeweils im (einst von Augustus kreierten) „genius"-Typus (mit Toga und Füllhorn):[184] „Demnach zeigte das Fünfsäulenmonument Jupiter als summus pater zwischen den Genien seiner Abkommen und den Genien der Nachfahren seines Sohnes Herkules."[185]

Der Anlaß der Denkmalsweihung steht fest: Diokletian war im November 303 (zu seinem wahrscheinlich einzigen Romaufenthalt überhaupt)[186] in die alte Hauptstadt gekommen, um gemeinsam mit Maximian seine Vicennalia zu feiern. Bemerkenswerterweise wurden die bereits 302 zelebrierten Decennalia der Caesares noch einmal begangen, was mit F. Kolb als „ein gezielter politischer Akt" zu werten ist: „Damit waren die Regierungsjubiläen und -vota der Tetrarchie endgültig in einer dezimalen Symmetrie zu-

---

184 Unter dem Genius ist dabei die Summe der einer Person oder einer Gruppe innewohnenden Wirkungsmacht zu verstehen, die, personifiziert, in den sakralen Bereich gehört.

185 Wrede (1981) 138; vgl. Kolb (1987) 124.

186 Zu den nur noch seltenen Rombesuchen spätantiker Kaiser siehe unten S. 153ff.

sammengeschweißt."[187] Folglich bietet das Fünfsäulendenkmal einen instruktiven Beleg für die tetrarchische Herrschaftskonzeption mit der freiwilligen Abdankung der Augusti nach 20-jähriger Herrschaft. Die zentrale Position der Jupitersäule ist natürlich Ausdruck der sakralen Herrschaftsideologie, welche die Kaiser als Abkömmlinge und irdische ‚Handlanger' des höchsten römischen Gottes proklamierte.

Dieser Intention entspricht auch die sorgfältige Wahl des Platzes für das Monument: Es lag in direkter Nachbarschaft zum Concordia-Tempel – gerade die Eintracht („concordia") zwischen den Tetrarchen wurde stets in der Öffentlichkeit propagiert. Ebenfalls in der Nähe befand sich ein kleines Kultgebäude des „genius populi Romani", „welches den engstens mit der Gründung Roms und der Romulus-Legende verbundenen sakralen Mittelpunkt der ‚urbs', den ‚mundus', krönte."[188] Ebendiese Genien des römischen Volkes bildeten die Tetrarchen auf den Rückseiten ihrer seit 293/4 geprägten Billon-Münzen („folles") ab – die kaiserlichen Genien und „der Genius des römischen Volkes als Verkörperung einer alle Reichsteile verbindenden ‚romanitas'"[189] wirken zusammen, und zugleich erscheinen die Tetrarchen als eine Art Neugründer Roms, was sie nicht nur im übertragenen Sinn zu sein vorgaben,[190] sondern in concreto auch waren, hatten sie doch nach dem verheerenden Brand von 283 den Westteil des Forum Romanum völlig neu bebauen lassen.[191]

Somit erweist sich das tetrarchische Fünfsäulenmonument als facetten- und anspielungsreiches Denkmal, in dem die Götter, die Kaiser und der „populus Romanus" engstens miteinander verbunden werden: "die Götter, die den Kult empfangen und dafür den Herrschern ihren Beistand verleihen; die Herrscher, die für den Kult der Staatsgötter sorgen, dafür Sieg und glückliche Herrschaft erhalten und dementsprechend die Huldigung der Besiegten und der Reichsbevölkerung erwarten können; schließlich die letztgenannten, die dem Sieger huldigen, Gaben bringen oder sich seiner Kulthandlung anschließen."[192]

---

187 Kolb (1987) 126.
188 Kolb (1987) 123.
189 Wrede (1981) 138f.
190 In einer Festrede zum Geburtstag Roms (21. April 289) werden die Augusti als Neugründer des Imperiums und der urbs Roma gepriesen: Pan. Lat. 10 (2) 1ff.
191 Wrede (1981) 125.
192 Engemann (o. Anm. 180) 344.

M 4: Die Maxentius-Basilika in Rom

Abb. 8: Maxentius-Basilika (von Süden)

Im Museum der historischen Erinnerung finden sich die Sieger stets an den prominenten Stellen wieder, Verlierer müssen sich meist – falls sie überhaupt einen Platz erhalten – mit den dunkleren Nischen begnügen. Zu den letzteren gehört auch Maxentius (der Sohn des Augustus Maximian), der, 306 von stadtrömischen Prätorianern zum Kaiser ausgerufen, bis zum Jahre 312 in Rom residierte und zeitweise Italien und Africa beherrschte, aber von den jeweils regierenden Tetrarchen niemals anerkannt und schließlich von Konstantin in der denkwürdigen Schlacht nahe der Milvischen Brücke (28. Oktober 312: **M 13**) besiegt wurde. Von Konstantin als Usurpator („tyrannus") disqualifiziert (**M 21**) und von der christlichen Überlieferung der Spätantike und des Mittelalters als gottgestrafter Gegner des christlich erleuchteten Konstantin verhöhnt, gilt Maxentius als Anhänger eines anachronistischen römischen Traditionalismus, der gewissermaßen in den Tiber geworfen werden mußte, um den Weg für den christlichen Kaiser freizumachen.

Die bereits von Konstantin forcierte Eliminierung des Maxentius aus dem historischen Gedächtnis erstreckte sich sogar auf die Bauten des Maxentius in Rom, wie Aurelius Victor überliefert (Caes. 40,26): „Außerdem weihten die Senatoren alle Bauten, die er [Maxentius] auf prächtige Weise errichtet hatte – den Tempel der Stadt [= Tempel der Venus und Roma] und die Basilika – den Verdiensten des Flavius [Constantinus]". Dies betrifft, wie Victor explizit berichtet, auch das bedeutendste Monument des Maxentius in Rom, die riesige, wohl bereits 307 begonnene[193] und von Konstantin vollendete, zugleich in seinem Sinne umgestaltete Basilika am Ostende des Forumsbezirkes; obwohl der Bau in seinen wesentlichen Elementen auf Maxentius zurückgeht, firmiert er bereits in den Quellen des 5. Jh. als „Basilica Constantiniana (oder: Constantini"),[194] und unter diesem Lemma findet sich das Bauwerk auch in den neuesten Büchern zur Topographie Roms.[195] Trotz dieser wechselvollen Geschichte und trotz der Tatsache, daß die berühmte Kolossalstatue Konstantins (deren Reste sich heute im Hof des Konservatorenpalastes auf dem Kapitol befinden) aus dieser Basilika stammt,[196] ist sie gleichwohl in erster Linie als Dokument der Politik von Maxentius zu begreifen und zu interpretieren.

---

193 So F. Coarelli, Basilica Constantiniana, in: E. M. Steinby (Hg.), Lexicon Topographicum Urbis Romae, Bd. I (A–C), Rom 1993, 171.
194 Pol. Silv. 544; Chron. Pasch. 146.
195 Siehe oben Anm. 193 sowie L. J. Richardson Jr., A New Topographical Dictionary of Ancient Rome, 1992, 51–52.
196 Es wird bisweilen erwogen, daß auch diese Statue vielleicht ursprünglich Maxentius dargestellt hat und erst nachträglich zu einem Bildnis Konstantins umgearbeitet wurde: Cullhed (1994) 52.

*Abb. 9: Maxentius-Basilika
(Rekonstruktion)*

Das gewaltige Monument,[197] mit dem ein großer Teil der Velia überbaut wurde, besaß eine Grundfläche von 100 x 65 m, ein großes Mittelschiff (80 x 25 m, 35 m hoch) mit einer großen Apsis im Westen sowie im Norden und Süden am Mittelschiff je einen Flügel mit drei Räumen; erhalten sind im wesentlichen nur die drei Räume des Nordflügels mit ihren Tonnengewölben; das einzige erhaltene Exemplar der Marmorsäulen, auf denen einst das aus zwei riesigen Kreuzgewölben gebildete, mittlere Gewölbe ruhte, ließ Papst Paul V. im Jahr 1613 auf der Piazza di Santa Maria Maggiore aufstellen (wo sie heute noch zu bewundern ist). Die Funktion des Bauwerkes ist bis heute umstritten; am meisten hat die Annahme von F. Corarelli für sich, daß hier der Stadtpräfekt von Rom Gerichtssitzungen abgehalten hat.[198]

Die Basilika ist als Teil eines gezielt inszenierten, stadtrömischen Bauprogramms des Maxentius zu verstehen, der sich auf Münzen als „conservator urbis suae" (als Bewahrer seiner Stadt Rom) glorifizieren ließ. Weitere Ele-

---

197 Neueste Baubeschreibungen bei F. Coarelli, in: Steinby (siehe Anm. 193) 170–173; L. J. Richardson Jr. (siehe Anm. 195) sowie bei F. Coarelli, Roma (Guide archeologiche Laterza), 1995, 111–113.
198 Vgl. die bibliographischen Angaben in der vorherigen Anm.

mente dieser Konzeption sind vor allem der Neubau des durch einen Brand zerstörten Tempels der Venus und Roma sowie eine Thermenanlage.[199] Entgegen älteren Auffassungen, denen zufolge Maxentius sich vergeblich um Anerkennung seitens der jeweils herrschenden Tetrarchen bemüht habe, hat jüngst M. Cullhed plausibel darlegen können, daß Maxentius von Beginn an eine unabhängige, auf Italien und Rom konzentrierte Kaiserherrschaft angestrebt und praktiziert habe.[200] Die Kultivierung altrömischer Traditionen[201] und die Baupolitik bildeten dabei wichtige Bestandteile einer Herrschaftsstrategie, die gezielt auf die altheidnische Aristokratie und auf die Truppen gerichtet war.

Als dezidierter Anhänger des Heidentums, der dem Wegbereiter der Christianisierung Roms und damit Europas weichen mußte, steht Maxentius an einer bedeutenden historischen Trennlinie – dasselbe gilt (in baugeschichtlicher Hinsicht) für seine gewaltige Basilika: Sie ist die letzte Vertreterin der großen profanen Basiliken Roms, mit deutlichen Affinitäten zur Hallen- und Gewölbearchitektur der römischen Thermenanlagen;[202] andererseits wirkte sie ihrerseits auch auf spätere christliche Bauwerke ein.[203]

---

199 Dazu und zu weiteren, möglicherweise der Initiative des Maxentius zuzuschreibenden Bauten siehe Cullhed (1994) 52ff.

200 Cullhed (1994) passim.

201 So propagierte er Mars als den Vater des ewigen Rom (ILS 8935), spielte in der Münzprägung auf den Gründungsmythos Roms an (Mars, römische Wölfin mit Romulus und Remus: Cullhed, 1994, 47) und bezeichnete Roma als die Urheberin („auctrix") seiner Kaiserherrschaft: Cullhed (1994) 47.

202 Coarelli, in: Steinby (1993, o. Anm. 193) 172.

203 Richardson Jr. (o. Anm. 195,52): „Its influence on the design of the new basilica of S. Pietro is readily apparent."

M 5: Die Diokletiansresidenz in Spalato

Abb. 10: Diokletiansresidenz in Spalato (Modell)

Die riesige, annähernd 4 ha Grundfläche betragende Residenz Diokletians, in die der Kaiser nach seiner freiwilligen Abdankung im Mai 305 umsiedelte, ist seit langem relativ gut bekannt und erforscht, obwohl sie durch Wohn- und Geschäftshäuser des modernen Split nahezu ,absorbiert' worden ist.[204] Die auf vorher bestenfalls dünn besiedeltem Areal entstandene Anlage wurde von trapezförmigen Außenmauern mit vorgelagerten Türmen umgeben, durch die vier axial zueinander angelegte Tore Zugang verschafften.[205] „Zwei Kolonnadenstraßen steigern sich zu einem Peristyl und unterteilen das Innere der Anlage in vier Teile".[206] Im dem Meer zugewandten Süden lagen der private Wohnbereich des Kaisers[207] sowie zwei weitere Bereiche, von denen einer das Mausoleum[208] des Kaisers, der andere drei sakrale Monumente – darunter einen kleinen (Jupiter?-)Tempel[209] – enthielt. Über die beiden nördlichen Viertel läßt sich nichts Konkretes sagen: Möglicherweise waren hier Gebäude für die Leibgarde des Kaisers und das Dienstpersonal[210] sowie weitere Wirtschaftsräume[211] untergebracht.

---

204 Vgl. die Abbildung 2 bei McNally (1979) 36f. Die Forschungsgeschichte und die grundlegende ältere Literatur bietet Wilkes (1986).

205 Wilkes (1986) 23ff.

206 McNally (1979) 42.

207 Es ist ferner klar, daß sich in diesem Sektor auch zwei Thermenanlagen befanden (im äußersten Südwesten bzw. Südosten): Wilkes (1986) 49ff.

208 Wilkes (1986) 40ff.

209 Ebd. 45ff.

210 McNally (1979) 42.

In der gelehrten Forschung firmiert die gesamte Anlage meist unter dem Titel „Diokletianspalast", doch ist diese Bezeichnung irreführend, denn, wie N. Duval hervorgehoben hat,[212] verbietet sich eine Interpretation des Komplexes als Palatium[213]: Kaiserliche Paläste liegen auch in der Spätantike durchweg in Städten (wie Trier, Sirmium, etc.), nicht aber, wie im vorliegenden Fall, auf dem flachen Lande, fernab aller wichtigen Straßen.[214] Außerdem fehlen der Anlage von Spalato öffentlichkeitsorientierte Bauglieder – hier sollte nicht repräsentiert, irgend etwas zelebriert oder gar regiert, sondern es sollte hier der Ruhestand eines „senior Augustus" möglichst angenehm verlebt und schließlich (wie das Mausoleum zeigt) auch gestorben werden.[215] Am ehesten ist der Komplex von Spalato daher als Villa[216] zu bezeichnen, wobei auch Elemente der römischen Militärlagerarchitektur in die Gestaltung eingeflossen sind.[217]

Angesichts des unverkennbar privaten, im eigentlichen Sinne unpolitischen Charakters der Residenz stellen sich Fragen, die zu historischen Folgerungen führen: Wann ist die Anlage geplant worden, und wie lange hat die Bauzeit betragen? Die gewaltige, sowohl aus einheimischem Stein wie aus importiertem Material (vor allem Mamor)[218] erbaute „Anlage muß zwischen 295 und 300 in Angriff genommen worden sein und stellt somit das früheste Zeugnis für einen Abdankungsplan Diokletians dar."[219] Diokletian hat zweifellos bereits lange vor seinem offenbar längst ins Auge gefaßten Amtsverzicht eine dezidiert private Altersresidenz anlegen lassen, nicht anders als Galerius, dessen ebenfalls mit Mausoleum, Tempeln und Wohnbereich aus-

---

211 Wilkes (1986) 32ff.
212 N. Duval, in: Urbs 4, 1965, 67–95; vgl. Wilkes (1986) 56ff.
213 Auch der Name „Spalato" ist übrigens nicht aus dem „palatium" abgeleitet, sondern von dem früheren, griechischen Ortsnamen Aspalathos.
214 Vgl. Wilkes (1986, 9): „Such was the seclusion of Diocletian's retirement that neither the date nor the manner of his death is known for certain."
215 Mit Recht bezeichnet es Wilkes (1986, 40) geradezu als Ironie der Geschichte, daß das Mausoleum des letzten großen Christenverfolgers, seit dem frühen Mittelalter in eine christliche Kirche verwandelt, zur Kathedrale des modernen Split avanciert ist. Daß das Mausoleum bereits Bestandteil der ursprünglichen Gesamtkonzeption war, betont S. McNally, Joint American-Croatian Excavations in Split (1965–1974), Antiquité Tardive 2, 1994, 109f.
216 Man vergleiche die aus Mausoleum, Hippodrom und Wohnbereich bestehende Villa des Maxentius an der Via Appia. Duval (o. Anm. 212) hält – unterstützt von Wilkes (1986, 61ff.) – die Bezeichnung „chateau" für besonders adäquat. Eutrop (9,28) spricht ebenfalls einfach von „villa".
217 So R. Fellmann, Der Diokletianspalast von Split im Rahmen der spätantiken Militärarchitektur, AW 10, 1979, 47ff.
218 Vgl. Wilkes (1986) 15ff.
219 Kolb (1995) 30.

gestattete Villa beim ostserbischen Gamzigrad nach neuesten Erkenntnissen auch bereits Ende des 3. Jahrhunderts in Angriff genommen wurde.[220] Die archäologischen Befunde vermögen folglich die historische Interpretation der literarischen, epigraphischen und numismatischen Quellen zu stützen, welche auf eine offenbar systemimmanente Abdankungs- und Nachfolgeregelung im Rahmen der tetrarchischen Herrschaftskonzeption schließen lassen.

1.2: Reformen in Wirtschaft und Verwaltung

M 6:   Die Währungsreform vom 1. 9. 301

1970 wurden in der kleinasiatischen Stadt Aphrodisias Fragmente eines kaiserlichen Ediktes sowie eines zugehörigen Schreibens gefunden, die eindeutig ins Jahr 301 gehören.[221] Das Fragment b läßt sich an den entscheidenden Stellen sicher ergänzen (die Ergänzungen stehen in eckigen Klammern) und ermöglicht bedeutende Aufschlüsse hinsichtlich der Geldpolitik Diokletians und des Zusammenhanges zwischen Währungsreform und Preisedikt (siehe M 7):

„... [so daß der a]rgenteus hundert Denare [wert sein soll und der...]soll eine Kaufkraft von [vigin]ti quinque = 25 Den[ar]en besitzen. Die Beachtung [dieses] Gesetzes soll auch unserem Fiskus obliegen, wie Du wissen (sollst), und zwar ab den Kalenden des September unter den Konsuln Titianus und Nepotianus.[222] Alle diejenigen, die als neue Schuldner beginnen, sollen auch dem Fiskus dasselbe Geld, mit doppeltem Wert versehen, übergeben, und nach demselben Verhältnis soll auch der Fiskus gegebenenfalls Zahlungen leisten.
Hinsichtlich derjenigen aber, die vor den Kalenden des September als Termin staatlichen oder privaten Schuldverhältnissen unterworfen worden sind, ist es für gerecht und billig zu erachten, die folgende Rücksichtnahme anzuwenden, daß sie dasselbe Geld nach dem Wert berechnen, wie er bekannterweise bestand, bevor durch unsere Vorkehrung wegen der Beachtung eines Gesetzes ein Wertzuwachs erfolgte; folglich sollen nicht jene, denen diese Bedin-

---

220 Vgl. die Hinweise bei Kolb, ebd.
221 K. Erim/J. Reynold/M. Crawford, Diocletian's currency reform. A new inscription, JRS 61, 1971, 171–177 = A. E. 1973, 526b = H. Freis, Historische Inschriften der römischen Kaiserzeit von Augustus bis Konstantin, 2. Aufl. 1994, Nr. 150 (deutsche Übersetzung, von der die vorliegende teilweise abweicht).
222 Das heißt ab dem 1. 9. 301.

gung vorgeschrieben wird, glauben, es läge irgendeine Ungerechtigkeit in dieser Verordnung vor, wenn sie das Geld mit demselben Wert zahlen, zu dem sie es bekanntlich als Kredit genommen haben..."

Dieses epigraphische Zeugnis vermittelt wichtige währungsgeschichtliche Einsichten, läßt jedoch auch manche Fragen unbeantwortet und bietet somit den Anlaß zu kontroversen Interpretationen.

Unumstritten ist die Tatsache, daß laut der ersten erhaltenen Zeile die (hier erstmals „argenteus" genannte) diokletianische Silbermünze in ihrem Wert auf hundert Denare verdoppelt wird. Hervorhebung verdient ferner die Tatsache, daß am Aussehen und dem Metallgehalt der Münze nichts verändert, sondern ihr Wert lediglich durch einen ‚Federstrich' des Gesetzgebers modifiziert wird.

Gegen die Auffassung der Erstherausgeber der Inschrift muß eine zweite Münze in ihrem Wert auf 25 („[vigin]ti quinque") Denare verdoppelt worden sein, zumal wir aufgrund von Papyri wissen, daß vor dem Währungsedikt ein Nominal zu 12,5 Denaren, danach aber (laut Höchstpreisedikt) ein Nominal zu 25 Denaren zirkulierte.[223] Bei dieser Münze handelt es sich um den sogenannten „follis", eine mit nur geringem Silberüberzug versehene Bronzemünze.[224]

Während die reinen Aes-Münzen (das bronzene Kleingeld) eindeutig in ihrem Wert nicht verändert worden sind, herrscht hinsichtlich des „aureus (solidus)"[225], der Goldmünze, keine Einigkeit unter den Gelehrten. Zwar wird der „aureus" in dem erhaltenen Text nicht genannt, aber dennoch glauben vor allem italienische Forscher, der „aureus" werde im Zuge der währungspolitischen Reform von 1000 auf 1200 Denare aufgewertet,[226] zumal sich aus einem 1974 entdeckten Fragment des diokletianischen Preisedikts (siehe M 7) ein Höchstpreis von 1200 Denaren für den „aureus" ergebe.[227] Hier muß jedoch sorgfältig zwischen staatlicher Anordnung und Marktrealität differenziert werden: Mit E. Ruschenbusch bleibt festzuhalten, daß der „aureus" am 1. 9. 301 nicht in seinem Wert verändert worden ist.[228] Der fixierte Höchstpreis von 1200 Denaren pro „aureus" ist hingegen nichts

---

223 Vgl. Brandt (1988) 27f. mit der einschlägigen Literatur in den Anm. 16–18.
224 Vielleicht ist – aufgrund des Papyrus Oslo. 83 – auch noch eine kleine, ebenfalls versilberte Bronzemünze – der Antoninianus – von 6,25 auf 12,5 Denare aufgewertet worden: Ruschenbusch, (1977) 207.
225 Vgl. S. 126 zu M 18.
226 Siehe zuletzt Lo Cascio (1995) 492f. Anm. 32; nach H. Böhnke (1994, 473) wurde der „aureus" auf 1250 Denare taxiert.
227 Jahn (1975) 96.
228 Ruschenbusch (1977) 193ff, besonders 203f.

anderes als „eine Konzession an die Tatsache, daß der Kurswert des Goldes auf dem freien Markt höher liegt als der vom Staat festgesetzte Nominalwert."[229] Die im Preisedikt als Maximum vorgesehene Relation von 1200 Denaren pro „aureus" stellt keine Wertfestsetzung, sondern nur reines Wunschdenken dar – aus Papyri wissen wir, daß der Goldpreis schnell weit über diese Marge hinaus anstieg.[230]

Was war nun der eigentliche Zweck dieses Währungsediktes? Dieser läßt sich nur korrekt beschreiben, wenn man das fast gleichzeitig erlassene Preisedikt (M 7) hinzuzieht, denn letzteres sollte den auf die Wertverdoppelung unverändert gebliebener Münzen geradezu automatisch folgenden Preissteigerungen einen Riegel vorschieben. Da von der Aufwertung erkennbar nur die Silberprägungen und versilberten Münzen betroffen waren, dem Markt die entsprechenden Reaktionen jedoch verwehrt bleiben sollten, wollte der Staat offenbar durch die genannten Maßnahmen auf mehrfache Weise verdienen:[231] Die staatlichen Silberressourcen stiegen gewissermaßen über Nacht in ihrem Wert an, der Silberbedarf bei der Ausmünzung blieb hingegen konstant, und die vorwiegend in Silbergeld zu entrichtenden Gehälter von Soldaten und Beamten erforderten entsprechend geringere Mengen an Silber, ohne daß der Markt die gewünschten Effekte durch Preissteigerungen hätte neutralisieren können.

An staatlichen Interessen orientierte sich auch die im Währungsedikt festgeschriebene Stichtagsregelung (1. 9. 301):[232] Diese Regelung sollte verhindern, daß Gläubiger, darunter vor allem natürlich der Staat (dem zum Beispiel Steuern geschuldet wurden), Verluste erlitten, indem durch Wertverdoppelung ein- und desselben Geldes die alten Schulden gewissermaßen halbiert würden. Daher wird dekretiert, daß vor dem 1. 9. 301 aufgenommene Darlehen und Schulden nach der seinerzeit gültigen Taxierung zu begleichen wären.

---

229 Ebd., 204.
230 Siehe nur R. S. Bagnall, Currency and Inflation in Fourth Century Egypt, 1985, 27f. 61f.
231 Vgl., Brandt (1988) 28f.; Jahn (1975) 104.
232 Abzulehnen ist die Interpretation von S. Mazzarino, derzufolge durch diese Maßnahme die kleinen verschuldeten Leute geschützt werden sollten, siehe Brandt, ebd.

M 7: Das Höchstpreisedikt

Mit dem von Diokletian und seinen Kollegen erlassenen Höchstpreisedikt[233] ist eine wirtschaftsgeschichtlich erstrangige Quelle auf uns gekommen: die vielleicht „wichtigste spätantike Inschrift"[234] und zugleich „der umfassendste Versuch eines Wirtschaftsdirigismus in der Antike."[235] Leider hat sich keine komplette Fassung erhalten, sondern das reichsweit publizierte, an alle Provinzbewohner gerichtete Edikt (praef. 12: „provinciales nostri") ist in inzwischen über 140 Fragmenten überliefert, deren erstes bereits im Jahr 1709 gefunden wurde; weitere Neufunde stammen aus den letzten zwanzig Jahren,[236] so daß insgesamt eine relativ vollständige Fassung des Dokuments erstellt werden konnte.

Dieses besteht aus zwei Teilen: einer längeren, anschließend in der Übersetzung gebotenen Einleitung[237] (mit dem eigentlichen Erlaß und dessen Begründung) und einer beigefügten Liste von (Maximal-)Preisen und Tarifen für Waren und Dienstleistungen aller Art (beginnend mit Höchstpreisen für Getreide und Feldfrüchte).

„(Die Kaiser Diokletian, Maximian, Constantius und Galerius)[238] verkünden:
(5) Das öffentliche Wohl, die römische Würde und Erhabenheit verlangen, daß das Geschick unseres Staates, dem neben den unsterblichen Göttern[239]

---

233 Die antike Bezeichnung bzw. Überschrift des Edikts ist unbekannt. Laktanz (mort. pers. 7,6 = M 8) spricht von einer „lex pretiis rerum venalium" (einem „Gesetz für Warenpreise").

234 Demandt (1989) 14.

235 H. Kloft, Die Wirtschaft der griechisch-römischen Welt. Eine Einführung, 1992, 24.

236 Zur Überlieferungsgeschichte s. Lauffer (1971) 7ff. 14ff.; s. danach noch vor allem M. Giacchero, Edictum Diocletiani et Collegarum de pretiis rerum venalium, 2 Bde., 1974; C. Jungck, Die neuen Funde zum Preisedikt Diokletians, SM 26, 1976, 25–32.; vgl. jetzt auch S. Corcoran, The Empire of the Tetrarchs. Imperial Pronouncements and Government AD 284–324, 1996, 205–233.

237 Die Übersetzung erfolgt–allerdings mit diversen Abweichungen–in Anlehnung an H. Freis, Historische Inschriften zur römischen Kaiserzeit von Augustus bis Konstantin, 2. Aufl. 1994, Nr. 151.

238 In den Paragraphen 1–4 erscheinen alle vier Tetrarchen mit Titeln und Siegesbeinamen, die hier aus Raumgründen ausgespart werden. Aus der Titulatur Diokletians ergibt sich eine Datierung des Edikts in die Zeit zwischen dem 20. 11. und 9. 12. 301.

239 Die Berufung auf die „immortales dei" ist ein Kernelement des Selbstverständnisses und der Herrschaftsideologie der Tetrarchen, vgl. nur das Eheedikt (M 9) und die Zeugnisse zur Iovius-Herculius-Konzeption (M 10).

in der Erinnerung an die Kriege, die wir erfolgreich geführt haben,[240] zu danken ist für den Zustand der Welt, die ungestört und in den Schoß tiefster Ruhe gebettet ist, und für die Segnungen des Friedens, für den viel Schweiß vergossen worden ist, gewissenhaft geregelt und in geziemender Form gefördert wird, so daß wir, die wir mit der gnädigen Gunst der Götter[241] in der Vergangenheit die immer wieder aufwallenden Raubzüge barbarischer Völkerschaften durch eben deren Vernichtung unterdrückt haben, die für alle Ewigkeit gesicherte Ruhe[242] durch die notwendigen Bollwerke der Gerechtigkeit schützen.[243]

(6) Denn wenn irgendeine Form der Selbstbescheidung diese Auswüchse unterdrückte, durch welche, da ihnen keine Grenze gesetzt ist, die wütende Habgier lodert,[244] die ohne jede Rücksicht auf das Menschengeschlecht nicht nur jährlich, monatlich oder täglich, sondern beinahe stündlich und in jedem Moment eilends sich vergrößert und wächst, oder wenn die allgemeinen Umstände mit Gleichmut diese Zügellosigkeit der Raserei ertragen könnten, durch welche sie auf schlimmste Art von Tag zu Tag zu solchem Unglück zerrüttet werden, dann schiene vielleicht die Möglichkeit zu bestehen, all dies zu vertuschen und zu verschweigen, da doch die allen Menschen gemeinsame Geduld die verfluchenswürdige Unmenschlichkeit und beklagenswerte Lage milderte.

(7) Aber weil es die einzige Begierde der ungezügelten Leidenschaft ist, keine Rücksicht zu nehmen auf die allgemeine Notlage, und weil es als eine Art Verehrung der zunehmenden und in wütenden Bränden tobenden Habgier bei den schamlosen und maßlosen Leuten gilt, mit der Zerstörung des Ver-

---

240 Zu den zahlreichen Kriegen zur Zeit der Tetrarchie s. o. S. 59ff. und C. Zuckermann, AnTard 2, 1994, 66ff.

241 Hier steht im Lateinischen nicht „deorum", sondern „numinum"–zum „numen" als göttlicher Wirkungsmacht, über die auch die Tetrarchen zu verfügen vorgaben, s. u. S. 93ff.

242 Die hier gleich zweimal beschworene „quies" (Ruhe) ist mehr als nur die Abwesenheit von Krieg und inneren Wirren–sie bedeutet friedliches Gedeihen des gesamten Gemeinwesens, von dem sie (in personifizierter Form als Göttin Quies) auch kultisch verehrt wurde. Die von Diokletian und Maximian nach ihrer freiwilligen Abdankung von 305 noch geprägten Münzen mit der Legende „Quies Augustorum" meinen demgegenüber „nur den Ruhezustand der kaiserlichen Gewalt" (Kolb, 1987, 152), die bei Bedarf wie im Jahre 308 reaktiviert werden konnte.

243 Die Gerechtigkeit („iustitia", s. auch praef. 7) gehört seit Augustus idealiter zu den Kardinaltugenden römischer Kaiserherrschaft: Auf dem berühmten Tugendschild („clupeus virtutis") des Augustus stand die „iustitia" als besondere Qualität, und seit dem Jahre 13 n. Chr. existierte auch ein Kultbild der (personifizierten) Iustitia Augusta: D. Kienast, Augustus. Prinzeps und Monarch, 2. Aufl. 1992, 198.

244 Zum spätantiken moralkritischen Topos der „avaritia" (Habgier), die noch mehrfach in dieser Vorrede begegnet (praef. 7.12.13.15.17.19.20), s. u. S. 87.

mögens aller eher aus Zwang als aus freiem Willen aufzuhören, und weil diejenigen nicht weiter die Augen verschließen können, denen die äußerste Armut die erbärmliche Lage bewußt gemacht hat, deshalb ist es angemessen, daß durch die Vorsorge von uns, die wir die Väter des Menschengeschlechts sind, die Gerechtigkeit als Schiedsrichterin in die Verhältnisse eingreift, damit das, was die Menschen nicht, wie lange erhofft, zu leisten vermochten, durch die Heilmittel unserer Vorsorge zu einem gemeinsamen Interessenausgleich geführt wird.

(8) Und beinahe kommt unsere Vorsorge in dieser Angelegenheit, soweit das allgemeine Bewußtsein urteilt und die Tatsachen selbst zeigen, schon zu spät, während wir Pläne ersinnen und bereits gefundene Heilmittel zurückhalten in der Hoffnung, daß, was nach den Gesetzen der Natur zu erwarten gewesen wäre, die bei den schwersten Verbrechen ertappten Menschen sich aus sich selbst heraus besserten; wir hielten es nämlich bei weitem für besser, daß die Zeichen der nicht zu ertragenden Ausbeutung der allgemeinen Kritik durch die Wahrnehmung und die Entscheidung eben dieser Leute entzogen würden, die, während sie sich täglich in noch schlimmere Verbrechen stürzen und sich in einer Art Verblendung ihrer Sinne zu Freveln gegen das Gemeinwesen hinreißen lassen, ihre schwere Schuld zu Feinden jedes einzelnen und der Gesamtheit gemacht hatte und zu Angeklagten, die der schrecklichsten Unmenschlichkeit beschuldigt werden.

(9) Also greifen wir eilends zu den schon lange wegen der Notlage vermißten Heilmitteln, und zwar unbesorgt um etwaige Klagen, daß unser heilsames Eingreifen als unzeitgemäß oder überflüssig oder bei den verkommenen Leuten als zu leicht oder unbedeutend angesehen werden könnte, die, obwohl sie merkten, daß unser viele Jahre andauerndes Schweigen eine Anleitung zum Maßhalten war, diese dennoch nicht befolgen wollten.

(10) Denn wer ist so abgestumpft und der menschlichen Wahrnehmung entfremdet, daß er nicht erkennen kann, ja, nicht einmal gemerkt hätte, daß bei den Waren, die im Handel vertrieben oder im täglichen Verkehr der Städte verhandelt werden, sich eine derartige Willkür der Preisbildung verbreitet hat, daß die ungehemmte Raffgier weder durch ein reiches Warenangebot noch durch die Überschüsse aus (früheren) Jahren gemildert würde?

(11) Gänzlich außer Zweifel steht, daß solche Leute, die in diesen Geschäften geübt sind, immer in ihrem Inneren erwägen, sogar aus den Bewegungen der Gestirne Wind und Wetter zu beherrschen, und es in ihrer Schlechtigkeit nicht ertragen können, daß fruchtbare Fluren mit der Aussicht auf künftige Feldfrüchte durch Regenfälle vom Himmel bewässert werden; sie rechnen es sich bereits als persönlichen Schaden an, wenn durch das rechte Maß des Himmels selbst ein Überfluß an Waren gedeiht.[245]

(12) Immer geht deren Streben dahin, sogar aus göttlichen Wohltaten Gewinn zu ziehen und den Überfluß öffentlichen Reichtums abzuwürgen und

wiederum aufgrund der Fruchtlosigkeit eines (Ernte-)Jahres um das Wegwerfen der Ernte[246] und die Pflichten der Händler zu feilschen; jeder einzelne von ihnen besitzt im Überfluß Reichtümer, die sogar ganze Völker zur Genüge sättigen könnten, aber dennoch trachten sie selbst nach kleinen Vermögen und erreichen Wucherzinsen – daß deren Habgier ein Maß gesetzt werde, ihr Bewohner unserer Provinz,[247] zu dieser Überzeugung führt die Rücksicht auf die gemeinsamen Interessen aller.

(13) Aber jetzt müssen wir auch die Gründe selbst darlegen, deren Dringlichkeit unsere so lange geübte Geduld endlich zum Eingreifen zwang, damit – obwohl es schwierig ist, die auf der ganzen Welt weilende Habgier durch einen besonderen Beweis oder vielmehr durch die Tatsache selbst zu entlarven – dennoch die Anordnung des Heilmittels als durchaus gerecht verstanden wird, wenn die maßlosesten Menschen gezwungen werden, die zügellosen Begierden ihrer Sinne an einigen bestimmten Zeichen und an gewissen Merkmalen zu erkennen.

(14) Wer also wüßte nicht, daß die Frechheit, die hinterhältige Nachstellerin des Gemeinwohls,[248] überall, wohin auch immer unsere Heere um des gemeinsamen Wohlergehens aller geschickt werden – nicht nur durch Dörfer oder Kleinstädte, sondern auf jedem Marschabschnitt –, mit der Absicht, Beute zu machen, begegnet; daß sie Warenpreise nicht nur in vierfacher oder achtfacher, sondern in derartiger Höhe erpreßt, daß die Beschaffenheit der menschlichen Sprache Bezeichnungen für diesen Preisansatz und diese Verhaltensweise nicht zu liefern vermag; und daß schließlich bisweilen der Soldat beim Kauf nur einer Sache seines Geldgeschenks und seines Soldes

---

245 Ein gut dokumentiertes Beispiel derartiger Profiteure von Mißernten bieten die Getreide hortenden „possessores" in Antiochia 362/3, s. o. S. 51 und vor allem Wiemer (1995) 290ff.

246 Die unvollständige Textüberlieferung führt hier zu Übersetzungsproblemen; wie auch Freis (o. Anm. 237) und Lauffer (1971) 99 akzeptiere ich die Lesart „anni sterili[tate de messi]s iactibus", und Freis übersetzt: „in den Jahren von Mißernten um Ernteschwankungen.... [zu feilschen]." Abgesehen davon, daß „anni" als Genitiv im Singular von „sterilitas" abhängig ist, bleibt unklar, inwiefern sich „um Ernteschwankungen feilschen" läßt – ich habe daher „iactibus" durch „Wegwerfen" übersetzt (nach Georges, Handwörterbuch Lateinisch-Deutsch, 14. Aufl. 1976, 2. Bd., s. v. „iactus" II 3). Getreidespekulanten profitierten von einem niedrigen Angebot und entsprechend hohen Preisen, waren also bisweilen gewiß daran interessiert, daß auf (qualitativ oder quantitativ) schlechte Ernten komplett verzichtet wurde–vielleicht ist Ähnliches hier gemeint.

247 Die Anrede „provinciales nostri" weist den Erlaß als reichsweit ergangenes „edictum ad provinciales" aus: Lauffer (1971) 1.

248 Die „utilitas publica", das Gemeinwohl, begegnet als elementarer Wertbegriff vor allem in spätantiken Gesetzestexten und wurde auch in der Münzprägung gewürdigt, s. Brandt (1988) besonders 6ff. 12 (mit Anm. 16).

beraubt wird[249] und daß die gesamten, zum Unterhalt der Truppen auf der ganzen Welt gesammelten Steuereinnahmen der abscheulichen Profitgier der Raffer zum Opfer fallen, so daß unsere Soldaten mit eigener Hand den erhofften Lohn für ihren Dienst und ihre verdienstvoll übernommenen Mühen diesen Halsabschneidern der Gesamtheit zu übergeben scheinen, wodurch diese Ausplünderer sogar des Staates selbst Tag für Tag so viel zusammenrauben, daß sie gar nicht wissen, wieviel sie besitzen?

(15) Über alle diese oben genannten Dinge sind wir mit Fug und Recht empört; weil bereits die menschliche Natur selbst um Abhilfe zu bitten scheint, sind wir zu der Auffassung gelangt, daß nicht Preise für Waren festzusetzen seien – denn diese Maßnahme wird nicht als gerecht erachtet, da bisweilen sehr viele Provinzen sich des Glücks der erwünschten Niedrigpreise und so gewissermaßen des Privilegs des Überflusses rühmen können –, sondern eine Grenze, damit im Falle irgendeiner Teuerung – die Götter mögen ein solches Omen abwenden! – die Habgier, die wie auf flachen, ins Unermeßliche sich erstreckenden Ebenen nicht beschränkt werden konnte, durch die Schranken unserer Verordnung und die Grenzen des künftig ein Maß setzenden Gesetzes unterdrückt wird.

(16) Es wird also verordnet, daß diejenigen Preise, welche die unten angefügte, kurze Liste verzeichnet, in unserem ganzen Reich mit der Maßgabe eingehalten werden, daß alle begreifen, daß ihnen die Willkür, diese Preise zu überschreiten, beschnitten ist, ohne daß jedoch überall dort, wo ein Warenüberangebot zu erkennen ist, das Glück niedriger Preise verhindert wird, dem man am besten Vorschub leistet, wenn die oben beschriebene Habgier unterdrückt wird.

(17) Zwischen Verkäufern und Käufern aber, die gewohnt sind, Häfen anzufahren und fremde Provinzen zu bereisen, wird die folgende Mäßigung in den gemeinsamen Geschäften herrschen müssen, daß – da sie selbst wissen, daß in der Notlage einer Teuerung die festgesetzten Warenpreise nicht überschritten werden können – zur Zeit eines Verkaufs die Gegebenheiten der Gegend, des Hin- und Herbringens und des ganzen Geschäfts überhaupt eingerechnet werden, woraus deutlich hervorgeht, daß zu Recht beschlossen worden ist, daß diejenigen, die etwas transportieren, nirgendwo teurer verkaufen dürfen.

---

249 In Umkehrung früherer Verhältnisse machte der eigentliche Sold („stipendium") seit dem beginnenden 4. Jh. n. Chr. nur noch einen begrenzten Teil des Gesamteinkommens der Soldaten aus; viel wichtiger war das von den Kaisern beim Herrschaftsantritt, zu Festtagen, Jubiläen und ähnlichen Gelegenheiten gezahlte „donativum" geworden, ein beinahe schon obligatorisches ‚Geldgeschenk': Brandt (1988) 15, mit der einschlägigen Literatur.

(18) Weil bekannt ist, daß bei unseren Vorfahren folgendes Gesetzgebungsverfahren existierte, daß nämlich durch Strafandrohung die Dreistigkeit unterdrückt wurde[250] – weil es ziemlich selten ist, daß bei der Natur des Menschen freiwillig eine Wohltat akzeptiert wird und sich stets der Lehrmeister der Einschüchterung als der geeignetste Lenker der Pflichten erweist –, wird festgesetzt, daß, wenn einer sich gegen die Ausführung dieses Erlasses auflehnt, diese Waghalsigkeit der Anklage auf Todesstrafe unterliegen soll. Und niemand möge diesen Erlaß für hart halten, da es leicht möglich ist, durch Beachtung der Mäßigung dieser Anklage zu entgehen.

(19) Aber derselben Anklage soll auch jener unterliegen, der sich aus Kaufgier mit der Habsucht des Verkäufers gegen die Vorschriften abspricht. Und von einer solchen Anklage wird auch jener nicht für frei befunden, der, wenn er zum Lebensunterhalt und Bedarf notwendige Waren besitzt, noch nach diesem Erlaß meint, diese zurückhalten zu müssen[251], weil die Strafe schwerer sein muß für denjenigen, der Mangel herbeiführt, als für denjenigen, der gegen Verordnungen verstößt.

(20) Daher appellieren wir an die Ergebenheit aller, die Verordnung im Interesse des Gemeinwohls[252] mit wohlwollendem Gehorsam und geschuldeter Ehrfurcht einzuhalten, vor allem, weil durch eine solche Verordnung nicht nur für einzelne Gemeinden, Völker und Provinzen, sondern sogar für die ganze Welt Vorsorge getroffen zu sein scheint, zu deren Verderben bekanntlich einige Leute wüteten, deren Habsucht weder diese günstigen Zeiten noch die Reichtümer, nach denen sie offenbar trachteten, besänftigen oder befriedigen konnten.

(1,1) Die Preise, die niemand überschreiten darf, sind unten angeben:

Getreide	pro Lagerscheffel[253]	100 Denare
Gerste	pro Lagerscheffel	60 Denare...
Landwein	pro italischer Sextar[254]	8 Denare
Weizenbier		
oder Bier	pro italischer Sextar	4 Denare...
Essig	pro italischer Sextar	6 Denare...
ein Schreiner	mit Verpflegung pro Tag	50 Denare
ein Zimmermann	mit Verpflegung pro Tag	50 Denare...

---

250 Die Berufung auf Normen, Praktiken und Gebräuche der Vorfahren – den „mos maiorum" – hat bei den Römern schon immer als klassische Begründung gerade auch der gesetzgeberischen Tätigkeit gedient.
251 Vgl. zu derartigen Praktiken etwa die Hinweise oben Anm. 245.
252 Das „commodum publicum" entspricht der „utilitas publica" (o. Anm. 248).
253 Der „kastrensis (castrensis) modius" ist auf 17,51 Liter zu taxieren: Lauffer (1971) 54.
254 0,546 l.

ein Stubenmaler	mit Verpflegung pro Tag	150 Denare…
ein Sprachlehrer für Griechisch oder Latein und		
ein Geometrielehrer	pro Schüler monatlich	200 Denare…
ein Anwalt oder Jurist für einen		
Verhandlungstermin		1000 Denare…
ein Sklave im Alter von 16 bis 40 Jahren		30000 Denare."[255]

Aus der langen Vorrede geht hervor, daß hinter dieser einmaligen Quelle zur antiken Wirtschaftsgeschichte mehr als nur ökonomische Überlegungen stehen: Der von umständlicher, blumiger Rhetorik strotzende Text dokumentiert den reformerischen Eifer der Tetrarchen, ihr Sendungsbewußtsein, aber auch ihr (zeitgemäß) moralisierendes Welt- und Menschenbild: Charakterliche Defizite, vor allem die auch in dem letzten Satz der Vorrede noch einmal hervorgehobene Habgier („avaritia") gewisser Leute, werden für exorbitant hohe Preise verantwortlich gemacht.

Letztere dürften nun gewiß den konkreten Anlaß für diesen dirigistischen, in der römischen Geschichte beispiellosen Versuch, das Wirtschaftsleben reichsweit zu regulieren, geboten haben. Die wichtigste Begründung für die Notwendigkeit, auf die (unbestreitbaren) Preissteigerungen zu reagieren, nennen die Kaiser erst im Paragraphen 14 der Vorrede: Hauptleidende waren die Soldaten, die überall dort, wo sie in großer Zahl auftauchten, einen Nachfrageschub und somit Preissteigerungen auslösten, die schwere, auch politisch gefährliche Verwerfungen nach sich ziehen konnten, denn selbstverständlich werden die Soldaten nicht gewillt gewesen sein, auf diese Weise eine schleichende Verarmung widerstandslos hinzunehmen.

Welche Gründe aber führten zu einer derartigen Preissteigerungswelle zur Zeit der Tetrarchen? Daß es inflationäre Entwicklungen vor allem in den Jahren 293 bis 301 gegeben hat, ist auch nach jüngsten Berechnungen nicht zu bezweifeln – so geht A. Wassink für diese Zeit von einer durchschnittlichen Inflationsrate von 22,9 % pro Jahr aus –,[256] umstritten sind jedoch die Ursachen. Die plausibelste Erklärung dürfte auf dem Feld der Währungsentwicklung zu suchen sein:[257] Der Silbergehalt der vor allem für die Militärausgaben geprägten Silbermünzen („argenteus" und „nummus") sank in diesem Zeitraum erkennbar, was zugleich auf einen erhöhten staatlichen Geldbedarf

---

255 Insgesamt kennen wir – nach den bisher gefundenen Fragmenten – ca. 1400 Maximaltarife für die einzelnen Waren und Dienstleistungen, von denen hier nur einige in Auswahl angegeben sind.

256 A. Wassink, Inflation and Financial Policy under the Roman Empire to the Price Edict of 301 A. D., Historia 40, 1991, 465–493.

257 Wassink, ebd., 490ff.; s. auch Jahn (1975) 91ff.; De Martino (1991) 420ff.; Böhnke (1994) 473ff.

(gewiß auch infolge der gestiegenen Zahl der Soldaten)[258] wie auf begrenzte öffentliche Silberressourcen schließen läßt. Das eben behandelte Währungsedikt vom 1. September 301 (M 6) bestätigt diese Annahme, da die unverändert gebliebenen Silbermünzen in ihrem Nominalwert per Erlaß verdoppelt wurden. Das ca. drei Monate nach dieser Münzreform erlassene Höchstpreisedikt dürfte folglich vor allem in der Absicht erlassen worden sein, die als Folge der Währungsreform sprunghaft gestiegenen Preise wieder zu reduzieren, um die angestrebte Entlastung der Staatskasse und die Schonung der Silbervorräte zu garantieren.[259]

Schenkt man dem zeitgenössischen, christlichen Autor Laktanz Glauben, so war das Preisedikt ein eklatanter Fehlschlag (Lact. mort. pers. 7,6f. = M 8): „Als er [Diokletian] durch zahlreiche Ungerechtigkeiten eine maßlose Preissteigerung hervorrief, versuchte er, per Gesetz die Warenpreise festzusetzen. Daraufhin wurde wegen unbedeutender und geringer Anlässe viel Blut vergossen, und wegen der Angst gelangte nichts Verkäufliches in die Öffentlichkeit, und die Preissteigerung setzte sich in weit schlimmerer Weise fort, bis das Gesetz durch die schiere Notwendigkeit nach der Vernichtung vieler Leute aufgehoben wurde."

Schon das Verschweigen der Währungsreform und die direkte Schuldzuweisung an Diokletian, der persönlich für die gestiegenen Preise haftbar gemacht wird, geben Anlaß zur Skepsis gegenüber dem Bericht des Laktanz.[260] Geringes Vertrauen verdient dann auch seine (singuläre) Nachricht, das Preisedikt sei wegen notorischer Wirkungslosigkeit wieder aufgehoben worden.[261] Preisangaben in Papyri der Jahre 301 bis 306 scheinen für einen allenfalls mäßigen durchschnittlichen Preisanstieg zu sprechen, bisweilen liegen die überlieferten Preise dieses Zeitraumes deutlich unter den vorgeschriebenen Maximaltarifen.[262] Diese dürften daher auch kaum wieder annulliert, sondern erst im Laufe der späteren Preisentwicklung überholt worden sein. Insofern bedarf möglicherweise auch das fast einhellig negative Echo des Höchstpreisediktes in der modernen Forschung einer gewissen Modifizierung. Nach Av. Camerons durchaus repräsentativer Auffassung „konnte [es] freilich gar keinen Erfolg haben, da es weder einen angemessenen Mechanismus zu seiner Durchsetzung gab noch parallel dazu die Ver-

---

258 Vgl. o. S. 25.
259 So auch De Martino (1991) 427.
260 Näheres zum Autor s. u. zu M 8.
261 Letzteres akzeptiert freilich Böhnke (1994) 482, aber ohne erkennbare Anhaltspunkte.
262 Jahn (1975) 103f.; Böhnke (1994) 481; R. S. Bagnall, Currency and Inflation in Fourth Century Egypt, 1985, 28f.

sorgung reguliert wurde."²⁶³ Einen zeitlich (und wahrscheinlich auch regional) begrenzten positiven Effekt wird man der Kombination aus Währungs- und Preisedikt angesichts der papyrologischen Evidenz freilich nicht absprechen können, und überdies war das Höchstpreisedikt wohl der nach damaligem Kenntnisstand und volkswirtschaftlicher Kompetenz naheliegende Versuch,²⁶⁴ „die wieder aufkommende Inflationsmentalität zu brechen. Es muß offenbleiben, ob das auch ohne Preisedikt möglich gewesen wäre."²⁶⁵

M 8:   Steuer- und Verwaltungsreformen

(Lact. de mort. pers. 7 und 23)

Mit den hier vorgelegten Kapiteln 7 und 23 der Schrift „Über die Todesarten der [Christen-]Verfolger" („De mortibus persecutorum") des Laktanz besitzen wir den Bericht eines unmittelbaren Zeitzeugen über wichtige Elemente der tetrarchischen Regierungspraxis, freilich einen mit Vorsicht zu handhabenden Bericht. Denn Laktanz ist nicht nur wohlinformierter Zeitgenosse Diokletians, sondern als dezidierter Christ auch einer seiner schärfsten Kritiker.

L. Caelius Firmianus Lactantius stammte aus Africa, einer der fruchtbarsten und blühendsten Regionen der spätantiken lateinischen Literatur.²⁶⁶ Aus literarhistorischer Sicht gilt er als „der glänzendste Vertreter des Geisteslebens jener Zeit" und vorzüglicher Stilist, „den man mit gutem Grund den christlichen Cicero genannt hat."²⁶⁷ Diokletian berief ihn daher auf einen Lehrstuhl für lateinische Rhetorik in seine bevorzugte Residenzstadt Nikomedeia, als Christ büßte er diese Funktion jedoch 307 wieder ein; unter dem christenfreundlichen Konstantin avancierte er im Jahr 317 dann zum Erzieher des Kaisersohnes Crispus.

Weniger einheitlich als das Urteil über den Stilisten fällt jenes über den Historiker Laktanz aus, insbesondere über die hier in Rede stehende, zwi-

---

263 Cameron (1994) 53; ähnlich Kloft, Wirtschaft (o. Anm. 235) 24.

264 Noch sechzig Jahre später verfährt Julian in der Versorgungskrise von Antiochia nicht anders und macht ebenfalls, wie die Tetrarchen, in moralisierender Manier die Habgier der Reichen für Getreidemangel und Preisexplosion verantwortlich, der er durch ein Höchstpreisedikt zu begegnen versucht: Wiemer (1995) 315f., s. ferner S. 51.

265 Böhnke (1994) 483.

266 Vgl. die Hinweise bei Dihle (1989 b) 404ff.

267 Dihle, ebd., 405.

schen 313 und 316 verfaßte Schrift „De mortibus persecutorum."[268] Gegen frühere, vor allem von T. D. Barnes[269] vertretene Auffassungen von weitgehender Objektivität und historischer Glaubwürdigkeit des Werkes hat sich vor kurzem F. Kolb gewandt und mit zahlreichen Beispielen darlegen können, „daß kein Anlaß besteht, Vertrauen in die historische Wahrhaftigkeit des Lactantius zu setzen."[270] Einen exemplarischen Einblick in die hier nur knapp angedeutete Quellenproblematik bietet zunächst de mort. pers. 7:

„(1) Diokletian, der ein Erfinder von Verbrechen und Urheber von Mißständen war, konnte, als er alle zugrunderichtete, nicht einmal von Gott die Hand fernhalten. (2) Sowohl aus Habgier[271] als auch aus Furchtsamkeit zerstörte er den ganzen Erdkreis. Denn er kreierte drei Teilhaber seiner Herrschaft, teilte den Erdkreis in vier Teile, und so wurden die Heere vermehrt, weil jeder einzelne von ihnen sich bemühte, über eine weit größere Zahl an Soldaten zu verfügen, als frühere Kaiser sie besessen hatten, da diese noch allein über den Staat herrschten. (3) Deshalb begann die Zahl der [Gehalts-]Empfänger die Zahl der [Steuern]Gebenden zu übersteigen,[272] so daß wegen der enormen Abgabenlast die Kräfte der Bauern erschöpft, Felder verlassen und Kulturland in Wald verwandelt wurden.[273] (4) Und um alles mit Schrecken zu erfüllen, wurden auch die Provinzen in Stücke zerschnitten: Viele Statthalter

---

268 Grundlegend: J. Moreau, Lactance. De la mort des persécuteurs, 2 Bde., 1954; A. S. Christensen, Lactantius the Historian, 1980; Creed (1984); zur Datierung: Schwarte (1994) 207.

269 T. D. Barnes, Lactantius and Constantine, JRS 63, 1973, 29–46; ganz im Tenor von Barnes auch jüngst noch S. Lieu, in: ders./Montserrat (1996) 33.

270 Kolb (1987) 131–139 (Zitat: 138).

271 Mit dem Vorwurf der Habgier („avaritia") verwendet Laktanz einen typisch spätantiken, moralkritischen, gerade auch unter den Christen beliebten Topos, vgl. P. Gruszka, Die Stellungnahme der Kirchenväter Kappadoziens zu der Gier nach Gold, Silber und anderen Luxuswaren im täglichen Leben der Oberschichten des 4. Jahrhunderts, Klio 63, 1981, 661–668; K. S. Frank, Art. Habsucht (Geiz), RAC 13, 1986, 226–247; Brandt (1988) 44f. 49f.; vgl. auch o. M 7.

272 Zwar gehört auch der Vorwurf übermäßiger Steuerbelastungen zum Grundbestand spätantiker Herrscher- und Zeitkritik (vgl. Brandt, 1988, 103f.), aber in der Tat dürfte die Zahl der Soldaten unter den Tetrarchen zugenommen haben (vgl. o. S. 25).

273 Zwar gab es durchaus das – in der spätantiken Gesetzgebung greifbare – Problem der verlassenen und verödeten Ländereien („agri deserti": Demandt, 1989, 335f.), aber andererseits kann von einem generellen Verfall der Landwirtschaft im 4. Jahrhundert keine Rede sein, überdies ist mit starken regionalen Unterschieden zu rechnen, siehe etwa C. Lepelley, Declin ou stabilité de l'agriculture africaine au bas-empire?, Antiquités Africaines 1, 1967, 135–144; H. W. Pleket, Wirtschaft, in: Vittinghoff (1990) 86ff.

und zahlreiche Amtsträger lasteten auf den einzelnen Regionen und beinahe schon auf den einzelnen Gemeinden,[274] und ebenfalls viele Finanzbeamte, Verwaltungsleute[275] und Stellvertreter von Präfekten;[276] ziemlich selten kamen bei all diesen Leuten zivilrechtliche Handlungen[277] vor, sondern nur Bestrafungen und zahlreiche Besitzkonfiskationen – und diese Eintreibungen unzähliger Dinge kamen nicht nur häufig vor – sie hörten nie auf, und es geschah nicht zu ertragendes Unrecht bei diesen Einforderungen.[278] (5) Und wie könnten die Maßnahmen erduldet werden, die sie für die Lieferung von Soldaten trafen?[279] Mit seiner unersättlichen Habgier[280] wollte Diokletian, daß seine Schätze niemals verringert würden, sondern immer häufte er durch außerordentliche Forderungen Schätze und Gaben aufeinander, um das, was er zurückgelegt hatte, unangetastet und unversehrt zu erhalten. (6) Als er durch zahlreiche Ungerechtigkeiten eine maßlose Preissteigerung hervorrief, versuchte er, per Gesetz die Warenpreise festzusetzen.[281] (7) Daraufhin wurde wegen unbedeutender und geringer Anlässe viel Blut vergossen, und wegen der Angst gelangte nichts Verkäufliches in die Öffentlichkeit, und die Preissteigerung setzte sich in weit schlimmerer Weise fort, bis das Gesetz[282] durch die schiere Notwendigkeit nach der Vernichtung vieler Leute aufgehoben

---

274 Vgl. die Liste der von Diokletian tatsächlich nahezu verdoppelten spätantiken Provinzen bei Jones (1964/86) 1451–1461; ferner Demandt (1989) 249f.
275 Creed (1984, 88 Anm. 5) übersetzt: „magistri" als „controllers" und sieht in diesen die auf die einzelnen Diözesen verteilten Beauftragten des für die kaiserliche Privatschatulle zuständigen „magister rei privatae."
276 Zu den möglicherweise schon unter Diokletian, vielleicht aber auch erst unter Konstantin entstandenen (so Migl, 1994) zwölf Diözesen, die als Mittelinstanzen zwischen den Präfekturen und den Provinzen standen und von Stellvertretern der Prätorianerpräfekten („vicarii") geleitet wurden, siehe Jones (1964/86) 373ff.; Demandt (1989) 248f.
277 Creed (1984, 88 Anm. 6) weist darauf hin, daß hier ein Wortspiel vorliegt: „actus civiles" sind Maßnahmen im Zivilbereich, die freilich – laut Laktanz – auf sehr ‚unzivilisierte' Weise vorgenommen wurden.
278 Vgl. zum spätantiken Provinzstatthalter, seinem Stab und den „exactiones" (Einforderungen) vor allem K. Rosen, Iudex und Officium. Kollektivstrafe, Kontrolle und Effizienz in der spätantiken Provinzialverwaltung, AncSoc 21, 1990, 273–292, sowie die knappen, aber trefflichen Bemerkungen von P. Brown, Macht und Rhetorik in der Spätantike, 1995, 42f. Mißbräuchliche Amtsausübung wird erschöpfend behandelt von K. L. Noethlichs, Beamtentum und Dienstvergehen. Zur Staatsverwaltung in der Spätantike, 1981.
279 Der lateinische Text ist an dieser Stelle nicht gut überliefert, woraus Unsicherheiten bei der Übersetzung resultieren, s. Creed (1984) 12, mit dem textkritischen Apparat.
280 Zum Topos der „avaritia" siehe o. Anm. 271.
281 Laktanz spielt hier auf das Höchstpreisedikt an, vgl. o. M 7.
282 Gemeint ist natürlich das Höchstpreisedikt.

wurde. (8) Hinzu kam noch eine grenzenlose Baulust und eine nicht weniger schwerwiegende Belastung der Provinzen durch die Gestellung von Bauarbeitern, Handwerkern, Lastwagen und allem, was für das Verfertigen von Bauten nötig ist: (9) Hier waren es Basiliken, hier ein Circus, hier eine Münzstätte, hier eine Waffenmanufaktur, hier für die Gattin ein Haus, hier eines für die Tochter.[283] Plötzlich wurde ein großer Teil der Siedlung abgerissen.[284] Alle begaben sich mit Frauen und Kindern auf Wanderschaft, als wäre die Stadt von Feinden erobert worden. (10) Und als alles auf Kosten des Untergangs der Provinzen vollendet worden war, da sagte er: ,Es ist nicht richtig gemacht worden, es soll anders werden.' Erneut mußte zerstört und geändert werden, was vielleicht wiederum verschwinden sollte. So war Diokletian stets von Sinnen, in seinem Bestreben, Nikomedeia der Stadt Rom anzugleichen. (11) Ich verzichte jetzt darauf zu schildern, wie viele wegen ihrer Besitzungen und ihres Vermögens den Untergang gefunden haben: Denn dies war üblich und schon beinahe sanktioniert angesichts der Alltäglichkeit dieser Übel. (12) Aber in einer Hinsicht war jenes Verhalten doch außerordentlich: Wo immer er ein gut bestelltes Feld oder prächtigeres Gebäude sah, da waren dem Besitzer schon eine falsche Anklage und die Todesstrafe bereit, als ob er [Diokletian] nicht ohne fremdes Blut seiner Raffgier hätte frönen können."

Schon eine flüchtige Lektüre dieses Textes läßt erkennen, daß hier kein nüchterner Bericht geboten, sondern eine polemische Anklage geführt wird. Der christliche Autor Laktanz zeichnet den heidnischen Kaiser Diokletian als raffgierigen, maßlosen und grausamen Tyrannen, wobei er von realen politischen Maßnahmen – Reichsreform, Provinzreform, Höchstpreisedikt – ausgeht, deren teilweise durchaus positive Aspekte geflissentlich übergeht und statt dessen negative Konsequenzen zum Teil bis ins Unrealistische überzeichnet.

Ein zentrales Element des tetrarchischen Reformwerkes, die Etablierung eines neuen Steuersystems, rezipiert Laktanz hier nur als Indiz für die vermeintliche kaiserliche Habsucht, ohne auf Einzelheiten des bis heute in der

---

283 Verheiratet war Diokletian mit Prisca, beider Tochter hieß Galeria Valeria. Die allgemein gehaltenen Angaben des Textes legen Zeugnis ab von der in der Tat anzunehmenden verstärkten Bautätigkeit zur Zeit der Tetrarchie, sind aber nicht sicher auf konkrete Monumente zu beziehen: G. Waldherr, Kaiserliche Baupolitik in Nordafrika. Studien zu den Bauinschriften der diokletianischen Zeit und ihrer räumlichen Verteilung in den römischen Provinzen Nordafrikas, 1989, 40f.
284 Gemeint ist Nikomedeia, die wichtigste Residenzstadt Diokletians, im nördlichen Kleinasien (Bithynien), welcher der Kaiser durch umfangreiche Baumaßnahmen ein neues Gesicht gab: F. K. Dörner, Art. Nicomedia, Der Kleine Pauly 4, 1979, 118.

Forschung heftig diskutierten Erhebungs- und Veranlagungsverfahrens einzugehen. Er beschränkt sich darauf, permanente Steuererhebungen („exactiones") zu beklagen, die häufig zu Unrecht erfolgt seien. Erst an späterer, chronologisch unkorrekter Stelle geht er näher auf die neuen Veranlagungs- und Erhebungsverfahren ein, die er irrtümlicherweise Galerius (statt Diokletian) zuschreibt (de mort. pers. 23):[285]

„(1) Aber eigentlich ist jenes die Wurzel des öffentlichen Unglücks und allen Jammers: eine Steuerveranlagung ist mit einem Male allen Provinzen und Gemeinden auferlegt worden. Überallhin ergossen sich die Steuerschätzer und brachten alles in Aufregung – es herrschten schreckliche Bilder wie bei einem feindlichen Angriff und anschließender Gefangennahme. (2) Die Felder wurden Stück für Stück vermessen, Weinstöcke und Bäume gezählt, Tiere aller Art in Listen erfaßt, die Zahl der einzelnen Personen notiert.[286] In den Gemeinden wurden Leute aus Stadt und Land zusammengepfercht, alle öffentlichen Plätze waren voll von den Scharen des Hausgesindes; ein jeder kam mit seinen Kindern, mit seinen Sklaven. Es hallte von Folterqualen und Schlägen wider, Söhne wurden [an Gerüsten?] aufgehängt, um gegen ihre Väter auszusagen,[287] selbst die treuesten Sklaven folterte man, damit sie gegen ihre Herren bezeugten, Ehefrauen, um dasselbe gegen ihre Ehemänner zu tun. (3) Wenn alles zu keinem Ergebnis führte, wurden die Herren, um sich selbst zu belasten, durch Folterqualen verhört; und, sobald der Schmerz gesiegt hatte, schrieb man ihnen [als steuerpflichtigen Besitz] zu, was sie gar nicht besaßen. (4) Es gab keine Rücksicht auf das Lebensalter oder den Gesundheitszustand. Kranke und Schwache wurden herbeigezerrt, das Alter jedes einzelnen geschätzt, kleinen Kindern wurden Jahre hinzugefügt, Alten Jahre abgezogen.[288] Alles war voll von Jammer und Elend... (6) Dennoch schenkte man nicht denselben Steuerschätzern Glauben, sondern die einen wurden nach den anderen ausgeschickt, gleichsam als würden sie noch mehr ausfindig machen, und stets wurde [die Steuerlast] verdoppelt, denn jene, die nichts fanden, fügten nach Belieben etwas hinzu, um nicht den Anschein zu erwecken, umsonst geschickt worden zu sein. (7) Inzwischen verringerte sich die Zahl der Tiere und starben Menschen, aber nichtsdestoweniger wurden Tribute auch für die Toten entrichtet, so daß es weder möglich war, zu leben noch wenigstens ohne Bezahlung zu sterben."

---

285 Vgl. Carrié (1994) 35f.
286 Wörtlich: „die Köpfe der Menschen": „hominum capita". Zum terminus technicus „caput" siehe gleich unten.
287 Vgl. Creed (1984) 104 Anm. 2.
288 Die Steuerpflicht war vom Lebensalter abhängig – in der Regel galt man wohl zwischen 14 und 65 Jahren als steuerpflichtiger Erwachsener: Demandt (1989) 247.

Auch dieser Text, immerhin das ausführlichste und informativste literarische Zeugnis über das Steuerwesen der Tetrarchie,[289] strotzt von polemischen Invektiven gegen das kaiserliche Fiskalsystem, dessen jüngst von Carrié sorgfältig und detailliert behandelte Grundzüge gleichwohl zu erkennen sind: Bereits seit 287[290] inaugurierte Diokletian ein neues Veranlagungs- und Erhebungssystem der Grundsteuer, die vornehmlich in Geld einzuziehen war – insofern hängen (was ebenfalls Carrié jüngst betont hat)[291] Steuer- und Währungspolitik zur Zeit der Tetrarchie eng miteinander zusammen. Hauptziele waren eine effektivere, aber auch adäquatere Besteuerung der Reichsbewohner, und zu diesem Zweck führten die von Laktanz heftig kritisierten Steuerschätzer („censitores") reichsweit die „iugatio-capitatio" durch: eine „Steuerveranlagung aller Vermögenswerte eines Besteuerten auf der Grundlage besonderer Steuereinheiten, des iugum und des caput, woraus sich die Auflage der einzelnen Teilsteuern ergab."[292] Idealiter sollte also nur entsprechend den individuellen wirtschaftlichen Ressourcen und Möglichkeiten der Steuerbetrag festgelegt werden – dieses Prinzip geht auch aus dem Text des Laktanz hervor, der gewiß das nie auszuschaltende Fehlverhalten der einzelnen Funktionsträger und Beamten dramatisiert. Erstmals erfolgte dieser „census" wahrscheinlich im Jahre 287 (zumindest in Ägypten laut den dort aufgefundenen Papyri), danach im Fünfjahresrhythmus, erst ab 312 ging man zu dem fünfzehnjährigen Veranlagungszyklus über („indictio"), der noch im Mittelalter als Datierungsmerkmal diente. Die zugrundegelegten Steuerkategorien – „caput" (für Menschen und Tiere) und „iugum" (für Land und Immobilien) – erlaubten durch regionale Differenzierungen und Kombinierbarkeit („iugum sive caput")[293] zumindest theoretisch ein Höchstmaß an Steuergerechtigkeit; inwieweit diese in der Praxis hergestellt wurde, muß natürlich dahingestellt bleiben, doch dürften die topischen Klagen über nun explodierende Steuerlasten und wachsende Mißstände kaum der Realität angemessen gewesen sein.

---

289 So Carrié (1994) 35.
290 Dieses frühe – und erneut von einer systematischen Konzeption Diokletians zeugende – Datum hat Carrié (ebd., 34–39) aus der ägyptischen Dokumentation und Pan. Lat. 8 (5) erschlossen.
291 Carrié, ebd. 36f.
292 So die Definition bei J. Karayannopulos, Die Iugatio-Capitatio-Frage und die Bindung der Agrarbevölkerung an die Scholle, in: J. Harmatta (Hg.), Actes du VIIe Congrès de la Fédération Internationale des Associations d'Etudes Classiques II, 1984, 67; siehe ferner Demandt (1989) 247 und Cameron (1994) 51.
293 Vgl. Carrié (1994) 45.

1.3: Innovation und Restauration: Die Religionspolitik

M 9: Das Eheedikt der Tetrarchen von 295 (Vorrede)

Ehegesetze sind – genausowenig wie Familienpolitik – eine Erfindung erst der Neuzeit, sondern waren bereits in der Antike wichtiger Bestandteil einer Gesetzgebung, die zugleich zum Beispiel das Erbrecht, das Bürgerrecht sowie die Rechtsstellung der Frau betraf und darüber hinaus politische Ziele verfolgte sowie ethische Grundsätze formulierte.[294] Am prominentesten sind gewiß die entsprechenden Bemühungen des Augustus, dessen (letztlich an der Realität gescheiterte) Vorgaben Ehepflicht für Männer und Frauen bestimmten Alters, Wiederverheiratungsgebote für geschiedene oder verwitwete Frauen sowie Privilegien für Kinderreichtum vorsahen.[295] Die Gesetzgebung der Tetrarchen steht also in einer langen Tradition, historisch ist sie vor allem aufgrund ihrer expliziten Berufung auf die altrömische Religion von Bedeutung.

Das Eheedikt von 295 ist uns in der sogenannten „Collatio legum Mosaicarum et Romanarum"[296] überliefert, einem eigenartigen, wohl Ende des 4. oder Anfang des 5. Jh. entstandenen Werk (wahrscheinlich aus der Feder eines Christen), in welchem auf ein Moses-Zitat jeweils thematisch zugehörige Stellen aus den klassischen juristischen Werken und zwei klassischen Gesetzessammlungen folgen. Hauptziel des Verfassers war es offensichtlich, den Primat des göttlichen vor dem nur abgeleiteten weltlichen römischen Recht zu dokumentieren.[297] Im Titel VI „De incestis nuptis" (Über blutschänderische Eheverbindungen) verzeichnet die Collatio unter der Nummer 4 das tetrarchische Edikt:

> „(1) Ausfertigung eines Edikts der Augusti Diokletian und Maximian und der edelsten Caesares Constantius und Maximianus.[298]

---

294 Zur knappen Orientierung siehe G. Delling, Art. Ehegesetze, RAC IV, 1959, 677–680, ferner (zur nachklassischen Zeit) M. Kaser, Das römische Privatrecht, 2. Abschnitt, 1975, 162ff.
295 D. Kienast, Augustus. Prinzeps und Monarch, 2. Aufl. 1992. 137ff.; A. Mette-Dettmann, Die Ehegesetze des Augustus, 1991.
296 Ediert in den „Fontes Iuris Romani Anteiustiniani" (FIRA), Bd. 2, 1940, hier: Seite 558–560.
297 Ausführlich zur Collatio siehe D. Liebs, Die Jurisprudenz im spätantiken Italien (260–640 n. Chr.), 1987, 162–174.
298 Letzterer ist natürlich Galerius, der – nach der 293 erfolgten Caesarernennung und Adoption – C. Galerius Valerius Maximianus hieß (vgl. o. S. 62). Möglicherweise stammt das Edikt sogar aus der Kanzlei des Galerius – siehe Liebs, ebd. 136 –, aber

Weil unseren rechtschaffenen und gottesfürchtigen Gesinnungen das, was in den römischen Gesetzen rein und unantastbar festgelegt ist, höchst ehrwürdig und mit ewiger Ehrfurcht bewahrenswert zu sein scheint, glauben wir, daß man nicht verschweigen darf, was von gewissen Leuten in der Vergangenheit frevlerisch und blutschänderisch begangen worden ist: Denn die Grundsätze unserer Zeit ermahnen uns, aufzustehen, wenn etwas im Zaum zu halten oder gar zu ahnden ist. Denn es kann kein Zweifel bestehen, daß die unsterblichen Götter selbst so, wie sie es immer gewesen sind, uns auch künftig gewogen und zugeneigt sein werden, wenn wir genau beachtet haben werden, daß alle Menschen, die sich unter unserer Herrschaft befinden, ein rechtschaffenes, gottesfürchtiges, ruhiges und gesittetes Leben lauter in jeder Hinsicht führen."[299]

Diese Vorrede läßt ein deutliches Sendungsbewußtsein der Tetrarchen erkennen, welche die ethischen Prinzipien ihrer Regierungszeit („disciplina nostrorum temporum") als notwendige Voraussetzung begreifen, um die „immortales dei" günstig zu stimmen. In traditionalistischer Manier werden diese Prinzipien von den Leitsätzen der ehrwürdigen Vorfahren ("maiores") abgeleitet – „pietas" gegenüber den (altrömischen) Göttern, die Anerkennung des „mos maiorum" und die Befolgung einer als richtig erachteten „disciplina" bilden zusammen ein auch in anderen Verlautbarungen der Tetrarchie greifbares, gesellschaftliches Restaurationsprogramm, das die Christenverfolgung als vielleicht nicht logische, aber doch historisch erklärbare Konsequenz einer derartigen Haltung erscheinen läßt. Mit diesem Selbstverständnis als göttliche Beauftragte und selbsternannte Garanten einer angemessenen Götterverehrung stehen die dezidiert heidnischen Tetrarchen ihren christlich orientierten Nachfolgern näher als ihren heidnischen Vorgängern.[300]

M 10: Iovius und Herculius

Das Hauptaugenmerk Diokletians mußte zweifellos der Frage gelten, auf welche Weise sich die kaiserliche Herrschaft stabilisieren lassen und den im gesamten 3. Jahrhundert geradezu notorischen Usurpationen vorgebeugt

---

an der Gesamturheberschaft und den übereinstimmenden Intentionen aller vier Tetrarchen im Rahmen dieser Gesetzgebung kann kaum gezweifelt werden.

299 Anschließend erfolgt der Hinweis, daß diese Grundsätze auch und gerade für die Ehe gelten müssen, und es wird in einer Aufzählung festgehalten, welche Verwandtschaftsbeziehungen eine rechtsgültige Ehe ausschließen.

300 Vgl. Demandt (1989) 58 und Kolb (1995) 29.

werden könne. Er verfiel dabei auf eine Reihe innovativer, oben (S. 19ff.) bereits geschilderter Elemente, die insgesamt den Eindruck einer systematischen, bereits recht früh ersonnenen und seit 284/5 schrittweise realisierten Herrschaftskonzeption erwecken. Diese bedurfte, um reichsweit akzeptiert zu werden, einer öffentlichkeitswirksam vermittelbaren ideologischen Grundlage, und zu diesem Zwecke entwickelte Diokletian eine originelle, in literarischen Quellen, Inschriften, Münzen und archäologischen Denkmälern noch deutlich zu fassende Herrschertheologie, in deren Zentrum Jupiter und Herkules standen.

Wahrscheinlich hat der von Diokletian zum Mitherrscher erhobene Maximian bereits im Frühjahr/Sommer 286 den Beinamen „Herculius" angenommen,[301] in diesen Zeitraum fällt folglich die Begründung der „Iovius-Herculius-Ideologie", in welche die im Jahre 293 neuernannten Caesares Constantius Chlorus und Galerius integriert wurden.

Die Inanspruchnahme von Göttern und Heroen als schutz- und kraftspendende Begleiter („comites") oder als vermeintliche Ahnherren des eigenen Geschlechts war gängige Tradition und insbesondere von den römischen Kaisern vielfach und variantenreich praktiziert worden. Auch Jupiter, der höchste römische Staatsgott, und Herkules, der heldenhafte Bezwinger von unheilstiftenden Ungeheuern, waren bereits in dieser Rolle vereinnahmt worden – vor allem von Trajan (98–117) und Commodus (180–192)[302] –, aber dennoch ist das sakrale Modell der Tetrarchen ein Novum: Diokletian und Galerius als „Iovii" – als Abkömmlinge des Jupiter – und Maximian sowie Constantius Chlorus als „Herculii" – als Nachkommen des Herkules – partizipierten laut offiziöser Darstellung an den übermenschlichen Fähigkeiten ihrer Ahnherren: Sie „besaßen die ‚numina', die Wirkungskräfte von Jupiter und Herkules ... In diesem Sinne können die Kaiser als ‚filii' jener Götter bezeichnet werden."[303] Aufschlußreich ist eine nur fragmentarisch erhaltene Inschrift aus der Nähe des antiken Dyrrhachium (im heutigen Albanien):

ILS 629: „diis genitis et deorum creatoribus dd. nn.[304] Diocletiano et [Maximiano invict]is[305] Augg."

---

301 Kolb (1987) 64.
302 Kolb (1987) 89f. mit Anm. 263.
303 Kolb (1987) 90f. mit Verweis auf einschlägige Passagen in den Panegyrici Latini (Pan. Lat.), den zu Ehren der Tetrarchen offiziell vorgetragenen Festreden: 11(3)2,3f.; 7(6)8,2f.; 9(5),8,1.
304 D. h. „dominis nostris."
305 Der in den eckigen Klammern stehende Textteil ist nicht mehr auf dem Stein lesbar, aber mit Sicherheit zu ergänzen.

Übersetzung: „Den von den Göttern Hervorgebrachten und Erzeugern von Göttern, unseren Herren Diokletian und Maximian, den unbesiegbaren Augusti."

Die den (im Dativ genannten) Kaisern gesetzte Weihinschrift spielt auf die göttliche Abkunft des Iovius Diokletian und des Herculius Maximian an, die ihrerseits durch die Ernennung des Iovius Galerius und des Herculius Constantius göttlich begabte Herrscher ‚kreiert' haben.

Eine reiche Münzprägung, in der anspielungsreich und mit einer Vielzahl von Motiven und Motivverbindungen diese Zugehörigkeit der Tetrarchen zur göttlichen Sphäre propagiert wurde, verschaffte der neuen Ideologie die gewünschte Breitenwirkung – Münzen waren in der römischen Kaiserzeit dasjenige Medium, mit dem man die weitaus größte Zahl von Adressaten erreichen konnte. Stellvertretend für die verschiedenen Emissionen seien zwei Münzen vorgestellt, zunächst ein „aureus" Diokletians:[306]

Abb. 11: Aureus Diokletians

Die 286 geprägte Goldmünze zeigt auf der Vorderseite die nach links gewandte Büste des gepanzerten Kaisers, der die rechte Hand im Redegestus erhoben hält. Die Umschrift lautet: IMP(erator) C(aius) DIOCLETIANUS P(ius) F(elix) AUG(ustus). Die Rückseite bietet in göttlicher Nacktheit Jupiter mit dem langen Zepter und Blitzbündel sowie der Umschrift IOVI CONSERVATORI („für den Bewahrer Jupiter"). Jupiter wird explizit als Bewahrer, also als Garant der Kaiserherrschaft des Iovius Diokletian präsentiert, während sich Maximian, wie die folgende Prägung unterstreicht, der besonderen Gunst des Herkules erfreut:[307]

306 Kent/Overbeck/Stylow (1973) Tf. 129 Nr. 579, mit den Erläuterungen auf S. 153.
307 Kent/Overbeck/Stylow (1973) Tf. 129 Nr. 581, mit den Erläuterungen auf S. 153.

Abb. 12: Aureus Maximians

Der in Rom zwischen 288 und 293 emittierte „aureus" zeigt auf der Vorderseite eine ebenfalls gepanzerte Büste Maximians (mit der Aegis auf der Brust),[308] der in der Rechten eine Lanze, in der Linken einen Schild sowie zwei Pfeile hält. Die Legende – VIRTUS MAXIMIANI AUG(usti) – paßt zum kriegerischen Aussehen des Kaisers, dessen militärische Leistungsfähigkeit („virtus") glorifiziert wird. Diese verdankte er laut offiziöser Auffassung dem auf der Rückseite im Kampf mit dem nemeischen Löwen dargestellten Herkules (links: die Keule des Heros). Auch hier unterstreicht die Umschrift – VIRTUS AUGG(= Augustorum) – die bildliche Botschaft und weist überdies auf die Eintracht der hier im Plural gemeinsam genannten Augusti Diokletian und Maximian hin.

Aus einigen anderen Münzen hat man in der Forschung bisweilen auf eine hierarchische Abstufung innerhalb der Tetrarchie schließen wollen, zum Beispiel aus Prägungen, auf denen Diokletian den Globus als Signum der Herrschaft an Maximian überreicht, während Diokletian selbst bisweilen von Jupiter direkt mit dem Globus versehen wird.[309] Wie Jupiter vor Herkules, so habe auch Diokletian vor Maximian rangiert.[310] Demgegenüber hat F. Kolb durch eine Auswertung diverser Münzbilder im Verbund mit Abschnitten aus verschiedenen Panegyrici deutlich machen können, daß die tetrarchische Herrschaftskonzeption – ganz im Sinne der nach außen dargestellten „concordia" (Eintracht) zwischen den Kaisern – keine Rangunter-

---

308 Im homerischen Epos ist die Aegis die (schildförmige) Zauberwaffe des Zeus, der sie vor allem Athena überläßt, deren charakteristisches Attribut sie in der Bildkunst wird. Im vorliegenden Zusammenhang verkörpert die Aegis natürlich die göttliche Wirkungsmacht des Kaisers.

309 Vgl. (mit den entsprechenden Münzangaben) Kolb (1987) 99f.

310 So etwa W. Seston, Art. Diocletianus, RAC 3, 1954, 1039f.

schiede (abgesehen von denjenigen zwischen Augusti und Caesares) impliziert habe. So „interpretieren die Panegyriker den Unterschied zwischen Iovius und Herculius nicht als einen qualitativen, sondern als einen modalen."[311] Deutlich wird dies etwa in dem folgenden Passus Pan. Lat. 10(2)11, 5-7; dieser Panegyricus wurde anläßlich des Geburtstages der Urbs Roma am 21. April 289 vor dem Augustus Maximian gehalten:

> „Dies, Kaiser, ist euer ruhmreiches Verdienst; von euch nimmt auch das seinen Ausgang, was durch andere ausgeführt wird. Denn wie alle im Himmel und auf Erden entstandenen nützlichen Dinge – mögen sie uns auch durch die Kraft verschiedener göttlicher Wirkungsmächte zu entstehen scheinen – von dem höchsten (göttlichen) Stifter stammen, nämlich von Jupiter als dem Herrscher des Himmels und von Herkules als dem Befrieder des Erdkreises, so macht auch bei allen herrlichen Dingen (selbst wenn sie durch andere ausgeführt werden) Diokletian [den Anfang], und du sorgst für die Realisierung.[312] Es ist, sagte ich, Zeichen eurer Schicksalsmacht, eurer glücksbringenden Kraft, Kaiser, daß eure Soldaten schon siegreich zum Oceanus gelangt sind, daß die zurückflutenden Wogen das Blut der an jenem Gestade gefallenen Feinde in sich aufnehmen."

Tatsächlich wird in dem zitierten Text keine Subordination des Herkules unter Jupiter, sondern eine Art Arbeitsteilung zwischen beiden angenommen: Jupiter agiert als überirdischer Lenker („rector caeli") im kosmischen Bereich, Herkules sorgt als Befrieder des Erdkreises („pacator terrarum") für irdisches Gedeihen. Entsprechend heißt es an anderer Stelle in demselben Panegyricus, auf Maximian bezogen: „Du hast tapfer, jener [Diokletian] klug gehandelt."[313] Diese Kooperation zwischen den beiden Augusti wird derjenigen der beiden Götter nachempfunden, die – und das ist entscheidend – als „summi auctores" bezeichnet werden, also als die gemeinsamen göttlichen Urheber der Tetrarchie und deren segensreichen politischen Wirkens.[314]

Selbstverständlich sah die tetrarchische Realität anders aus als die hier vorgestellte, propagandistische Selbstdarstellung, aber letztere zeugt von

---

311 Kolb (1987) 107.
312 Hier liegt offenbar eine Textverderbnis vor: „Diocletianus + facit, tu tribuis effectum." Wahrscheinlich ist vor „facit" ein Wort ausgefallen – s. die verschiedenen philologischen Standpunkte, die bei Kolb (1987) 96 Anm. 286 vorgestellt werden –, von den vorgeschlagenen Ergänzungen ist hier „[initium]" zugrundegelegt worden.
313 Pan. Lat. 10 (2)4,1: „Tu fecisti fortiter, ille sapienter."
314 Vgl. Kolb (1987) 96f. 107.

einer bemerkenswert innovativen und reflektierten Herrschaftskonzeption, die als Entwurf bereits den Respekt der Historiker verdient. Dies um so mehr, als Diokletian und seine Kollegen vor tatsächlich aufsehenerregenden Neuerungen nicht zurückschreckten: „Geradezu revolutionär war die ausschließliche Mitgliedschaft der Kaiser selbst in dieser göttlichen Familie. Im Gegensatz zur bisher üblichen kaiserlichen ‚domus divina‘, zum Beispiel jener der Severi und Licinii, waren Frauen und Kinder diesmal nicht einbezogen."[315] Ohne Zweifel zielte diese Exklusivität der Iovius-Herculius-Ideologie auf den Schutz vor Usurpationen, denn nur die Zugehörigkeit zur sakralen Herrscher- und Götterfamilie sollte politische Legitimität garantieren. Allerdings hat diese ingeniöse Konstruktion ambivalente Wirkungen gehabt: Einerseits bestand das tetrarchische System immerhin länger als zwanzig Jahre, andererseits aber sorgte gerade der ideologisch bedingte Ausschluß der leiblichen Kaisersöhne (vor allem von Maxentius und Konstantin) aus dem Konsortium der Iovii und Herculii für die Labilität und schließlich für das Ende dieses „Experiments in der Organisation monarchischer Herrschaft."[316]

M 11: Die Christenverfolgung

Die im Jahre 303 einsetzende Christenverfolgung ist Höhe- und beinahe schon Endpunkt der antichristlichen Politik Roms, denn mit dem bereits 311 erlassenen Toleranzedikt des Galerius war der Verfolgungsdruck gebrochen, und es begann sich ein Prozeß durchzusetzen, der zur Etablierung des Christentums als Staatsreligion noch im 4. Jh. n. Chr. führte.

In der kaum noch zu überblickenden Forschung zu der diokletianischen Christenverfolgung[317] dominieren die folgenden Fragen: Wer ist als eigentlicher Initiator der Verfolgungen anzusehen? Wie lassen sich die wichtigsten literarischen Zeugnisse – Laktanz und Eusebius – miteinander harmonisieren? Welche Maßnahmen beinhaltete die Verfolgung im einzelnen? Warum kam es erst im Jahre 303 zum Ausbruch militanter antichristlicher Maßnahmen seitens der Tetrarchen? Die wichtigsten, zeitgleich (zwischen 313–316) verfaßten[318] Berichte stammen von Laktanz (de mort. pers. 10–15)[319] und Eusebius (HE 8,2-6).[320]

315 Kolb (1987) 93.
316 Dies nach dem Untertitel von Kolbs Buch (1987).
317 S. zuletzt die knappen Forschungsreferate bei Portmann (1990) 219ff.; Schwarte (1994) 204ff.
318 Schwarte (1994) 207.
319 Zu Autor und Werk s. o. S. 86.

Während die überwiegende Mehrzahl der bislang an der Diskussion beteiligten Gelehrten (vor allem im Anschluß an Eusebius) davon ausgeht, daß es insgesamt vier tetrarchische Verfolgungsedikte gegeben hat, hat jüngst Schwarte durch eine eingehende Textanalyse zeigen können, daß nur ein einziges, auf Diokletian zurückzuführendes, am 23. 2. 303 verfaßtes und am 24. 2. 303 promulgiertes Edikt existiert hat. Dies läßt sich sogar dem sehr undeutlich gehaltenen Text von Laktanz entnehmen,[321] der Galerius zum Hauptschuldigen machen will, aber doch erkennen läßt, daß ihm die primäre Urheberschaft Diokletians bekannt war; letzteres bestätigt im übrigen auch Konstantin in einem bei Eusebius eingelegten Brief an die Provinzialen des Ostens.[322]

Der zentrale Text aus der Reihe der einschlägigen Berichte des Eusebius stammt aus der „Kirchengeschichte": HE 8,2,4-5:[323]

„(4) Es war das 19. Jahr der Kaiserherrschaft Diokletians, der Monat Dystros, der bei den Römern März genannt wird, in welchem, als das Fest des heilbringenden Leidens heranrückte,[324] überallhin ein kaiserliches Edikt[325] verbreitet wurde, welches anordnete, die Kirchen seien dem Erdboden gleichzumachen und die heiligen Schriften seien im Feuer zu vernichten; ferner befahl es, daß diejenigen, die hohe Posten bekleideten, diese verlieren und daß die Bediensteten des kaiserlichen Hauses,[326] falls sie im Bekenntnis zum Christentum verharrten, ihrer Freiheit verlustig gehen sollten.
(5) Solcherart war das erste gegen uns[327] gerichtete Edikt. Als nicht viel später ein weiteres Edikt[328] hinzukam, wurde angeordnet, daß alle Vorsteher der Kirchen an jedem Ort zunächst in Fesseln gelegt, später auf jede erdenkliche Art zum Opfern gezwungen werden sollten."

Was Eusebius des weiteren referiert, sind nun nicht weitere Edikte,[329] sondern unsystematische Wiederholungen und Ergänzungen, die sich, wie Schwarte gezeigt hat, alle auf nur ein einziges Edikt zurückführen lassen.[330] Doch auch der Text des tatsächlich einzigen Edikts wird in dem hier übersetzten Abschnitt des Eusebius nur undeutlich wiedergegeben: Die Datierung (in den März 303) ist unkorrekt, auch spricht Eusebius nur von einem Opferzwang für das kaiserliche Hofpersonal, nicht aber – wie es zweifellos befohlen worden war – von einem generellen Opfergebot.[331] Der tatsächliche Gehalt des einzigen Verfolgungsediktes vom 23./24. Februar 303 läßt sich mit K.-H. Schwarte aus einer kritischen Synopse der Nachrichten bei

---

320 Hinzu kommt noch die von Eusebius verfaßte Schrift „De martyribus Palaestinae", vor allem praef. 1–2 und 3,1; vgl. Schwarte (1994) 219.
321 Schwarte (1994) 206–215.

Laktanz und Eusebius gewinnen:[332] Das von Diokletian in seiner Residenzstadt Nikomedeia erlassene Edikt „enthielt im Kern nur zwei Grundbestim-
mungen: erstens die Verfügung über die Vernichtung christlicher Kirchen
und Schriften und zweitens ein teils speziell für Kleriker geltendes, teils
gegen Nichtkleriker gerichtetes allgemeines Opfergebot."[333] In Abkehr von
der alten trajanischen Praxis[334] und im Anschluß an das zweite Christengesetz Valerians vom Jahr 258[335] wird den staatlichen Behörden nun eine aktive
Verfolgungspflicht auferlegt, einfaches Christsein wird zu einem Kapital-
verbrechen. Zu den konkreten Maßnahmen gegen die christliche Kirche
(Kirchenzerstörung, Bücherverbrennung, Inhaftierung der Kleriker und
Zwangsausübung zwecks Befolgung des Opfergebots) gesellten sich Anordnungen, die auf die Durchsetzung der allgemein verhängten Opferpflicht
zielten. Die Aufhebung sonst geltender rechtswirksamer Standesvorrechte
für Angehörige des christlichen Glaubens und Klagebeschränkungen über
Christen sollten diese letztendlich zur Abkehr von ihrem Glauben zwingen:
„Über alle Christen, vom Bischof bis hinab zum schlichtesten Gemeinde-

---

322 Eus. Vita Const. 2,50f. (zu dieser Schrift s. u. S. 113), vgl. Portmann (1990) 217f.
323 Vgl. Guyot/Klein (1993) 178f., Text c (mit einer hier herangezogenen deutschen
     Übersetzung).
324 Hier werden die Leiden der Verfolgten mit den Leiden Jesu Christi verknüpft,
     s. Guyot/Klein (1993) 407 Anm. 88.
325 Guyot/Klein übersetzen „basilika grammata" als „kaiserliche Schreiben." Demge-
     genüber weist Schwarte (1994, 217 Anm. 31) unter Verweis auf weitere Stellen bei
     Eusebius mit Recht darauf hin, „daß bei Euseb ‚grammata' ein einziges Edikt
     bezeichnet."
326 Zur Übersetzungsproblematik an dieser Stelle s. Schwarte (1994) 216 Anm. 29.
327 Eusebius schrieb als Betroffener, als Teil der verfolgten Christen. Die antichrist-
     liche Politik Diokletians interpretierte er als göttliche Sanktion wegen der inner-
     christlichen Auseinandersetzungen, vgl. Portmann (1990) 224.
328 Wieder steht im Griechischen der Plural „grammata," s. o. Anm. 325. Daß tatsäch-
     lich kein zweites Edikt erlassen wurde, zeigt, wie gesagt, jetzt Schwarte (1994).
329 So freilich die „communis opinio" und jüngst noch Guyot/Klein (1993) 178–181
     (Nr. d und e).
330 Schwarte (1994) 217–221.
331 Dieses erwähnt Eusebius erst in De mart. Pal. 3,1.
332 Schwarte (1994) 221–229.
333 Schwarte (1994) 221.
334 S. den Rückblick bei Portmann (1990) 237ff.; zu Trajans Politik s. nur Guyot/
     Klein (1993) 38ff. mit der einschlägigen Literatur in den Anmerkungen.
335 K.-H. Schwarte, Die Christengesetze Valerians, in: W. Eck (Hg.), Religion und
     Gesellschaft in der römischen Kaiserzeit, 1989, 103–169; Guyot/Klein (1993)
     150ff.

mitglied, war durch das Gesetz eine Kapitalstrafe verhängt, aber jeder Christ konnte die eigentlich verwirkte Strafe durch ein Opfer abwenden."[336] Es bleibt die Frage nach den Motiven Diokletians, erst in der Spätphase seiner Regierung die blutigen Verfolgungen aufzunehmen. Daß innerchristliche Konflikte den Kaiser aus Sorge um den inneren Frieden zum Eingreifen veranlaßt hätten – so Portmann[337] –, erscheint wenig wahrscheinlich. Plausibler ist dagegen der Verweis auf die immer wieder – so im Eheedikt (M 9), im Manichäeredikt oder auch in der Vorrede des Höchstpreisedikts (M 7) – von den Tetrarchen explizit hervorgehobene Bedeutung der „pietas" gegenüber den altehrwürdigen Göttern, auf deren Gunst das Reich angewiesen sei. Ferner gründete das neue Herrschaftssystem nicht zuletzt auf der Akzeptanz der theokratischen Iovius-Herculius-Konzeption (M 10), und diese mußte mit dem Ansehen der heidnischen Götter stehen und fallen. All die genannten Erwägungen dürften jedoch noch keine hinreichende Erklärung für den späten Zeitpunkt des Verfolgungsbeginns bieten. Diese hat wohl erst Schwarte in wünschenswerter Klarheit formuliert, indem er auf die nahende Abdankung der beiden „seniores Augusti" verweist:[338] Ins Jahr 303 fällt die gemeinsame Feier der Vicennalia von Diokletian und Maximian, der Rombesuch Diokletians diente der feierlichen Besiegelung und Sicherung des Abdankungsplans, und zum ersehnten Ziel einer ‚endgültigen' Absicherung des auf Dauer angelegten neuen Herrschaftsmodells gehörte auch die Bewahrung seines religiösen Fundaments. Insofern dürfte Diokletian aus freiem Willen und innerer Überzeugung gehandelt haben, als er an dem Jupiterfest der „Terminalia" tatsächlich den ‚christlichen Reichsfeinden' und ihrer ‚staatszersetzenden Gesinnung' ein Ende bereiten wollte.

---

336 Schwarte (1994) 231.
337 Portmann (1990) 234ff. 247f.
338 Schwarte (1994) 239f.; vgl. zum folgenden auch o. S. 21.

2. Konstantin der Große (306–337)

2.1: Die Rückkehr zur Monarchie

M 12: Porträt Konstantins des Großen

Abb. 13: Konstantin der Große

Der Bronzekopf – in Nis gefunden und im Belgrader Nationalmuseum aufbewahrt – ist aufgrund physiognomischer Parallelen zu anderen Porträts Konstantins und vor allem zu seinen Münzbildnissen als Bildnis dieses Herrschers benennbar.[339] Insbesondere das Diadem mit dem Medaillon, welches in der konstantinischen Münzprägung seit 325 begegnet, sichert diese Zuweisung und bietet zugleich einen Anhaltspunkt für die Datierung des Bronzekopfes, der also in die Zeit nach dem Sieg Konstantins über Licinius gehört.[340]

Wenn auch die Benennung und die Interpretation spätantiker Kaiserporträts im Vergleich zu den Bildnissen der früheren und hohen Kaiserzeit schwieriger und unsicherer ist, so gilt freilich weiterhin, daß diese Bildnisse als öffentliche Denkmäler Ideenträger und Medium bewußt gestalteter Herrscherbilder darstellen.[341] Ausgangspunkt aller entsprechenden Interpretationsversuche muß daher stets die Beschreibung des Kunstwerks sein.

Der vorzüglich erhaltene Bronzekopf, dessen ursprünglicher Aufstellungsort unbekannt ist, zeigt Spuren von Vergoldung an Augen und Ohren; Pupillen und Iris sind in Gold gearbeitet. Der leicht nach links gewandte Kopf zeigt einen starren Gesichtsausdruck, der Mund ist schmallippig und das Kinn leicht zugespitzt. Das vom Hinterkopf nach vorn gekämmte Haar wird begrenzt durch ein Perlendiadem mit einem Schmuckmedaillon in der Mitte. Mit dem bekannten früheren Kolossalporträt der Sitzstatue Konstantins aus Rom wird das vorliegende Bildnis vor allem durch „die Unbewegtheit der Züge" verbunden, die wohl am ehesten „als adäquater Ausdruck für kaiserliche Erhabenheit" (D. Stutzinger) gedeutet werden muß.

Besondere Hervorhebung verdient das Perlendiadem, wobei vor allem die Münzporträts zum Vergleich herangezogen werden müssen. Trug Konstantin auf seinen früheren Münzbildnissen noch den traditionellen Lorbeerkranz,[342] so avanciert das Juwelendiadem – nach einer offenbar nur kurzfristigen Verwendung des flachen Banddidadems[343] – seit der Mitte der 320er Jahre zu einem neuen Herrscherattribut und unterstreicht die monarchischen Ansprüche Konstantins.

---

339 Vgl. dazu nur R. Delbrück, Spätantike Kaiserporträts von Constantinus Magnus bis zum Ende des Westreiches, 1933, 119ff.; D. Stutzinger, Katalog Nr. 40, in: Spätantike und frühes Christentum (1983) 426f.
340 S. etwa M 39 in: J. Garbsch/B. Overbeck (Hrgg.), Spätantike zwischen Heidentum und Christentum, 2. Aufl. 1990, 36.
341 Vgl. U. Peschlow, Zum Kaiserporträt des 4.–6. Jh. n. Chr., in: Spätantike und frühes Christentum (1983) 61–88.
342 Siehe etwa M 32–M 36, in: Garbsch/Overbeck (o. Anm. 340) 34f.
343 Dieses Motiv (vgl. etwa den Solidus M 38 in: Garbsch/Overbeck, o. Anm. 340, 35, von 324/25) erinnert an die Münzbilder hellenistischer Herrscher und legt deutliches Zeugnis ab von dem monarchischen Selbstverständnis Konstantins.

M 13: Die Schlacht bei der Milvischen Brücke

(Lact. mort. pers. 44,1-10)

„1. Schon war der Bürgerkrieg zwischen ihnen [Maxentius und Konstantin] zum Ausbruch gekommen. Und wenn auch Maxentius selbst sich in Rom aufhielt, weil er eine [göttliche] Antwort empfangen hatte, daß er sterben würde, wenn er sich vor die Tore der Stadt begäbe, so wurde der Krieg dennoch durch geeignete Feldherren geführt.
2. Maxentius verfügte über zahlenmäßig größere Streitkräfte, weil er das Heer seines Vaters von Severus übernommen und sein eigenes Heer neulich von Mauren und Gätulern abgezogen hatte.
3. Es wurde gekämpft, und die Soldaten des Maxentius behielten die Oberhand, bis schließlich Konstantin neuen Mut gefaßt hatte und, zu Sieg oder Untergang entschlossen, seine sämtlichen Truppen näher an die Stadt [Rom] heranführte und in dem Gebiet der Milvischen Brücke Stellung bezog.
4. Es nahte der Tag, an dem Maxentius seine Herrschaft angetreten hatte, d. h. der sechste Tag vor den Kalenden des November [27. Oktober], und die Fünfjahresjubiläen gingen zu Ende.
5. Im Schlaf wurde Konstantin ermahnt, das himmlische Zeichen Gottes an den Schilden anzubringen und so die Schlacht zu beginnen. Er verhält sich weisungsgemäß und bezeichnet Christus auf den Schilden, indem er den Buchstaben X umlegte und die oberste Spitze umbog.[344]
6. Mit diesem Zeichen gerüstet greift das Heer zu den Waffen. Der Feind rückt ohne den Befehlshaber entgegen und überschreitet die Brücke. Die Schlachtreihen treffen in gleicher Front aufeinander, mit höchstem Einsatz wird auf beiden Seiten gekämpft: ‚Nicht Flucht gilt hüben und drüben' [Vergil, Aeneis X 757].
7. In der Stadt kommt es zu einem Aufruhr, der Befehlshaber [Maxentius] wird als Schädiger des öffentlichen Wohls beschimpft. Als man seiner ansichtig wurde – er veranstaltete gerade Zirkusspiele wegen seines Geburtstages –, ruft plötzlich das Volk einmütig, Konstantin könne nicht besiegt werden. Durch diesen Ausruf erschreckt, stürzt Maxentius aus dem Zirkus und befiehlt einigen zusammengerufenen Senatoren, die Sibyllinischen Bücher zu befra-

---

344 Nach Auffassung einiger Gelehrter – s. zuletzt Girardet (1998, 42f. Anm. 135f.) – ist der lateinische Text hier durch eine spätere, in den Text geratene Randglosse („transversa X littera summo capite circumflexo") erweitert worden, die folglich zu tilgen wäre. Der umstrittene Satzteil bezeichnet, wie auch der parallele Eusebiustext (u. M 19), ein monogrammatisches Kreuz – ob er tatsächlich als spätere Einfügung zu gelten hat, scheint mir bislang nicht erweisbar.

gen: Denen ist zu entnehmen, daß an jenem Tage ein Feind der Römer zugrunde gehen würde.

...

9. Durch diese Auskunft mit Siegeszuversicht erfüllt, rückt Maxentius vor und zieht in die Schlacht. In seinem Rücken wird die Brücke zerstört. Bei seinem Anblick wird die Schlacht heftiger, und Gottes Hand war über dem Schlachtfeld. Sein Heer wird vom Schrecken ergriffen, er selbst flieht in Richtung der Brücke, die zerstört war, und wird unter dem Druck der fliehenden Massen in den Tiber gestürzt.

10. So war endlich der schreckliche Krieg beendet, als Konstantin unter großem Jubel des Senats und des römischen Volkes als Kaiser empfangen wurde..."

Der Text des Laktanz ist der ausführlichste und zugleich den Ereignissen des Jahre 312 zeitlich besonders nahestehende Bericht, der auf uns gekommen ist. Gleichwohl kommt ihm weniger historische Glaubwürdigkeit zu als bisweilen in der neueren Forschung angenommen,[345] denn gerade in der vorliegenden Darstellung entpuppt sich Laktanz als tendenziöser Autor.

Unser Text wird in der Regel zusammen mit den zwei Versionen des Eusebius[346] als Überlieferung der angeblichen christlichen Vision Konstantins vor der Schlacht von 312 begriffen,[347] aber dagegen hat vor kurzem P. Weiß bedenkenswerte Einwände erhoben:[348] Er weist darauf hin, daß nach Laktanz, genaugenommen, dem Kaiser keine Vision zuteil wurde, sondern er nur in einem Traum aufgefordert wird, das „himmlische Zeichen Gottes" („caeleste signum dei") an den Schilden anzubringen; Weiß folgert, Laktanz setze demnach das göttliche Zeichen bereits als bekannt voraus – die spätere eusebianische Version in der Vita Constantini[349] sei eine nachträgliche Fiktion, die eine frühere (Weiß: im Jahr 310 stattgefundene)[350] ,Erscheinung' in die Begebenheiten vor der Milvischen Brücke transponiert habe.

Ungeachtet dieser Akzentverschiebungen bietet der Bericht des Laktanz ein wichtiges Zeugnis dafür, daß schon die unmittelbaren Zeitgenossen zu-

---

345 Zur Abfassungszeit von „De mortibus persecutorum" – zwischen 313 und 316/17 – und der Diskussion um die historische Zuverlässigkeit des Werkes siehe nur Kolb (1987) 131–139 und oben Seite 86f.

346 Eus. HE IX 9,1–5 und Vita Const. I. 27–32 (M 19).

347 Zum Beispiel bei V. Keil, Quellensammlung zur Religionspolitik Konstantins des Großen, 1989, 42–53.

348 Weiß (1993), 154ff. 163; siehe auch Bleicken (1992) 23ff., besonders 29, und Bleckmann (1996) 58ff.

349 Näheres dazu unten M 19; vgl. auch Bleckmann (1996) 59–61.

350 Weiß (1993) 163ff.

mindest starke Veranlassung sahen, den Sieg Konstantins über Maxentius im christlichen Sinne zu deuten, wobei anzunehmen ist, daß Konstantin selbst einer derartigen Interpretation zugeneigt hat.

Laktanz stilisiert die Auseinandersetzung zwischen Konstantin und Maxentius, die er zu Recht als Bürgerkrieg (44,1) qualifiziert, zu einem ‚Religionskrieg‘, in welchem Maxentius für das Heidentum steht: Dieser konsultiert die alten Gottheiten (44,1) und vor allem die „libri Sibyllini" (44,8), die klassische, zu republikanischen Zeiten im römischen Jupitertempel auf dem Kapitol deponierte und von Augustus in den Apollontempel auf dem Palatin überführte Spruchsammlung. Ebenfalls älteren Orakelauskünften gemäß mißdeutet Maxentius die ihm zuteil werdende Auskunft (44,8), indem er in dem „hostis Romanorum" („Feind der Römer") nicht etwa sich selbst, sondern irrtümlich Konstantin vermutet.[351] Demgegenüber erscheint Konstantin als Vertreter der ‚guten‘ (= christlichen) Sache und erringt den Sieg angeblich unter dem Zeichen des Christengottes.

Um die Interpretation dieses von Laktanz in 44,5 beschriebenen „signum dei" („Zeichen Gottes") dreht sich seit Jahrzehnten eine heftige Debatte, die meines Erachtens von Weiß und Bleicken einer einleuchtenden Klärung zugeführt worden ist.[352] Das konstantinische Heer wird kaum mit dem (seinerzeit völlig ungebräuchlichen) Christogramm auf den Waffen und wohl auch noch nicht mit dem Labarum[353] gegen Maxentius gezogen sein – die gewiß nicht mehrheitlich christlichen Soldaten hätten dies kaum akzeptiert und noch viel weniger verstanden, überdies ist auch auf das Fehlen jeglicher diesbezüglicher Überlieferung außerhalb von Laktanz (und Euse-

---

351 Natürlich ist dies ein bewußter Anklang an die berühmte delphische Orakelauskunft gegenüber dem Lyderkönig Kroisos (546 v. Chr.), er werde durch einen Kriegszug gegen die Perser ein großes Reich zerstören (nicht etwa, wie Kroisos glaubte, das der gegnerischen Perser, sondern sein eigenes): Herodot I 53.
352 Weiß (1993) 167; Bleicken (1992) 30ff; vgl. Bleckmann (1996) 58ff.
353 Das Labarum, die mit dem Christogramm verzierte Kaiserstandarte, ist erst auf den bekannten SPES PUBLICA-Münzen Konstantins für die Jahre 327/28 belegt (RIC VII 572 Nr. 19 u. 573 Nr. 26); die früheste Beschreibung findet sich in der nach des Kaisers Tod verfaßten Konstantin-Vita des Eusebius (1,31,1,f.; der Wortlaut unten bei M 27). Bleckmann (1996, 61) weist auf Widersprüche in der eusebianischen Version hin: Die Standarte hat – so Eusebius – Porträts des Kaisers und seiner Söhne getragen (so auch die o. g. Münzbilder), aber: „Zum Zeitpunkt der Schlacht an der Milvischen Brücke, in der das Feldzeichen nach der Visionserzählung schon im Einsatz gewesen sein soll, hatte Konstantin in Wirklichkeit nur einen Sohn. Aber selbst dieser war damals noch nicht Mitherrscher und kann daher kaum auf der Standarte abgebildet gewesen sein" (Bleckmann, ebd.). Bleckmann (ebd. 63) erwägt, daß das Labarum vielleicht erst zur Zeit der konstantinisch-licinischen Auseinandersetzungen entstanden sein könnte.

bius) hinzuweisen. Vielmehr ist anzunehmen, daß der nachweislich dem Sonnengott Sol besonders nahestehende Konstantin – vielleicht „unter dem Eindruck einer Himmelserscheinung" (Bleicken) – auf seinen Schilden ein mehrstrahliges Sonnensymbol als Feldzeichen eingeführt hat, das noch auf späteren Denkmälern abgebildet ist, zum Beispiel auf der Basis der Arcadius-Säule in Konstantinopel.

Dieses Sonnenzeichen dürfte von Laktanz christlich umgedeutet worden sein, zumal „wenn man bedenkt, daß schon eine Verdickung der Spitze der obersten Haste aus einem sechsstrahligen Stern ein Christogramm machen kann."[354]

Die Annahme einer ‚Christianisierung' der Überlieferung durch Laktanz liegt um so näher, als ihm auch andere Ungenauigkeiten und willkürliche Verschiebungen nachgewiesen werden können. So hat er die 310/11 veranstalteten Feiern zum fünfjährigen Regierungsjubiläum des Maxentius[355] in den Oktober 312 (44,4) verlegt – durch diesen ‚Kunstgriff' wird der Tag des Herrschaftsantritts („dies imperii") Konstantins (25. Juli 306) weit vor denjenigen des Maxentius plaziert und überdies der Symbolgehalt der Niederlage des Maxentius nahe der Milvischen Brücke gesteigert.[356]

Die realen Begebenheiten des Bürgerkrieges zwischen Konstantin und Maxentius sind vor kurzem von W. Kuhoff ausführlich behandelt worden:[357]

Die von Laktanz nur knapp in 44,1f. angesprochene militärische Vorgeschichte des Feldzuges begann bereits im Frühjahr 312, als Konstantin in Oberitalien einmarschierte und somit den seit 306 relativ unbehelligt in Italien herrschenden Maxentius bedrohte.[358] Letzterer verfügte über große Truppenverbände – worauf Laktanz in 44,2 hinweist –, zumal er seinerzeit die Mannschaften des (307 ermordeten) Augustus Severus übernommen und 310 das aufständische Africa befriedet und somit von dort Einheiten abzuziehen vermocht hatte.[359] Daß Konstantin trotz alledem an der Milvischen Brücke siegreich blieb, führt Kuhoff zu Recht nicht etwa auf göttliche Hilfe, sondern auf „Konstantins Heerführerqualitäten, Beweglichkeit und Erfahrenheit seiner Armee und wohl auch deren größere Zahlenstärke am

---

354 Bleicken, ebd., 31f.
355 Maxentius war am 28. Oktober 306 zum Kaiser proklamiert worden: Kienast (1990) 287.
356 Kolb (1987) 134.
357 W. Kuhoff, Ein Mythos in der römischen Geschichte: Der Sieg Konstantins des Großen über Maxentius vor den Toren Roms am 28. Oktober 312 n. Chr., Chiron 21, 1991, 127–174; vgl. Bleckmann (1996) 53ff.
358 Dazu Kuhoff, ebd. 142ff.
359 Kuhoff (ebd., 142) hebt hervor, „daß die militärischen Vorkehrungen des Maxentius im Prinzip richtig waren."

Ort" zurück, ferner insbesondere auf das Überraschungsmoment aufgrund des offenbar überfallartigen Vorstoßes Konstantins.[360] Ob und inwiefern sich überhaupt eine regelrechte Schlacht ergeben hat, läßt Kuhoff offen[361] – möglicherweise hatte sich das Heer des Maxentius noch gar nicht in organisierter Aufstellung befunden, als es von den konstantinischen Truppen angegriffen wurde. Der anscheinend erst später an den Ort der Auseinandersetzungen gelangte Maxentius wurde dann von seinen eigenen, in hilfloser Panik zurückweichenden Soldaten in den Tiber abgedrängt und starb, womit Konstantins Sieg in der Tat „die größtmögliche Eindeutigkeit"[362] zuteil wurde.

2.2: Rom und Barbaren: Eine neue Strategie?

M 14: Constantinus Maximus Augustus

Herrschaftspropaganda war für Konstantin nicht weniger bedeutsam als für seine Vorgänger, etwa die Tetrarchen: Der Reichsbevölkerung, vor allem den machtpolitisch wichtigsten Gruppen – den Soldaten und sozialen Eliten – mußte der Eindruck vermittelt werden, daß der amtierende Herrscher am besten ihre Interessen vertrat, den römischen Souveränitätsanspruch über andere Völkerschaften zu realisieren und im Reichsinneren Frieden, Sicherheit und Wohlstand zu garantieren vermochte. Konstantin bedurfte darüber hinaus in besonderem Maße der Legitimität und Akzeptanz, da er als Usurpator zur Kaiserwürde gelangt war und diese erst durch eine Reihe von Bürgerkriegen (und auch politischen Morden) hatte stabilisieren können.

Die wichtigsten Medien der Herrschaftspropaganda bildeten in einer Zeit, welche moderne Kommunikationsmittel noch nicht kannte, Münzen und Inschriften, und innerhalb dieser Quellengruppen kam der Kaisertitulatur besondere Bedeutung zu: „Sie unterlag über die gesamte Regierungszeit Constantins hinweg einem ständigen Entwicklungsprozeß, der von der kaiserlichen Kanzlei gesteuert wurde."[363] Jedes einzelne Element dieser Titula-

---

360 Ebd., 144. Nicht eindeutig zu erklären ist, aus welchen Gründen Maxentius die sichere, durch große Getreidevorräte zusätzlich stabilisierte Position innerhalb der römischen Stadtmauern aufgab und Konstantin entgegenzog; vgl. die Überlegungen bei Bleckmann (1996) 53ff.
361 Ebd., 159f.
362 So Kuhoff, (ebd.) 161.
363 Grünewald (1990) 10; zur Kaisertitulatur siehe nur J. Deininger, Von der Republik zur Monarchie: Die Ursprünge der Kaisertitulatur des Prinzipats, ANRW I 1, 1972, 982–997; P. Kneissl, Die Siegestitulatur der römischen Kaiser, 1969; L. Schumacher, Römische Inschriften. Lateinisch/Deutsch, 1988, 20–22.

tur entsprang einem sorgfältigen politischen Kalkül, das sowohl Traditionen, die aktuelle Situation als auch Zukunftsvorstellungen berücksichtigte. Nicht nur vom Kaiser selbst initiierte, sondern auch ihm gewidmete Denkmäler mußten sich an der jeweils aktuellen Version der Kaisertitulatur orientieren. Als aussagekräftiges Beispiel für diese Quellengattung sei die folgende Inschrift vorgestellt:

CIL VIII 8412 = ILS 696 = Grünewald (1990) Nr. 87:

„Imp(eratori) Caes(ari) Flavi/o Constantino / maximo pio felici in/victo Aug(usto) pont(ifici) max(imo) Ger(manico) / maximo III Sarm(atico) max(imo) / Brit(annico) max(imo) Ca[r]p(ico) max(imo) Arab(ico) / max(imo) Med(ico) max(imo) Armen(iaco) / max(imo) Goth(ico) max(imo) trib(unicia) po/test(ate) XIIII im(peratori) XIII con/sul(i) IIII patri patriae / proconsuli / Flavius Terentia/nus v(ir) p(erfectissimus) praeses / provinciae Mau/retaniae Sitif(ensis) / numini maies/tatique eius sem/per dicatissi/mus."
Übersetzung:
„Für Kaiser Flavius Constantinus, den größten, frommen, glückbringenden, unbesiegbaren Augustus, den Oberpriester, den größten dreimaligen Sieger über die Germanen, den größten Sieger über die Sarmaten, den größten Sieger über die Britannier, den größten Sieger über die Karpen,[364] den größten Sieger über die Araber, den größten Sieger über die Perser, den größten Sieger über die Armenier, den größten Sieger über die Goten, den Inhaber der tribunizischen Gewalt zum 14. Male, den 13mal zum siegreichen Feldherrn Akklamierten, den vierfachen Konsul, Vater des Vaterlandes, Proconsul [hat] Flavius Terentianus, Angehöriger des Ritterstandes,[365] Statthalter der Provinz Mauretania Sitifensis, völlig und stets ergeben seiner göttlichen Wirkungskraft und Majestät, [diese Inschrift gesetzt]."

Die aus der Provinz Mauretania Sitifensis (heute: nordöstliches Algerien) stammende, von dem dortigen Statthalter Flavius Terentianus gestiftete In-

---

364 In der Inschrift steht „Cap.", denkbar wäre also auch „Cappadocico" (Sieger über die Kappadokier) – wahrscheinlicher ist allerdings, daß der Steinmetz einen Fehler begangen und den Buchstaben r nicht mit eingemeißelt hat. Eine eindeutige Lösung ist bislang nicht möglich, weder „Carpicus" noch „Cappadocicus" lassen sich bislang mit konkreten Begebenheiten begründen.
365 Das Rangprädikat „perfectissimus" weist den Stifter als Angehörigen des Ritterstandes aus. Konstantin nahm zwischen 312 und 326 eine großen Zahl von Rittern (auch eine Reihe von „perfectissimi") in den Senatorenstand auf – „diese Reform bedeutete faktisch das Ende des Ritterstandes, auch wenn er formell nicht abgeschafft wurde" (G. Alföldy, Römische Sozialgeschichte, 3. Aufl., 1984, 160). Flavius Terentianus hatte den Sprung in den „ordo senatorius" noch nicht geschafft.

schrift läßt sich recht gut datieren: Konstantin besitzt zum 14. Mal die (erstmals am 25. Juli 306 an ihn verliehene)[366] tribunizische Gewalt („tribunicia potestas"), wobei er – vielleicht im Jahr 307 – willkürlich die Zahl der „potestates" um eine erhöht haben dürfte,[367] auch bei den (wohl ebenfalls ab 25. Juli 306 gerechneten) imperatorischen Akklamationen ist er offenbar nicht anders verfahren, allerdings ist die manipulierte Zählung nicht überall – so auch im vorliegenden Fall – berücksichtigt worden. Mit der 13. imperatorischen Akklamation ergibt sich folglich als terminus post quem dieser Inschrift der 25. 7. 318. Da Konstantin sein 5. Konsulat am 1. Januar 319 antrat, er aber in der Inschrift noch als „cos. IV" erscheint, muß das Dokument in die Zeit zwischen 25. 7. 318–31. 12. 318 gehören.[368]

Konstantin erscheint zu Beginn der Inschrift als „maximus pius felix invictus Augustus." Während als Konstantins Standardtitulatur seit dem Jahr 310 „pius felix invictus Augustus" begegnet,[369] hat der Kaiser das Epitheton „maximus" nach den Forschungen von T. Grünewald offenbar erst seit 313 ausnahmsweise und ab 315 regelmäßig geführt, womit ein deutlich gegen Licinius gerichteter Alleinherrschaftsanspruch Konstantins artikuliert wurde.[370]

Im Anschluß an den seit Augustus für die Kaiser üblichen und auch von dem dezidierten Christenförderer Konstantin nicht abgelegten Titel des obersten Staatspriesters für alle offiziellen (natürlich mehrheitlich heidnischen) Kulte – „pontifex maximus" – verzeichnet die Inschrift eine Serie von Siegestiteln. Die Siegesbeinamen der Kaiser haben sich bereits seit dem frühen Prinzipat als (teilweise erbliche) Beinamen entwickelt, im Laufe des 2. und 3. Jahrhunderts wurden sie jedoch zunehmend an konkrete Erfolge gebunden.[371] Da auf diesem Feld nie rigide Konsequenz herrschte, ist eine exakte Datierung und Zuordnung der einzelnen Siegesbeinamen an bestimmte Begebenheiten nicht immer möglich, und dies gilt in besonderem

---

366 An diesem Tag wurde er von den Truppen in Eburacum (York) zum Augustus proklamiert, siehe o. S. 27.

367 Kienast (1990) 297; zu den umstrittenen Detailproblemen der „tribuniciae potestates" Konstantins siehe Kienast, ebd. 35f.

368 So auch Grünewald (1990) 194, allerdings aufgrund im Detail modifizierter Überlegungen (ebd. 163ff.).

369 Diese Formel kennen wir schon aus dem 3. Jh., jedoch vor allem von Kaisern, die eng mit dem Kult des Sonnengottes Sol Invictus assoziiert waren – die ‚normale' Titulatur der Kaiserzeit lautete „pius felix Augustus." Die Erweiterung dieser Formel durch das von Konstantin erst seit 310 geführte „invictus" dokumentiert demnach Konstantins demonstrativ gesuchte Nähe zum Sonnengott Sol, was für seine Religionspolitik von Interesse ist, vgl. auch Grünwald (1990) 54. 136.

370 Grünewald (1990) 86ff. 107f.

371 Kienast (1990) 39ff.

Maße auch für Konstantin[372] und seine nahezu einzigartige Anhäufung von Siegestiteln, wie zum Beispiel in dem vorliegenden Dokument. Die Auszeichnungen „Germanicus maximus I–III" gehen wohl auf militärische Erfolge im Rhein-Donau-Raum der Jahre 313 bis 318 zurück,[373] „Sarmaticus maximus" und „Gothicus maximus" beziehen sich auf (vielleicht von Licinius und Konstantin gemeinsam bestrittene) Kämpfe im Frühsommer 315 an der Donau gegen Goten und Sarmaten,[374] und auch den Titel „Britannicus maximus" hat sich Konstantin durch militärische Erfolge (313/4) erworben.[375] Die östlichen Siegestitel stellen dagegen eindeutig Entlehnungen dar – entweder noch aus der Zeit des Galerius oder (was näher liegt) aufgrund entsprechender Siegesnamen des Licinius. Letzteres läßt sich nicht definitiv beweisen, da aufgrund der nach dem Tode des Licinius erfolgten „damnatio memoriae" dessen Inschriften eradiert bzw. gänzlich vernichtet wurden. Immerhin geht gerade auch aus dem vorliegenden Zeugnis das deutliche Bemühen hervor, „Constantin durch die große Zahl seiner Siegestitel aufzuwerten oder mit einer entsprechenden Siegestitulatur des Licinius Schritt zu halten."[376]

M 15: Der Gotenvertrag von 332

Ob Konstantin der Große nicht nur in der Religionspolitik, sondern auch in der Außenpolitik wegweisende Neuerungen auf den Weg gebracht hat, ist seit Jahrzehnten Gegenstand wissenschaftlicher Auseinandersetzungen. Im Zentrum dieser Diskussion stehen die Modalitäten des berühmten Gotenvertrages von 332, und zwar auf der Basis vor allem dreier Quellen. Alle drei Zeugnisse werden hier zunächst in Übersetzungen vorgestellt und anschließend erörtert.

1. Anon. Val. 31
   Unter der Bezeichnung „Anonymus Valesianus" (oder „Excerpta Valesiana") firmieren zwei verschiedene, von zwei unbekannten Verfassern stammende Werke,[377] von denen der erste, hier interessierende Teil[378] Leben und

---

372 Ebd. 41ff.
373 Ebd. 43; s. Barceló (1981) 9ff. zu den regelmäßigen Feldzügen gegen Franken und Alamannen.
374 So Grünewald (1990) 107; vgl. ferner Kienast (1990) 43.
375 Kienast (1990) 43.
376 Kienast, ebd.
377 Die Benennung geht auf ihren ersten Herausgeber zurück, den französischen Gelehrten Henri de Valois (1603–1678).
378 Der zweite Teil bietet eine Geschichte Italiens von 474–526.

Taten Konstantins des Großen behandelt und daher auch als „Origo Constantini" tituliert wird.[379] Die Person des Verfassers, seine Intentionen und die Entstehungsbedingungen des lateinischen, nüchtern und sachlich berichtenden Werkes sind genauso unbekannt wie seine Datierung (späteres 4. Jh.?).[380] In Kapitel 31 berichtet der Anonymus im Anschluß an seine Ausführungen über die Gründung Konstantinopels folgendes:[381]

„Anschließend nahm er den Krieg gegen die Goten auf und brachte den Sarmaten auf ihre Bitten hin Hilfe. So wurden durch den Caesar Konstantin sowie durch Hunger und Kälte fast 100.000 Menschen vernichtet. Er erhielt daraufhin Geiseln, unter denen sich auch der Sohn des Königs Ariaricus befand."

Während hier kein expliziter Hinweis auf ein „foedus" (Vertrag) enthalten ist, behauptet erst der ebenfalls lateinisch schreibende Jordanes in seiner Anfang der 550er Jahre entstandenen Gotengeschichte die Existenz eines derartigen Vertrages:

2. Iord. Get. 21,112:[382]
„Auch zu der nach seinem [Konstantins] Namen erfolgten Gründung der überaus berühmten Nebenbuhlerin Roms[383] leisteten die Goten Beistand, die aufgrund des mit dem Kaiser abgeschlossenen Bündnisses jenem 40.000 ihrer Leute zur Unterstützung gegen verschiedene Völkerschaften gewährten; deren Schar und Aufgebot wird noch bis heute im Staat entsprechend benannt, nämlich als ‚die Verbündeten' (foederati). Damals nämlich befanden sie sich in ihrer Blütezeit unter der Herrschaft ihrer Könige Ariaricus und Aoricus."

3. Schließlich ist noch ein Passus aus der wohl um 340 entstandenen (griechischen) „Vita Constantini" des (arianischen) Bischofs von Caesarea und Anhängers Konstantins, Eusebius, zu zitieren: Eus. Vita Const. IV 5–6:[384]

---

379 So auch in der neuesten, lateinisch-deutschen, gründlich kommentierten Ausgabe von I. König (1987).
380 Vgl. König (1987) 5ff.
381 Die Übersetzung weitgehend nach König, ebd. 48f.
382 Ediert von Th. Mommsen (MGH, AA V 1, 1882, p. 87); zu Autor und Werk siehe zuletzt Heather (1992) 35ff.
383 Hier irrt Iordanes sowohl in sachlicher wie chronologischer Hinsicht: An der 330 erfolgten ‚Gründung' Konstantinopels (vgl. M 16) waren die Goten gewiß nicht (und schon gar nicht aufgrund eines „foedus") beteiligt.
384 Ediert von F. Winkelmann, 1975, p. 121f. Die Authentizität der „Vita Constantini" war lange umstritten, kann inzwischen aber zuverlässig angenommen werden; sie

„(5) Wozu muß ich nebenher erwähnen, daß er [Konstantin] die Barbarenstämme der Herrschaft der Römer unterwarf, daß er die Völker der Skythen
[Goten][385] und Sarmaten,[386] die bislang nie gelernt hatten, abhängig zu sein,
als erster unter das Joch brachte und sie zwang, auch gegen ihren Willen die
Römer als ihre Herren anzuerkennen? Den Skythen hatten auch frühere
Kaiser schon Subsidien gezahlt, und die Römer hatten so den Barbaren durch
jährliche Tribute gedient. Dieses Verhältnis war aber für den Kaiser unerträg-
lich, und er erachtete es nicht als angemessen für einen Sieger, die gleichen
Abgaben zu leisten wie seine Vorgänger; so erhob er, im Vertrauen auf den
Erretter, das siegbringende Zeichen[387] auch gegen diese, und nach kurzer Zeit
hatte er alle besiegt, indem er bald mit Waffengewalt die Widerstrebenden
zähmte, bald mit diplomatischen Verhandlungen die übrigen bezwang, und
er verhalf ihnen so von einem gesetzlosen und tierischen Leben zu einer
vernunftgerechten und gesetzlichen Lebensform.[388] So lernten die Skythen
schließlich, den Römern zu dienen.

(6) Die Sarmaten brachte Gott selbst in die Gewalt Konstantins; er errang die
Herrschaft auf folgende Weise über diese Leute, die mit ihrer barbarischen
Wesensart prahlten. Als sich die Skythen gegen sie erhoben, bewaffneten die
[sarmatischen] Herren ihre Sklaven zwecks Abwehr der Feinde. Nachdem die
Sklaven gesiegt hatten, erhoben sie ihre Waffen gegen ihre Herren und
verjagten diese aus ihren Besitztümern. Diese fanden keinen rettenden Zu-
fluchtsort als allein Konstantin, der – im Retten bewährt – diese alle in das
Gebiet der Römer aufnahm; die brauchbaren Leute ordnete er in seine
eigenen Truppen ein, den anderen wies er als Lebensunterhalt Ländereien zur
Bebauung zu, so daß die Sarmaten zugaben, aus dem Unglück sei ihnen ein
Glück entstanden, da sie sich nun der römischen Freiheit statt barbarischer

---

dürfte freilich erst nach dem Tod des Eusebius publiziert worden sein, siehe
zuletzt F. Winkelmann, Euseb von Kaisareia. Der Vater der Kirchengeschichte,
1991, 147; Bleckmann (1996) 7.

385 Unter „Skythen", „Geten" und „Goten" werden in den Quellen der Spätantike
gotische Völkerschaften geführt – hier handelt es sich zweifellos um die (westgoti-
schen) Tervingen, siehe nur Brockmeyer (1987) 79 Anm. 2; Lippold (1992) 378.

386 „Mit den Sarmaten dürften... die seit den Zeiten Marc Aurels vor allem Pannonien
immer wieder bedrohenden Westsarmaten (Theissarmaten – dazu gehörten im
wesentlichen die Jazygen) gemeint sein:" Lippold (1992) 377.

387 Hier ist natürlich das christliche Zeichen, das Christogramm (wahrscheinlich auf
der neuen, kreuzähnlichen Standarte, dem Labarum: siehe o. S. 107) gemeint.

388 Eusebius bietet hier einen frühen Beleg für einen geradezu klassischen spätantiken
Topos, der es den Römern ermöglichte, reale Schwächen und Konzessionen als
kulturpolitische Großzügigkeit zu kaschieren (siehe etwa Themist. or. 16 und
A. Lippold, Theodosius der Große und seine Zeit, 2. Aufl. 1980, 31f. zum Gotenfoedus von 382).

Wildheit erfreuten.[389] In dieser Weise schenkte Gott ihm [Konstantin] Siege über alle Völkerschaften, so daß sich ihm auch freiwillig diverse Barbarenstämme unterstellen wollten."[390]

Alle zitierten Informanten erweisen sich schon auf den ersten Blick als nur bedingt auskunftsfähige und wenig zuverlässige Berichterstatter, und so ist von der Vorgeschichte, den Ereignissen und den Resultaten des Gotenkrieges von 332 nur recht wenig in der Forschung als unstrittig anerkannt: Die unmittelbare Vorgeschichte der Begebenheiten von 332 begann im Jahre 323 mit einem Einfall von Goten in die (eigentlich unter der Ägide des Licinius stehenden) Regionen Thrakien und Moesien, den Konstantin mit einer entschiedenen Militäraktion erfolgreich zurückschlug.[391] In der Folgezeit unternahm Konstantin energische Versuche zur Sicherung dieser gefährdeten Donauregion und ließ unter anderem (im Jahr 328) die in der (Münz-)Propaganda stark herausgestrichene Donaubrücke zwischen Oescus und Sucidava errichten.[392] Bereits in dasselbe Jahr 328 dürften auch (weniger positiv für die römische Seite ausgegangene) militärische Konflikte Konstantins mit den Taifalen gehören.[393]

Den eigentlichen Anlaß für den erneuten Gotenkrieg von 332 bildeten nach der glaubwürdigen Angabe in der „Origo Constantini" (Text 1) Übergriffe der Goten gegen die offenbar seit 322 vertraglich mit Rom verbundenen Sarmaten, so daß sich Konstantin zu einer militärischen Aktion veranlaßt sah, die er augenscheinlich (so ebenfalls Text 1) durch seinen Sohn und Caesar Constantinus II. erfolgreich ausführen ließ.[394]

Damit ist der Vorrat unstrittiger Daten beinahe schon erschöpft – nicht einmal der formale Abschluß eines „foedus" ist tatsächlich gesichert, denn der Anonymus Valesianus (= Text 1) vermerkt nur eine Geiselgestellung seitens der Goten. Immerhin deutet diese auf ein vertragliches Arrangement, das man denn auch gemeinhin aufgrund von Eusebius (Vita Const. IV 5

---

389 Gemäß Parallelquellen müssen diese Vorgänge, also auch die Aufnahme der Sarmaten ins Imperium Romanum, 334 stattgefunden haben: Demandt (1989) 78 mit Anm. 86; Lippold (1992) 374.

390 Im anschließenden Kapitel 7 schildert Eusebius, wie unterwürfige Barbaren mit reichen Gaben vor dem Palast Konstantins Schlange gestanden und schließlich zumeist auf eine Rückkehr in ihre Heimat verzichtet hätten.

391 Zu den Quellen und Begebenheiten von 323 siehe nur Barceló (1981) 50ff.; Wolfram (1990) 70f.; Lippold (1992) 379f.

392 Dazu siehe zuletzt (mit allen Quellen und der älteren Literatur) Bleckmann (1995) 45ff.

393 So mit guten Gründen jetzt Bleckmann (1995) 38–66, gegen die ältere Literatur.

394 Zur Parallelüberlieferung der römischen Bündnisverpflichtungen gegenüber den Sarmaten siehe Brockmeier (1987) 79.

= Text 3) und vor allem aufgrund von Iord. (= Text 2) annehmen möchte, der Inhalt dieser Abmachungen ist jedoch bis heute umstritten. Eine ältere These[395] aufgreifend, hat im Jahr 1973 E. Chrysos[396] vor allem im Anschluß an Iordanes die Auffassung vertreten, der Vertrag von 332 habe eine epochale Neuerung dargestellt, denn hier sei erstmals der Typus des reichsangehörigen Föderaten geschaffen worden: Die Goten seien nördlich der Donau in der alten „Dacia Traiana" angesiedelt worden, die völkerrechtlich nie von den Römern aufgegeben worden sei[397] und die wohl auch faktisch von Konstantin laut Julian wieder als Teil des römischen Reiches reklamiert worden sei.[398] Als Gegenleistung für diesen privilegierten Status hätten die Goten, wie Iordanes bestätige, Waffenhilfe geleistet und dafür vermutlich Gehaltszahlungen von seiten der Römer bezogen („annonae foederaticae").

Die Interpretation von Chrysos läßt sich nach übereinstimmender neuerer Auffassung nicht halten: Iordanes projiziert Verhältnisse und (erst im 5. und 6. Jh. erstmals belegte) Termini seiner Zeit ins 4. Jh. zurück,[399] und vor allem kennt weder der Anonymus Valesianus noch Eusebius noch irgendein anderer Autor des 4. oder 5. Jh. die Existenz eines die Reichsangehörigkeit oder (wie Chrysos postuliert) permanenten Grenzschutz durch die Goten fixierenden Vertrages. Vielmehr weisen etwa spätere Zeugnisse, laut denen gotischen Hilfstruppen Geld und Privilegien für fakultative Hilfe angeboten wurden,[400] darauf hin, daß es eben keine diesbezüglichen Vertragsbestimmungen gab. Auch aus dem Text von Eusebius (Nr. 3) lassen sich derartige Bestimmungen nicht herausarbeiten: Der stark panegyrisch gefärbte Text bietet keine entsprechenden Details und spricht auch nicht von Verträgen, sondern präsentiert eine gewiß an der offiziösen Selbstdarstellung Konstantins orientierte Gesamtwürdigung der Barbarenpolitik, zu der die „Eingliederung in die römische Kulturwelt" gehörte.[401] Das war sowohl ein Topos als auch längst geübte Praxis – schon viel früher hatte man Barbaren ins

---

395 Zur Forschungsgeschichte vor 1973 siehe kurz Barceló (1981) 54ff.; Lippold (1992) 372.

396 E. Chrysos, Gothia Romana. Zur Rechtslage des Foederatenlandes der Westgoten im 4. Jh., Dacoromania 1, 1973, 51ff.

397 Neuerdings unterstreicht Chrysos diese Auffassung (Von der Räumung der Dacia Traiana zur Entstehung der Gothia, BJ 192, 1992, 180f.): Seit Aurelian hätten die Römer nur auf die tatsächliche Ausübung ihrer Herrschaftsrechte im nördlichen Dakien verzichtet, dieses Gebiet aber nicht ‚zediert', das heißt rechtsverbindlich aufgegeben.

398 Julian, Caes. 329 C.

399 Barceló (1981) 55; Brockmeier (1987) 81; Lippold (1992) 384.

400 Vor allem Amm. 20,8,1 ist hier zu nennen, siehe Lippold (1992) 385.

401 Lippold (1992) 375.

Imperium aufgenommen, aber niemals als reichsangehörige Föderaten oder
gar als gleichberechtige Partner völkerrechtlich verbindlicher Vereinbarun-
gen!
  Auch die Ausführungen von Chrysos zur vermeintlichen Reichszugehö-
rigkeit der „Dacia Traiana" vermögen nicht recht zu überzeugen – warum
hätten die Römer je in juristisch bindender Form auf dieses Gebiet verzichten sollen? Im übrigen dürfte Konstantin die faktische Wiedergewinnung
dieses nur mit großem Aufwand zu sichernden Raumes kaum ernsthaft
angestrebt haben[402] – bereits der Brückenbau von 328 wurde propagandistisch als Herrschaftssicherung aufgewertet, und in der Münzprägung proklamierte Konstantin gar die Existenz einer römischen „Gothia."[403] Auf
derartige Selbsteinschätzungen Konstantins bezieht sich denn wahrscheinlich auch die keineswegs (so aber Chrysos) ernsthaft, sondern spöttisch
gemeinte Anspielung Julians, der Konstantin sich mit Trajan vergleichen
läßt.[404] Im übrigen zeugen Siegesprägungen der genannten Art natürlich
nicht von entsprechenden (völkerrechtlich fixierbaren) Besitzansprüchen der
Römer auf das Territorium ihrer (angeblich) besiegten Gegner, sondern nur
von den propagandistischen Absichten des kaiserlichen Prägeherren.[405]
  Darf man folglich Chrysos' These von der 332 erstmals vertraglich fest-
gelegten Reichsangehörigkeit angeblich barbarischer Föderaten für wider-
legt halten,[406] so gilt dies nicht in gleicher Weise für die Frage, ob Konstantin
sich 332 zur Verpflichtung regelmäßiger Zahlungen bereit gefunden hat.[407]
Dennoch besitzen auch in diesem Fall die Skeptiker die besseren Argumente:
Die „Origo Constantini" (Text 1) kennt als einzige ‚Vertragsmodalität' die
Geiselgestellung, und Eusebius (Text 3) betont ausdrücklich, daß Konstantin die seit jeher geübte Praxis, Subsidien an auswärtige Völkerschaften zu
zahlen, eingestellt habe. Mag dies auch realiter unzutreffend und prokon-
stantinischer Gesinnung des Autors geschuldet gewesen sein,[408] so lassen
sich andererseits auch keine stichhaltigen Argumente dafür beibringen, daß
Konstantin regelmäßige Zuwendungen an die Goten konzediert hätte.

---

402 Vgl. Bleckmann (1995) 50.
403 RIC VII (1966) 215f. Nr. 531. 534 (Gold/Trier).
404 In seinen satirischen „Caesares" (329 C).
405 So richtig Barceló (1981) 55f. und Heather (1992) 110.
406 So auch Bleckmann (1992) 52f. Der Typus des reichsangehörigen „foederatus"
     dürfte erstmals im Gotenvertrag von 382 kreiert worden sein: Brandt (1988) 17.
407 Lippold (1992) 386f. und Bleckmann (1995) 52 glauben dies nicht, Brockmeier
     (1987) nimmt dies vor allem aufgrund von Iul. Caes. 329 A an, ebenso Wolfram
     (1990) 71. 397 Anm. 33.
408 Darauf bezieht sich gewiß der satirische Hinweis von Iul. Caes. 329 A.

Zusammenfassend läßt sich sagen, daß das Gotenfoedus von 332 keine revolutionäre Neuerung darstellte, sondern eher einen herkömmlichen Vertragstypus bildete, nach welchem die schwächere Partei durch Geiselgestellung der stärkeren eine gewisse Sicherheit garantierte. Möglicherweise verpflichteten sich die Goten zu fakultativer Waffenhilfe gegenüber den Römern (wofür sie ebenfalls nur fakultative Entschädigung erhalten würden),[409] aber auch dies hätte nur längst geübter Praxis entsprochen.[410]

2.3: Eine neue Hauptstadt? Konstantinopel

M 16: Plan von Konstantinopel

Die 324 begonnene ‚Umwidmung' des alten Byzantion zur ‚Stadt Konstantins' (‚Konstantinopolis') ist eine der folgenreichsten, aufsehenerregendsten und bis heute umstrittensten Maßnahmen Konstantins gewesen. Neben zahlreichen archäologischen Teilproblemen[411] bestimmen aus historischer Sicht vor allem die (wohl zu verneinende) Frage, ob Konstantin eine neue Reichshauptstadt anstelle von Rom habe schaffen wollen,[412] und die religionspolitischen Aspekte maßgeblich die Debatte: Hat Konstantin der Stadt gezielt ein christliches und dezidiert antiheidnisches Gesicht verliehen bzw. verleihen wollen? Der letztgenannte Themenkomplex soll auch hier im Vordergrund stehen.

Nach glaubhafter antiker Auskunft[413] hat Konstantin bald nach seinem endgültigen Sieg über Licinius (18. September 324) den Entschluß gefaßt, Byzanz unter seinem Namen gewissermaßen neu zu gründen – seinem unmittelbaren Ursprung nach ist Konstantinopel demnach (in guter antiker Tradition)[414] primär als Siegesmonument zu begreifen.[415] Daß der Kaiser

---

409   So Lippold (1992) 388.
410   Vgl. zu Subsidienzahlungen und zur diesbezüglichen Diskussion in Kaiserzeit und Spätantike H. Brandt, Subsidienzahlungen in der Historia Augusta, BHAC 1986/89, 1991, 3–11.
411   Grundlegend zur Einführung in den neueren Forschungsstand: Müller-Wiener (1977), Mango (1985); F. A. Bauer, Stadt, Platz und Denkmal in der Spätantike. Untersuchungen zur Ausstattung des öffentlichen Raumes in den spätantiken Städten Rom, Konstantinopel und Ephesos, Frankfurt a. M. 1996.
412   Vgl. o. S. 30.
413   Origio Const. 29; dazu siehe König (1987) und ferner Bleckmann (1995) 53ff.
414   Erinnert sei nur an die Stadtgründungspolitik Alexanders des Großen und der hellenistischen Könige.
415   So auch jüngst noch, mit Blick auf das neue Senatsgebäude am Forum, A. Berger, Die Senate von Konstantinopel, Boreas 18, 1995, 134; ferner Bleckmann (1995)

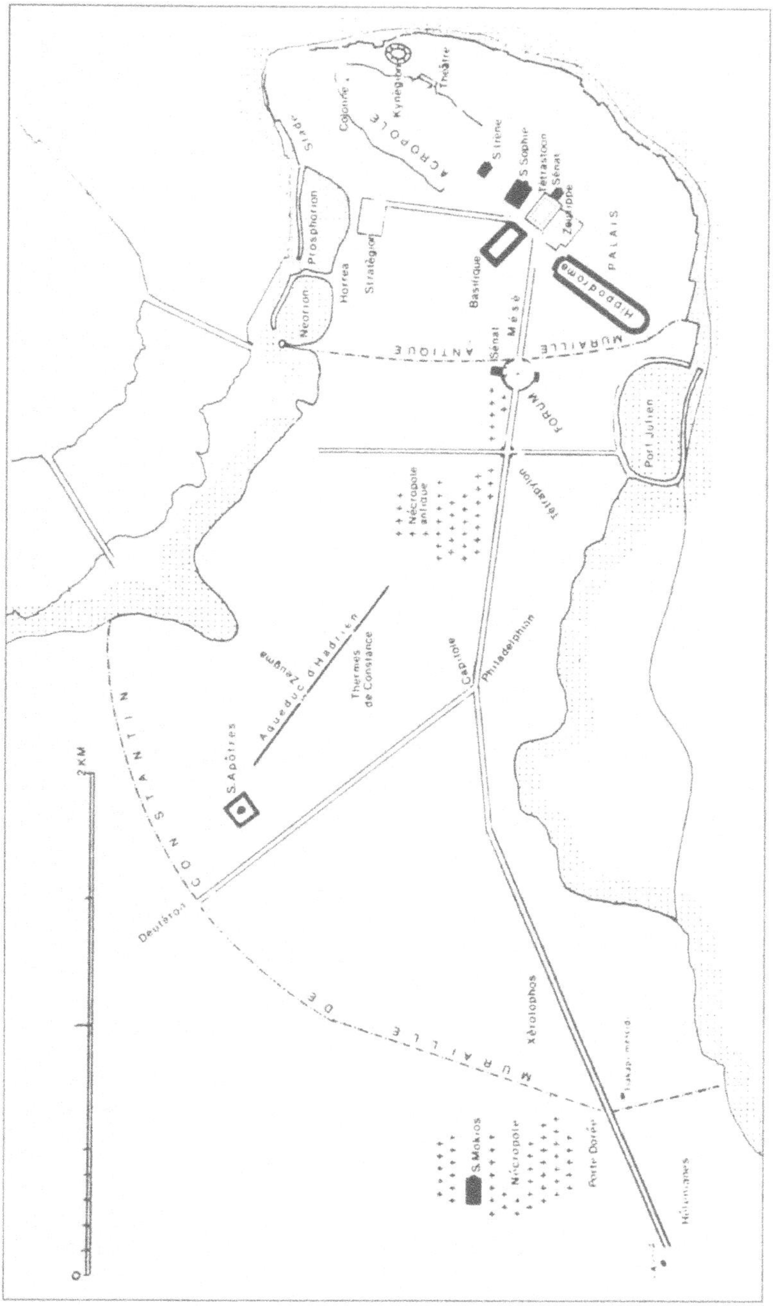

Abb. 14: Plan von Konstantinopel

zunächst vor allem die eigene Sieghaftigkeit und Größe zu demonstrieren gedacht und nicht in erster Linie eine ostentativ christliche Großstadt kreieren wollte, beweist ferner die Tatsache, daß bei den einzelnen Stadien der ‚Stadtwerdung' – von der nach altheidnischem Ritus vollzogenen Erweiterung des Siedlungsareals bis hin zur feierlichen Einweihung Konstantinopels am 11. Mai 330 – auch pagane Elemente berücksichtigt und heidnische Astronomen sowie Weihepriester herangezogen wurden.[416] Auch in Konstantins einzelnen Baumaßnahmen, die nun zur Sprache kommen müssen, findet Heidnisches erkennbar noch Berücksichtigung, obwohl sich die konstantinische Position im einzelnen oft der Beurteilung entzieht: zum einen wegen des im Laufe der Jahrhunderte durch permanente Siedlungskontinuität stark veränderten Stadtbildes, zum anderen aber wegen der Tatsache, daß die Stadt im Todesjahr Konstantins den Eindruck einer riesigen Baustelle erweckt haben dürfte – viele Projekte wurden erst Jahrzehnte später vollendet, wobei natürlich auch die Vorstellungen der dann regierenden Bauherren maßgeblich auf die Bauausführung eingewirkt haben werden.[417]

Unbestreitbar ist angesichts literarischer Evidenz (Zos. 2,31,2f.), daß Konstantin den alten, überaus prominenten Rhea-Tempel unangetastet ließ und auf dem von ihm neugestalteten severischen Platz (Tetrastoon), dem sog. Augusteum, Tempel für die Stadt- und Schicksalsgottheit Tyche und für die genannte Rhea errichten ließ.[418] Auf ebendiesem Augusteum entstand auch ein Senatsgebäude, das unter anderem mit Szenen aus der Gigantomachie, also ebenfalls mit heidnischen Motiven, verziert war.[419] Weitere Anknüpfungspunkte an seine kaiserlichen Vorgänger läßt Konstantin durch die Vollendung älterer Großprojekte erkennen; so läßt er die bereits unter Septimius Severus begonnenen, südwestlich des Augusteums gelegenen Zeuxip-

---

53ff; siehe zum aktuellen Diskussionsstand jetzt ferner M. Jordan-Ruwe, Das Säulenmonument. Zur Geschichte der erhöhten Aufstellung antiker Porträtstatuen, 1995, 137 Anm. 2.

416 Siehe nur Zonaras 13,3,6f.; ferner J. Vogt, Art. Constantinus der Große, RAC 3, 1957, 348ff.; G. Dagron, Naissance d'une capitale. Constantinople et ses institutions de 330 à 451, 2. Aufl. 1984, besonders 41f.; Müller-Wiener (1977) 19; ders., in: Brenk (1977), 141.

417 Mango (1985, 24) spricht von einer ersten „étape du développement de la ville", die bis 360 angedauert habe.

418 Müller-Wiener (1977), 248. Die Aussagen christlicher Schriftsteller (Eus. Vita Const. 3,48f.; Sozom. 2,3), heidnische Kulte seien in der neuen Konstantinsstadt verboten gewesen, sind irrige christliche Propaganda, daher ist auch die folgende Äußerung von P. Speck abzulehnen: „In Konstantins Konstantinopel zeigen sich überhaupt keine heidnischen Elemente" (1995, 163).

419 Müller-Wiener, ebd.; A. Berger (o. Anm. 415) 131f.

pos-Thermen[420] vollenden und zusammen mit der Stadt im Mai 330 einwei-
hen, und auch die – dem stadtrömischen Circus Maximus nachempfundene –
Erweiterung und Fertigstellung des Hippodroms zeugt von konstantini-
schem Faible auch für durchaus profane Dinge.[421]
Ebenfalls an Rom, wo einst Augustus als zentralen Reichsmittelpunkt
den golden Meilenstein („miliarium aureum") hatte aufstellen lassen, orientierte sich der konstantinische Bau des „Milion",[422] und letzteres gilt auch
für Konstantins neu angelegten ‚großen Palast', der von frühkaiserzeitlichen
Anlagen auf dem Palatin in Rom inspiriert gewesen sein dürfte.[423]
Das Herzstück der konstantinischen Stadtanlage bildete jedoch zweifellos das neue Forum Konstantins,[424] dessen „Rundform die Form des Ozeans
darstellen soll."[425] Dort befanden sich unter anderem ein zweites Senatsgebäude[426] und vor allem die viel diskutierte Konstantin-Statue auf der Por-
phyrsäule, die den Kaiser mit der Strahlenkrone zeigte und an die Sol-
Christus-Verehrung des Herrschers erinnert.[427]
Über das (später an dem Philadelphion genannten Komplex gelegene)
Kapitol erfahren wir nur aus byzantinischen Quellen etwas[428] – immerhin ist
aber deutlich, daß Konstantin dezidiert auf einen kapitolinischen Jupiter-
tempel verzichtet und diesem Ort wohl durch eine mit einem vergoldeten
Kreuz geschmückte Säule einen unverkennbar christlichen Anstrich gegeben hat.
Letzteres gilt nun auch für die Gebäudegattung, die wir bislang ausge-
klammert haben, die konstantinischen Kirchenbauten in Konstantinopel,

420 Müller-Wiener, ebd. 51.
421 Müller-Wiener, ebd. 64f.
422 Ebd. 216.
423 Ebd. 229. Heute erlaubt „ein von einer Befestigung umschlossenes, kaum überseh-
    bares Agglomerat von Bauten, Höfen und Gärten, über Jahrhunderte ergänzt,
    umgebaut und zerstört" (ebd.) kaum gesicherte Aufschlüsse über architektonische
    Details der riesigen Anlage. Zum gesamten Komplex Hippodrom/Zeuxippos-
    Thermen/Palast siehe auch Mango (1985) 26.
424 Ob auch das erst von Theodosius I. eigentlich realisierte „Forum Tauri" bereits
    von Konstantin als große Platzanlage konzipiert worden ist, bleibt unklar, siehe
    Müller-Wiener (1977) 258.
425 Müller-Wiener (1977) 255; Mango (1985, 25) bezeichnet das Forum als „‚ompha-
    los' de la cité constantinenne".
426 Vgl. Berger (o. Anm. 415), 131.
427 Neueste Literatur zur Säule nennt Speck (1995), 143ff., der selbst argumentiert,
    Konstantin habe diese Säule ursprünglich auf dem Capitolium plaziert – erst
    Constantius II. habe die Säule vom Capitolium auf das Forum transferiert. Siehe
    jetzt ferner Jordan-Ruwe (o. Anm. 415) 126ff.
428 Neben Müller-Wiener (1977, 267) siehe jetzt vor allem Speck (1995) 147ff., beson-
    ders 155ff.

über die sich mangels archäologisch verwertbarer Befunde leider nur weniges eindeutig feststellen läßt. Denn die Sophien-Kirche[429], die Hagia Eirene[430] und die Apostelkirche werden von christlichen Quellen zwar Konstantin zugeschrieben, aber nur das letztgenannte Gebäude erlaubt nähere Auskünfte: „Die Anlage setzte sich aus einer kreuzförmigen Kirche und einem kreisrunden, von der Vorhalle der Kirche zugänglichen Mausoleum zusammen, in dem die Kenotaphe der zwölf Apostel und der Sarkophag Konstantins aufgestellt waren... Konstantin ließ sich in seinem Mausoleum gleichsam als dreizehnter Apostel verehren."[431]

Im (bau- und kunst-)historischen Rückblick ist Konstantins Rolle als Stifter von christlichen Gebäuden kaum zu überschätzen: „Konstantin ist vor allem der erste Bauherr der Kirchenarchitektur."[432] Mit der kreuzförmigen Struktur der Apostelkirche hat er genauso bahnbrechend gewirkt wie mit der christlichen Adaption und Weiterentwicklung des alten Bautyps der Basilika (vgl. M 23).[433] Dennoch dürfen Wirkung und Intention Konstantins nicht einfach miteinander verwechselt werden. Gewiß hat sich der Kaiser in ‚seiner' Stadt als dezidierter Anhänger des Christentums zu erkennen gegeben und eine christlich orientierte Residenzstadt kreiert, wie es auch in seiner authentischen Äußerung von 334 zum Ausdruck kommt: Konstantinopel sei die „urbs, quam aeterno nomine iubente deo donavimus", die Stadt, welche er auf göttliches Geheiß mit einem ewigen Namen beschenkt habe.[434] Gleichwohl agiert Konstantin auch in Konstantinopel noch in seiner traditionellen Rolle als Kaiser, der zugleich wichtigster öffentlicher Bauherr ist und auch die (immer noch) heidnische Mehrheit der Bevölkerung zu ihrem Recht kommen läßt. In diesem Sinne ist der Entwurf der ‚Konstantinsstadt' ein illustrierender Kommentar zu seiner Religionspolitik.

---

429 Müller-Wiener (1977) 84ff.

430 Ebd. 112ff.

431 Brenk (1977), 42. Zu weit geht in seiner christlichen Interpretation der Anlage Speck (1995), besonders 144. 150.

432 Brenk (1977) 36.

433 Vor allem die Lateransbasilika (M 23) und St. Peter in Rom sind hier zu nennen: „Sie legitimierten den mehrschiffigen Basilikalbau mit Apsis, mit überhöhtem Mittelschiff und Lichtgaden für die Sakralarchitektur" (Brenk, ebd. 44).

434 CTh 13,5,7.

2.4: Eine neue Währungspolitik?
Der „aureus solidus"

M 17: Der goldgierige Konstantin

(Anonymus de rebus bellicis II 1–5)

„II: Wann Überfluß und Habgier begannen:

1. Zu Zeiten Konstantins wies die verschwenderische Freigebigkeit Gold statt Bronze, welcher vorher großer Wert zugemessen wurde, den einfachen Geschäften zu; der Ursprung dieser Habgier liegt, so glaubt man, in folgendem begründet.
2. Als nämlich Gold, Silber und eine große Menge wertvoller Edelsteine, die seit alten Zeiten in den Tempeln aufbewahrt wurden, in die Öffentlichkeit gelangt waren, entbrannte bei allen Leuten die Begierde, auszugeben und zu besitzen.
3. Und obgleich schon die Ausgabe von Bronze selbst – welche, wie gesagt, mit dem Porträt der Könige geprägt war – aufwendig und schwierig schien, gab es dennoch nichtsdestoweniger aus irgendeiner Blindheit heraus ein unmäßiges Verlangen nach der Ausmünzung von Gold, welches als kostbarer galt.
4. Aus dieser Masse von Gold füllten sich die Privathäuser der Mächtigen; sie wurden, zum Schaden der Armen, immer prächtiger, während die rangniederen Leute offensichtlich durch Gewalt unterdrückt wurden.
5. Aber die niedergedrückten Armen wurden zu verschiedenen Versuchen von Verbrechen aufgestachelt; ohne jede Ehrfurcht gegenüber dem Recht und ohne jede Neigung zur Ehrerbietung suchten sie ihr Heil im Verbrechen."

Der zitierte Abschnitt des Anonymus gehört zu den prominentesten literarischen Quellen der spätantiken Sozial- und Wirtschaftsgeschichte und gilt seit Santo Mazzarinos Buch „Aspetti sociali del quarto secolo" (1951) vor allem in der italienischen Forschung als geradezu klassisches Zeugnis für den postulierten Wirkungszusammenhang von (konstantinischer) Geldpolitik und sozialen Problemen im spätrömischen Reich.[435] Nicht nur dieser Auszug, sondern die gesamte Schrift wirft eine Vielzahl nicht definitiv zu klärender Fragen auf:[436] Die von einem unbekannten Autor verfaßte Peti-

---

435 Zur Forschungsgeschichte bis 1986 siehe Brandt (1988) 25f. 39ff.; von den seither erschienen Arbeiten nenne ich nur A. Giardina, Anonimo. Le cose della guerra, 1989, 51ff. und E. Lo Cascio (1995).
436 Grundlegend und umfassend informieren Brandt (1988) und Giardina, ebd.

tionsschrift gehört entweder ins spätere 4. oder in die erste Hälfte des 5. Jahrhunderts, sie enthält neben Gedanken und Ratschlägen zur Finanz-, Verwaltungs-, Rechts- und Steuerpolitik Überlegungen zum Militärwesen sowie eine Beschreibung von Militärmaschinen und -instrumenten, die mitunter geradezu skurril anmuten. Ob die Schrift jemals ihren kaiserlichen Adressaten erreicht hat, ist genauso unklar wie die Herkunft (lateinischer Westen?) und soziale Identität (höherrangiger Zivilbeamter?) ihres Verfassers.

Seit Mazzarino dominiert vor allem in der italienischen Forschung eine sehr positive Einschätzung des Anonymus, der als scharfsinniger Interpret seiner Zeit gilt, ausgestattet mit einem ausgeprägten Sinn für sozioökonomische Zusammenhänge. In II 1–5 habe der Anonymus treffend den Strukturwandel auf dem Währungssektor beschrieben: Konstantins mindestens zum Teil durch die Konfiskation von Schätzen heidnischer Tempel gespeiste reiche Goldemission habe das im Wert verfallende Bronze-(Aes-)Geld sogar aus den kleinen Handelsgeschäften verdrängt und die ohnehin benachteiligten einfachen Leute zusätzlich geschädigt. Den inflationären Entwicklungen seien daher soziale Unruhen gefolgt.

Diese auf den ersten Blick durchaus einleuchtend anmutende Interpretation stößt freilich bei näherem Hinsehen auf diverse Schwierigkeiten. So fällt es besonders auf, daß der Anonymus kein Wort über die gerade unter Konstantin bedeutende Silberemission verliert – dies könnte auf eine Datierung des Werkes erst ins 5. Jahrhundert deuten, als (im Westen) kaum noch in Silber geprägt wurde,[437] und auf nur beschränkte Informationen und Kenntnisse des Anonymus bezüglich der Währungsverhältnisse im früheren 4. Jahrhundert. Ferner dürften, trotz gegenteiliger Auffassungen aus jüngster Zeit,[438] die kaum nennenswerten Tempelkonfiskationen Konstantins gewiß nicht der Hauptquell der neuen Goldemissionen gewesen sein.[439] Zudem erwecken die Terminologie und die Einzelbegründungen des Anonymus nur geringes Vertrauen: In moralisierender Manier macht er die Blindheit („caecitas") und die Habgier („avaritia") für die von ihm beklagten Phänomene verantwortlich – nicht anders als die übrigen Zeitgenossen des 4. und 5. Jahrhunderts.[440] Fraglich ist schließlich auch, ob überhaupt von einer Inflation, auf die der Anonymus möglicherweise angespielt hätte, gesprochen werden kann. Zwar belegen insbesondere Papyri des 4. Jahrhun-

---

437 Brandt (1988) 30.
438 Demandt (1989) 77; G. Bonamente, Sulla confisca dei beni mobili dei templi in epoca costantiniana, in: Bonamente/ Fusco, Bd. 1, 1992, 171–201; M. R. Cataudella, ,Aurum pro aere' nella politica di Costantino, ihn: ebd., 283–297.
439 Brandt (1988) 39f.
440 Parallelstellen bei Brandt (1988) 40 Anm. 121.

derts Preissteigerungen für Güter und Dienstleistungen in Bronzegeld,[441] aber die in Gold und Silber quantifizierten Preise weisen eine bemerkenswerte Stabilität auf.[442]

F. Kolb hat daher eine andere Deutung unseres Textes vorgeschlagen:[443] Mit der im ersten Satz angesprochenen „Zuweisung" („assignare") von Gold statt Bronze an die kleinen Geschäfte habe der Anonymus eine Steuerauferlegung gemeint, die der heidnische Geschichtsschreiber Zosimos (II 38) dem Kaiser Konstantin zuschreibt: „Konstantin... ließ nicht ab, durch Geschenke, die er nicht etwa an Bedürftige, sondern an unwürdige und unnütze Menschen verteilte, die Steuereinkünfte zu verschwenden...; denn er verwechselte Verschwendung mit Freigebigkeit. Er zwang auch alle, die irgendwo auf der Welt Handelsgeschäfte trieben, auch jene, die in den Städten Krämerläden besaßen, selbst wenn sie nur billigste Waren verkauften, die in Gold und Silber veranschlagte Vermögenssteuer (Chrysargyron) zu zahlen."[444]

Mit Recht verweist Kolb auf evidente Parallelen zwischen den Texten des Anonymus und von Zosimos: Beide Autoren kritisieren die Verschwendung von seiten Konstantins, den kleinen Geschäften („vilia commercia") beim Anonymus entsprechen die mit billigsten Waren hantierenden Krämer des Zosimos, zur vom Anonymus beklagten Habgier („avaritia") paßt vorzüglich die von Zosimos referierte Steuererhebung, und da die Handelssteuer (Chrysargyron = „collatio lustralis") seit der zweiten Hälfte des 4. Jahrhunderts fast ausschließlich in Gold eingefordert wurde,[445] kann die vom Anonymus benutzte Wendung „aurum pro aere" als Umstellung der einst in Bronze erhobenen Steuer auf Gold interpretiert werden. Nach dieser plausiblen Deutung hätte der Anonymus keineswegs einen ungewöhnlichen ökonomischen Sachverstand besessen, sondern nur die Verhältnisse seiner Zeit in traditioneller Manier einer moralisierenden, personenzentrierten Betrachtung unterworfen.

441 R. S. Bagnall, Currency and Inflation in Fourth Century Egypt, 1985; Lo Cascio (1995) 486.
442 Brandt (1988) 33ff.; ders., Gnomon 60, 1988, 425ff.
443 F. Kolb, Finanzprobleme und soziale Konflikte aus der Sicht zweier spätantiker Autoren (Scriptores Historiae Augustae und Anonymus de rebus bellicis), in: W. Eck u. a. (Hgg.), Festschrift Vittinghoff, 1989, 518ff.
444 Übersetzung: F. Kolb ebd.; näheres zu Zosimos s. u. S. 165ff.
445 Brandt (1988) 40f.

M 18: Ein „solidus" Konstantins

Abb. 15: Solidus Konstantins
(Vorderseite)

Abb. 16: Solidus Konstantins
(Rückseite)

Nachdem jahrhundertelang der „(denarius) aureus", kurz „aureus" genannt, als die Standardgoldmünze fungiert hatte, trat an seine Stelle im 4. Jh. als wichtigstes Goldnominal der seit Konstantin zu 1/72 des römischen Pfundes geprägte „(aureus) solidus", der in der gelehrten Literatur einfach als „solidus" bezeichnet wird. Notwendig geworden war diese Neuerung durch starke Gewichtsveränderungen und -schwankungen des „aureus" vor allem im 3. Jh., als „der aureus anscheinend keinen festen Fuß mehr besitzt."[446] Während die ‚Erfindung' einer neuen Goldmünze und der neuen Bezeichnung offenbar bereits Diokletian zuzuschreiben ist,[447] gebührt Konstantin der Ruhm, mit seinem neuen Gewichtsstandard diejenige Münze kreiert zu haben, die nahezu ein Jahrtausend lang ihre Bedeutung und Gültigkeit erhalten sollte: „Der Solidus, zu 1/72 des römischen Pfundes…, also um 4,55 g schwer, wird von Byzanz jahrhundertelang unverändert in 980/000 Feinheit und bei kaum nennenswerten Gewichtsschwankungen weiter geschlagen."[448] Die Stabilität des neuen Nominals zeigt sich auch darin, daß die spätantiken Warenpreise, soweit sie in Gold quantifiziert werden, weitgehend konstant

---

446 R.-Alföldi (1978) Bd. 1, 158.

447 Dieser führte bereits eine zumindest auch schon „aureus solidus" genannte Goldmünze zu 1/60 des römischen Pfundes ein (vgl. o. S. 31), s. R.-Alföldi, ebd.; M. F. Hendy, Studies in the Byzantine Monetary Economy c. 300–1450, 1985, 466; Brandt (1988) 26ff.

448 R.-Alföldi, ebd. 158.

blieben – inflationäre Tendenzen betrafen allenfalls die Silber- und Bronze-währung.[449] Währungs- und wirtschaftsgeschichtlich bietet der konstantinische „solidus" demnach – abgesehen von der genannten Phase seiner Einführung in das Geldsystem – kaum Anlaß für kontroverse Diskussionen, letztere konzentrieren sich eher auf die stil- und kunstgeschichtliche Auswertung vor allem der auf den „solidi" Konstantins dargebotenen Kaiserporträts[450] sowie auf die (religions-)politische Interpretation der gewählten Ikonographie. Abgebildet sind hier die Vorder- und Rückseite eines nach Ausweis der Münzfeldangabe CONS in Konstantinopel geprägten „solidus", der aus den letzten Lebensjahren des Kaisers stammt (336/7).[451] Die Vorderseite zeigt die drapierte und gepanzerte Büste des nach rechts gewandten Kaisers, der ein mit Juwelen verziertes Diadem trägt; die Legende lautet: CONSTANTI-NUS MAX AUG („Constantinus Maximus Augustus"). Auf der Rückseite erscheint die auf einem Panzer sitzende Siegesgöttin Victoria, die auf einen von einem Genius[452] gehaltenen Schild mit einem Griffel die folgenden Zeichen schreibt: VOT XX/XX. Eingerahmt wird die Szene von der Legende VICTORIA CONSTANTINI AUG(usti).

„Diese letzte Festemission des Constantin I. feiert nach einer Regierungszeit von insgesamt über 30 Jahren seine ‚vota XXXX (suscepta)'",[453] also die für ein erhofftes Erreichen auch des 40-jährigen Jubiläums geleisteten Gelübde. Die Ikonographie der Rückseiten gehört zu den Standardthemen der konstantinischen Goldprägung[454] und dokumentiert eine bemerkenswerte Kontinuität der (paganen) Siegesideologie auf den Emissionen Konstantins. Das auf der Vorderseite abgebildete Porträt des Kaisers weist laut M. R.-Alföldi den – vor allem seit ca. 326 nachweisbaren – „gängigen idealisierenden Stil"[455] auf, der kennzeichnend sei für das neue, geradezu alterslose, den weltlichen Wandelbarkeiten scheinbar entzogene Münzbild spätantiker Herrschaft.[456]

---

449 Vgl. die Diskussion bei Brandt (1988) 33ff, und ferner L'„inflazione" nel quarto secolo d. C. (Studi e Materiali 3) 1993.
450 Grundlegend dazu: R.-Alföldi (1963).
451 Beschreibung in: Kent/Overbeck/Stylow (1973) 164.
452 Vgl. o. S. 67.
453 Kent/Overbeck/Stylow (1973) 164.
454 Vgl. R-Alföldi (1963) 204–208, Nr. 563–618.
455 Ebd. 130f.; vgl. Kent/Overbeck/Stylow (1973) 164.
456 R.-Alföldi (1978) Bd. 1, 173f. 183.

2.5: Der neue Kurs (I):
Die ‚konstantinische Wende'

M 19: Die ‚christliche Vision' Konstantins

Eus. Vita Const. I 28–29

Eusebius von Caesarea (ca. 260–340), Bischof und Berater Konstantins, hat zwei Berichte über die angeblichen Vorgänge vor der Schlacht bei der Milvischen Brücke (28. Oktober 312) verfaßt, die zusammen mit der Darstellung von Laktanz (M 13) die wesentlichen auf uns gekommenen Informationen liefern.[457] In seiner früheren, wohl um 313 entstandenen Beschreibung (HE IX 9,1-5) weiß Eusebius bemerkenswerterweise nichts von einer dem Kaiser Konstantin zuteil gewordenen Vision zu berichten, dies ist erst im vorliegenden, nach dem Tod Konstantins zwischen 337–340 abgefaßten Text, einem Ausschnitt aus der panegyrischen Biographie Konstantins, der Fall:

„(28) Er [Konstantin] rief also in seinen Gebeten diesen [Gott] an, und er bat ihn und flehte ihn inständig an, er möge ihm zeigen, wer er sei, und er möge ihm für die bevorstehenden Unternehmungen seine Rechte reichen. Dem auf diese Weise Betenden und inständig Flehenden erschien ein ganz unglaubliches Gotteszeichen, das man wahrscheinlich nicht leicht hinnähme, wenn ein anderer es erzählte; da aber der sieghafte Kaiser es uns, die wir diesen Bericht verfassen, lange Zeit später, als wir seiner Bekanntschaft und seines Umganges würdig waren, selbst erzählt und die Erzählung durch Eide beglaubigt hat – wer wollte da noch zweifeln, der Erzählung Vertrauen zu schenken, vor allem, da die spätere Zeit von der Wahrheit des Berichtes Zeugnis ablegte?
Um die Mittagszeit, als der Tag schon zur Neige ging, habe er, sagte der Kaiser, mit seinen eigenen Augen am Himmel ein über der Sonne stehendes Siegeszeichen des Kreuzes, aus Licht gebildet, gesehen, und damit verbunden die Schrift: ‚Hierdurch siege!'. Staunen habe ihn bei diesem Anblick ergriffen und auch das gesamte Heer, das ihn auf einem Marsch irgendwohin begleitete, als das Schauen dieses Wunders geschah (29) Da, sagte er, sei er in Unkenntnis gewesen, was diese Erscheinung bedeutete. Da er dies überlegte und viel nachdachte, sei die Nacht gekommen. Da habe sich ihm, als er schlief, der Christus Gottes gezeigt mit dem am Himmel erschienenen Zei-

457 Zu den Quellen und dem Forschungsstand siehe zuletzt Bleicken (1992) 3f. mit Anm. 4; 23ff.; Bringmann (1995) 21f. mit Anm. 2, und jetzt Girardet (1998, 27, mit Anm. 65); zur Konstantinbiographie Eusebs siehe ferner o. S. 113f.

chen und ihm befohlen, eine Nachbildung des am Himmel gesehenen Zeichens zu machen und dieses bei den Kämpfen als Schutzmittel zu gebrauchen."[458]

Die nach Eusebius geradezu selbstverständliche und alleinige Anrufung des Christengottes durch Konstantin relativiert a priori die Glaubwürdigkeit des Berichtes, denn um 312 spielte nach allen anderen, vor allem numismatischen und epigraphischen Quellen der Christengott (jedenfalls nach außen) noch nicht die eindeutig beherrschende Rolle für Konstantin, auch wenn die traditionellen heidnischen Gottheiten wie Jupiter, Victoria und auch der Sonnengott Sol erkennbar an Bedeutung verloren. Denkbar wäre natürlich, daß Konstantin im Rückblick die von Eusebius kolportierte Version konstruiert und letzterem mitgeteilt hätte.

Immerhin erscheint es angesichts zahlreicher Zeugnisse für eine klare Präferenz Konstantins für das Christentum in den Jahren nach 312[459] plausibel, daß der eusebianische Bericht einen historischen Kern besitzt. Zuletzt hat P. Weiß diesen genauer zu ermitteln gesucht und mit sehr bedenkenswerten Argumenten dafür plädiert, daß dieser Kern in einer Vision besteht, die Konstantin tatsächlich schon im Jahr 310 zuteil geworden ist, wie ein heidnischer Lobredner überliefert.[460] Nach Weiß hat Konstantin damals einen Halo gesehen, ein wissenschaftlich bekanntes Lichtbrechungsphänomen, in welchem durch Brechungen entstandene Nebensonnen ein ‚Lichtkreuz‘ bilden können, das eine Zeit lang am Himmel zu beobachten ist. Daher, so Weiß, erscheine es konsequent, daß Konstantin seit 310 den Sonnengott Sol zum Hauptgott (vor allem in der Münzprägung) avancieren ließ. Für die Auffassung von Weiß spricht der dem Text des Eusebius zu entnehmende Eindruck, daß Konstantin eine Vision lange vor 312 zuteil geworden ist (I 29:"auf einem Marsch irgendwohin"). Vielleicht hat Konstantin also erst in der Krise und Entscheidungssituation von 312 (oder bald danach) diese Vision auf den Christengott hin umgedeutet, was aufgrund starker Affinitäten zwischen Sonnengott und Christengott vielleicht gar kein allzu großer Schritt war.[461]

Konstantin dürfte im Oktober 312 weder ein Christogramm noch ein Kreuzeszeichen am Himmel gesehen haben. Er hat aber möglicherweise eine

---

458 In I 30 folgt dann die Beschreibung dieser Nachbildung, des Labarums (s. o. Anm. 353 und u. M 27).

459 Siehe M 13 und o. Seite 32ff., ferner jetzt erschöpfend Girardet (1998).

460 Pan. Lat. 6(7), 21,2–7; Weiß (1993), besonders 154ff.

461 Der Sonntag, der „dies solis", ist für die Christen der Auferstehungstag Christi; auch ist die Licht- und Finsternismetaphorik in der christlichen Literatur allgegenwärtig.

frühere Vision – oder auch mehrere visionäre Eindrücke[462] – unter dem Eindruck der Situation neu interpretiert und dabei eine Hinwendung zum Christentum erfahren, das er in der Folgezeit, vor allem in dem späteren Stadium seiner Alleinherrschaft, eindeutig förderte und begünstigte.

M 20: Der Konstantinsbogen in Rom

Abb. 17: Konstantinsbogen (Südseite)

Der im Jahr 315 eingeweihte Konstantinsbogen in Rom gilt gemeinhin als geradezu klassischer Triumphbogen, obwohl Konstantin offenbar bewußt

---

462 Aus der spätantiken und byzantinischen Überlieferung läßt sich noch eine ganze Reihe weiterer, dem Konstantin zugeschriebener und bemerkenswerterweise paganer Visionen herauspräparieren. Die christlichen Visionsberichte stehen also in einem breiteren historiographischen Kontext: siehe B. Bleckmann, Pagane Visionen Konstantins in der Chronik des Johannes Zonaras, in: Bonamente/Fusco, Bd. 1, 1992, 151–170.

auf die Feier eines förmlichen Triumphes nach dem Sieg bei der Milvischen Brücke im Oktober 312 verzichtet hat.[463] Zwei denkbare Gründe lassen sich für diese Haltung anführen: Der Triumph, ein uraltes religiös-öffentliches Element römischen Lebens, war eng mit dem auf dem Kapitol verehrten, höchsten Staatsgott Iupiter Optimus Maximus, assoziiert[464] – vielleicht hat Konstantin daher bewußt von dieser Zeremonie Abstand genommen, was ein zusätzliches Indiz für seine Nähe zum Christentum wäre.[465] Möglicherweise aber hat Konstantin auch nur sehr korrekt die traditionellen Voraussetzungen einer Triumphgewährung beachtet, denn „die Vertreibung von Feinden ohne Blutvergießen berechtigt ebensowenig zum Triumph wie Erfolge bei inneren Unruhen oder Siege in Bürgerkriegen"[466] – der Krieg gegen Maxentius war aber, streng genommen, nur ein Bürgerkrieg gewesen.

Neben der Inschrift (M 21) bietet auch der Bildschmuck des an der Straße, über die der Triumphzug führte, plazierten Bogens Anlaß zur Diskussion.[467] Das dreibogige, eine Gesamthöhe von fast 25 Metern erreichende Monument wurde mit Hilfe von Bauteilen dreier Denkmäler aus dem 2. Jh. n. Chr. errichtet, wobei man die Kaiserköpfe in den entlehnten Reliefs umarbeitete. Abgebildet ist hier die Südseite des Bogens, und die Beschreibung erfolgt von unten nach oben: Auf den Säulensockeln sieht man Victorien mit Trophäen und Gefangenen, neben den seitlichen Durchgängen Flußgötter und unter dem Mitteltor erneut (dieses Mal schwebende) Siegesgöttinnen und zwei personifizierte Jahreszeiten. Darüber verläuft ein schmaler Fries mit Szenen aus dem Feldzug gegen Maxentius. Während alle bislang genannten Schmuckteile mit ihrer zum Teil ausgeprägt heidnischen Thematik sämtlich der konstantinischen Zeit entstammen, gehören die vier darüber plazierten Rundbilder in die hadrianische Zeit. Dargestellt sind – von links nach rechts – ein Aufbruch zur Jagd, ein Opfer an den Waldgott Silvanus, eine Bärenjagd sowie eine Kulthandlung für Diana. „Hadrians Gesicht

463 Man könnte daher exakter statt von einem Triumphbogen auch von einem Ehrenbogen sprechen. Da der Begriff Triumphbogen jedoch als baugeschichtlicher Fachterminus etabliert ist, bezeichne ich mit Coarelli (1975, 162) und Künzl (1988, 62) auch das konstantinische Monument als Triumphbogen.
464 Grundlegend: Künzl (1988, 62ff. zum Konstantinsbogen).
465 So vor allem J. Straub, Konstantins Verzicht auf den Gang zum Kapitol, Historia 4, 1955, 297–313, und jetzt Girardet (1998). Auch im Jahr 313 verzichtete Konstantin in demonstrativer Manier mit den Saecular-Feiern auf die dabei gängigen Opfer (Zos. 2,7,1f.).
466 Künzl (1988) 30.
467 Eine fundierte und dennoch knappe Beschreibung, die den folgenden Ausführungen zugrunde liegt, bietet Coarelli (1975) 162–165; zur kontroversen Bildinterpretation siehe zuletzt P. Barceló, Trajan, Maxentius und Constantin. Ein Beitrag zur Deutung des Jahres 312, Boreas 14/15, 1991/92, 145–156.

wurde überall umgearbeitet und erhielt die Züge Konstantins (auf den Jagd-szenen) und Licinus' (auf den Opferszenen). Die Porträts sind von höchster Qualität; sie gehören zu den besten, die aus dem 4. Jahrhundert erhalten sind."[468] Die vier großen Reliefs des Attikageschosses befanden sich einst höchstwahrscheinlich an einem Denkmal, das Commodus zu Ehren Mark Aurels errichtet hatte. Von links nach rechts sieht man a) den Kaiser, dem ein Barbar präsentiert wird, b) den Kaiser und Gefangene, c) eine Ansprache („adlocutio") des Kaisers und d) eine Opferszene im Heereslager.

Auch die nördliche Gegenseite sowie die Schmalseiten zeigen diese Mix-tur von zeitgenössischen Schöpfungen und Spolien von älteren Gebäuden, wobei die Prominenz heidnischer Motive (vor allem des mehrfach abgebil-deten Gottes Sol) hervorzuheben ist. Falls (wie zu vermuten ist) die archi-tektonische Gestaltung des Monuments in Absprache mit Konstantin er-folgt sein sollte, artikuliert sich hier ein bemerkenswerter Traditionalismus des sich in diesem Fall nicht demonstrativ christlich gebenden Kaisers. Doch selbst wenn allein die stadtrömischen Organe für den Bildschmuck verant-wortlich zeichneten, bleibt es bemerkenswert, daß sie offenbar keinerlei Rücksicht auf eine veränderte Religionspolitik des Kaisers nehmen zu müs-sen glaubten. Der Konstantinsbogen bietet folglich denjenigen Gelehrten gewichtige Argumente, die im 2. Jahrzehnt des 4. Jahrhunderts eher eine allmähliche und vorsichtige Hinwendung Konstantins zum Christentum erkennen wollen. Ähnliches gilt auch für die Inschrift auf den Attiken des Monuments (M 21).

Zusammen mit den Bögen des Titus und des Septimius Severus gehört der Konstantinsbogen zu den drei großen erhaltenen, stadtrömischen Trium-phalmonumenten, die bis in die Neuzeit nachgewirkt und vor allem die Bogenarchitektur des 19. und 20. Jahrhunderts maßgeblich beeinflußt haben. So ist etwa der napoleonische, ebenfalls dreitorige Arc de Triomphe du Carrousel „eine reine Antikenimitation" und orientiert sich primär am Kon-stantinsbogen.[469]

---

468 Coarelli (1975) 164. Da Licinius nach 324 der „damnatio memoriae" verfiel (vgl. etwa ILS 714), ist es unklar, ob die Licinius-Porträts am Bogen belassen wurden; s. L'Orange (1984) 40ff., 116ff., wo freilich für die These plädiert wird, daß in den fraglichen, umgearbeiteten Reliefs tatsächlich Licinius-Porträts vorliegen.
469 Künzl (1988) 136.

M 21: Die Inschriften des Konstantinsbogens

(ILS 694)

Auf den beiden Attiken des Bogens ist eine der in der gelehrten Forschung meistbehandelten Inschriften eingemeißelt:

„Für den Imperator Caesar Flavius Constantinus, den größten, frommen und glückbringenden Augustus, haben Senat und Volk von Rom, weil er durch Eingebung einer Gottheit mit der Größe seines Geistes und mit seinem Heer gleichzeitig den Staat sowohl an dem Tyrannen als auch an der gesamten Anhängerschaft mit gerechten Waffen gerächt hat, diesen durch Triumphe ausgezeichneten Bogen geweiht. "

Im mittleren Durchgang steht noch:

„Für den Befreier der Stadt. Für den Begründer der friedlichen Stabilität. "

Und an den Außenseiten des Bogens ist in abgekürzter Form zu lesen:

„Zu den Dezennalien wurden Gelübde eingelöst und neue für die folgenden zehn Jahre gelobt. "

Die Erwähnung der Dezennalien, des 10-jährigen Herrschaftsjubiläums Konstantins (der 306 erstmals zum Caesar avanciert war), gibt den entscheidenden Hinweis auf die Datierung des Monumentes, das anläßlich der im Sommer 315 zelebrierten Feier eingeweiht wurde; Thema der Inschrift (und des umlaufenden Frieses über den Seitentoren) ist jedoch der Sieg des Jahres 312, der mit wohldurchdachten, an der konstantinischen Herrschaftspropaganda ausgerichteten Formeln verherrlicht wird.[470]

Schon die Herrschertitulatur impliziert ein politisches Programm: Konstantin erscheint als „größter (maximus) Augustus" und artikuliert damit seine Vorrangstellung vor seinem Mitherrscher Licinius.[471] Die übrigen beiden Attribute – „pius" (fromm) und „felix" (glückbringend) – waren seit dem späten 2. Jh. n. Chr. (Commodus) regelmäßige Bestandteile der kaiserlichen Titulatur;[472] Konstantin präsentiert sich (bzw. wird präsentiert)[473] also

---

470 Einen ausführlichen Kommentar zu den Inschriften bietet Grünewald (1990) 64–92.
471 Grünewald (ebd. 66ff) hat gezeigt, daß das Epitheton „maximus" seit 313 Eingang in die konstantinische Herrschertitulatur gefunden hat.
472 Grünewald, ebd. 35.

im Sinne der jahrhundertealten Tradition als Garant von Glück, Wohlstand und Sicherheit und verzichtet auf eine Distanzierung von den alten römischen Staatskulten, auf welche die „pietas" traditionell orientiert war.[474]

Die in der Forschung am intensivsten diskutierte Formel der Inschrift lautet: „instinctu divinitatis" – Konstantin habe seinen Sieg (auch) der Hilfe durch „göttliche Eingebung" verdankt. Die Wortwahl verrät die bewußte Absicht, eine genaue Identifizierung dieser hilfreichen Gottheit zu vermeiden, um allen Lesern der Inschrift die Möglichkeit zu belassen, den Text auf eine Gottheit ihrer Wahl zu beziehen. Mag Konstantin auch – woran kein Zweifel bestehen kann – persönlich seit 312 eine Präferenz für das Christentum gehegt haben, so hat er auf der politischen und offiziösen Ebene jedenfalls in manchen Fällen eine entsprechende Akzentuierung vermieden und bewußt den paganen Kulten gegenüber ein gewisses Maß an Toleranz walten lassen.[475]

Maxentius wird gar nicht namentlich aufgeführt, sondern nur als „tyrannus" bezeichnet. Dieses Wort wird in der Spätantike zum Synonym für den Usurpator[476] und spricht Maxentius jegliche Herrschaftslegitimität ab. In diesem Sinne ist auch die Erwähnung der „factio" (Anhängerschaft) zu deuten – Maxentius habe seine Position nicht etwa, wie Konstantin, dem Konsens von Senat und Volk, sondern nur der Unterstützung durch eine Clique verdankt.

Der Krieg gegen diesen „tyrannus" wird schließlich, obwohl nur ein Bürgerkrieg, durch die Formel „iustis armis" („mit gerechten Waffen") zum „bellum iustum", zum gerechten Krieg, stilisiert und damit zusätzlich gerechtfertigt. Die einst vor allem von Cicero (de rep. 3,35; de off. 1,20ff. 2,26f.) in eine schlüssige Theorie gegossene Idee des gerechten Krieges bezog sich zwar eigentlich auf Kriege mit auswärtigen Gegnern, doch daran wird man in der Spätantike kaum Anstoß genommen haben.[477]

Die Inschrift auf dem Triumphbogen erweist sich folglich als ein zentrales Dokument ‚politischer Öffentlichkeitsarbeit', und dies gilt auch für die in dem mittleren Durchgang eingemeißelten Formeln: Konstantin läßt sich als „Befreier der Stadt (Rom)" feiern, als „liberator urbis". Diese Ehrenbezeich-

---

473 Müßig sind Spekulationen über die Frage, ob Konstantin den Text selbst entworfen oder nur gebilligt hat – an seinem Einverständnis mit dem Wortlaut kann kein Zweifel bestehen.

474 Grünewald (1990) 18.

475 Grünewald (1990) 78ff (mit Hinweisen auf die ältere Literatur); Bleicken (1992) 35f.; Bringmann (1995), besonders 34–39; zum Komplex ‚Toleranz' s. u. M 24 und M 25.

476 Grünewald (1990) 66ff.

477 Amm. 16,1–2 dürfte eher eine untypische Ausnahme gebildet haben.

nung gehört genauso zu dem Inventar der (meist auf Inschriften belegten) topischen Formeln[478] wie die Wendung „fundator quietis", die ihre Parallelen in den ebenfalls auf Konstantin bezogenen Lobesformeln „fundator publicae securitatis" („Begründer der öffentlichen Sicherheit": AE 1966, 166) und „fundator pacis" („Begründer des Friedens": CIL VI 1146) findet.

M 22: Das Silbermedaillon von Ticinum

Abb. 18: Silbermedaillon von Ticinum

Das Medaillon gehört zusammen mit den Berichten des Laktanz und des Eusebius zur Vision Konstantins im Jahr 312 (**M 19**), dem Konstantinsbogen in Rom (**M 20**) und den literarischen Dokumenten des Donatisten- und Arianismusstreits[479] zu den prominentesten Zeugnissen für eine frühe Wendung Konstantins zum Christentum.

Das bislang nur mit drei Exemplaren vertretene Medaillon dürfte anläßlich des zehnjährigen Regierungsjubiläums (Decennalien) Konstantins in der Münzstätte Ticinum (heute Pavia) im Jahre 315 geschlagen worden sein.[480]

---

478 Ähnlich: „liberator orbis terrarum" (CIL IX 6038. 6932) – „Befreier des gesamten Erdkreises."

479 Vgl. o. S. 33 mit Anm. 55.

480 So die Mehrheitsmeinung, für die nur die wichtigsten Vertreter zitiert seien: A. Alföldi, in: Studies A. Ch. Jonson, 1951, 303–311; K. Kraft, Das Silbermedaillon Constantins des Großen mit dem Christusmonogramm auf dem Helm, JNG 5/6, 1954/55, 151–178; M. R.-Alfödi plädiert hingegen für 312/313: Historische Wirklichkeit – Historische Wahrheit: Constantin und das Kreuzzepter, in: Festschrift Pekáry, 1989, 318–325.

Es handelt sich um eine Festprägung, nicht um normales Umlaufgeld, doch beeinträchtigt dies den zweifelsfrei offiziellen Charakter der Emission nicht[481] – die Überlegung J. Bleickens, hier habe vielleicht nur „ein christlicher oder den Christen nahestehender Beamter, wie der ‚procurator monetae‘ oder gar der ‚comes sacrarum largitionum‘, die Initiative ergriffen",[482] kann kaum zutreffen, vielmehr muß Konstantin zumindest mit der Ikonographie einverstanden gewesen sein.

Die aus historischer Sicht aufschlußreichere Vorderseite bietet Konstantin in Vorderansicht. Er ist bekleidet mit Schuppenpanzer und Helm, der Helmbusch wird vorn durch ein Medaillon abgeschlossen, welches das Christogramm („Chi-Rho") zeigt. Mit der Linken hält er Schild und (das in seiner Deutung umstrittene) ‚Zepter‘. Letzteres besteht aus einer Stange mit Querstab, darüber befinden sich eine Rose und eine kleinere Kugel. Diese Insignie wird entweder als (eindeutig christliches) Kreuzzepter[483] oder als Lanze gedeutet,[484] auf die sich der Kaiser möglicherweise beim Absitzen von dem Pferd stützt (dessen Zügel er in der Rechten hält).

Neben dem Christogramm und dem (möglicherweise christlich gestalteten) Zepter zeigt das Medaillon aber auch eindeutig heidnische, traditionelle Motive. Dies gilt einmal für die auf dem Schild gezeigte Wölfin, welche die Zwillinge Romulus und Remus säugt (und damit an den Gründungsmythos Roms erinnert),[485] und daneben vor allem für die Rückseite, welche den Kaiser bei der Ansprache („adlocutio") an sein Heer abbildet: Er steht auf einem Podest, hält im Redegestus die Rechte erhoben und links ein Siegesmal (Tropaion). Hinter ihm steht die Siegesgöttin (Victoria) mit Palmzweig, die ihn bekränzt. Der im Feldherrnkostüm dargebotene Kaiser wird von Soldaten umgeben, welche Pferde, Waffen und Vexilla (Feldzeichen) bei sich

---

481 R.-Alföldi, ebd., 320.
482 Bleicken (1992) 40.
483 So zuerst A. Alföldi, in: Festschrift Dölger, Münster 1939, 5ff. und kürzlich noch R. Leeb, Konstantin und Christus, 1992, 29ff.; vgl. K. Gross-Albenhausen, Zur christlichen Selbstdarstellung Konstantins, Klio 78, 1996, 175f.
484 So R.-Alföldi (o. Anm. 480) 318ff., in Auseinandersetzung mit R. Göbl, Signum Crucis oder Lanzenschaft? Die Kaiserinsignien auf dem Münchener Silbermultiplum Constantins des Großen aus Ticinum, LNV 3, 1987, 77–94; s. auch D. Stutzinger, Katalog Nr. 224, in: Spätantike und frühes Christentum (1983) 640. Ferner gehört in diesen Kontext auch die Diskussion um das erstmals 327/28 auf einer in Konstantinopel geprägten Bronzemünze (SPES PUBLICA) dargestellte Labarum, das neue christliche Feldzeichen mit dem Christogramm (Abbildung bei Bleckmann [1996] 61).
485 Auch die Legende entspricht dem Herkommen: IMP(erator) CONSTANTINUS P(ius) F(elix) AUG(ustus). „Pius" bezieht sich als kanonisches Element der Herrschertitulatur auf die „pietas" gegenüber den römischen Gottheiten.

haben. Die Legende lautet SALUS REI PUBLICAE und will zweifelsohne ausdrücken, daß die Sieghaftigkeit des Kaisers die Unversehrtheit („salus") des Staates garantiere.

Der eindeutig militärische Kontext der Bildszenen spricht dafür, daß hier, wie mit dem ebenfalls 315 eingeweihten Konstantinsbogen (**M 20**), auf Konstantins Sieg nahe der Milvischen Brücke über Maxentius angespielt wird, der angeblich mit Hilfe des Christengottes und unter seinem auf Schilden und Standarten angebrachten Zeichen errungen wurde (**M 13** u. **19**). Insofern kann das Silbermedaillon durchaus als Beleg dafür dienen, daß in den Berichten der christlichen Schriftsteller über die christliche Vision Konstantins zumindest insofern ein historischer Kern enthalten ist, als im Herbst 312 tatsächlich die entscheidende Hinwendung Konstantins zum Christentum stattgefunden hat.[486]

„Die Stelle, an der das Christogramm-Medaillon am Helm angebracht ist, ist die vorzüglichste und gibt ihm ‚die höchstmögliche Ehre'. An derselben herausragenden Mittelstelle war auch in den Jahrhunderten zuvor in den Kranz der Kaiser ein besonderes Stirnjuwel eingesetzt."[487] Unverkennbar liegt hier eine zumindest mit dem Einverständnis Konstantins vollzogene Akzentverlagerung zugunsten des Christentums vor – allerdings: „Die revolutionäre Wende kam in Gestalt des Altgewohnten",[488] auch die Heiden konnten sich in dieser Darstellung wiederfinden, so daß dieses Medaillon, ähnlich wie der Konstantinsbogen, am ehesten als Ausdruck einer politisch reflektierten Hinwendung Konstantins zum Christentum zu deuten ist.

M 23: Die Laterans-Basilika in Rom

In der jüngeren Vergangenheit und in der Gegenwart wird die Bedeutung der auf dem alten Caelius gelegenen Kirche S. Giovanni in Laterano von der vatikanischen Peterskirche überstrahlt, dennoch kann die konstantinische Laterans-Basilika historisch und baugeschichtlich kaum überschätzt wer-

---

486 Girardet (1998) ist der Verweis auf eine Münze des Crispus vom Jahr 322/23 zu verdanken, welche den frühesten Beleg für das Christogramm als Schildzeichen bietet (A. S. Robertson, Roman Imperial Coins in the Hunter Coin Cabinet, Bd. 5, 1982, 224 Nr. 17). Damit ist diese Münze gewiß ein wichtiger Beleg für die später kursierende Version der Ereignisse von 312, sie dokumentiert aber keineswegs, daß schon 312 das Christogramm tatsächlich als Schildzeichen fungiert hat.

487 Stutzinger, in: Spätantike und frühes Christentum (1983) 641.

488 Bringmann (1995) 38.

den,[489] bietet sie doch das erste und zukunftsweisende Beispiel der neuen Kirchenarchitektur.[490]

Die wohl frühestens ab dem Winter 312/13 auf Konstantins Initiative errichtete, von ihm finanzierte und nach ihm benannte Kirche ist im Laufe der Jahrhunderte immer wieder umgebaut worden, zuletzt in barocker Manier durch Borromini in den Jahren 1646–1651 – dennoch ist der konstantinische Bau noch großenteils unter der heutigen Kirche S. Giovanni in Laterano erhalten und daher gut zu rekonstruieren:

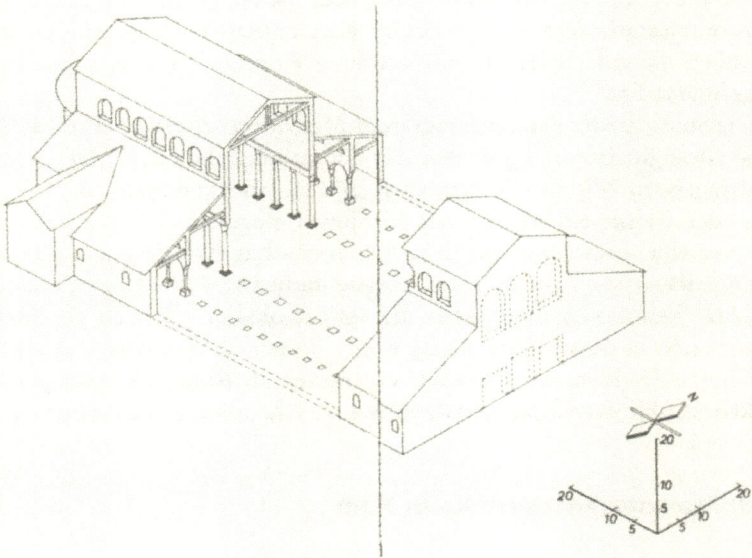

Abb. 19: Laterans-Basilika (Rekonstruktion)

Die von Ost nach West orientierte Basilika mit annähernd 100 m Länge und ca. 55 m Breite bestand aus einem großen und hohen Mittelschiff und je zwei niedrigeren Seitenschiffen. Das heutige Querschiff stammt erst aus dem Mittelalter, und die gegenwärtige Apsis (mit vorgesetztem Chor) befindet sich an der Stelle der antiken halbrunden Apsis. Der schmucklosen

---

489 Siehe zuletzt M. J. Johnson, The Fifth Century Oratory of the Holy Cross at the Lateran in Rome, Architectura 25, 1995, 128.

490 Grundlegend und für das folgende ausgiebig benutzt: Brandenburg (1979) 22–54; siehe ferner R. Krautheimer, Die konstantinische Basilika, in: ders., Ausgewählte Aufsätze zur europäischen Kunstgeschichte, Köln 1988, 40–80; ders., Rom, Schicksal einer Stadt 312–1308, 1987, 33ff.

Außenfassade – eine in typisch spätantiker Manier gebaute, zweischalige und mit Mörtel gefüllte Ziegelmauer – kontrastierte die prächtige Innenausstattung, von der sowohl in der heutigen Barockkirche verwendete Teile als auch eine Schilderung im Liber Pontificalis (6. Jh.) Zeugnis ablegen: Die 16 roten Granitsäulen des Mittel- und die 21 grünen Marmorsäulen der Seitenschiffe sorgten zusammen mit den mehrfarbigen marmornen Böden (opus sectile) und den marmornen Wandverkleidungen[491] für einen prachtvollen Eindruck, der durch die reichen, silbernen Gegenstände der Innenausstattung – ein Ciborium, Altäre, Leuchter – noch gesteigert wurde. In der Apsis befand sich der Bischofsthron, denn die Basilika fungierte (bis heute!) als die Bischofskirche von Rom, in welcher der Papst als römischer Bischof wirkt.

Zweifellos stellt die bald nach Konstantins Sieg am Pons Milvius gestiftete Kirche ein eindrucksvolles und in der historischen Interpretation konstantinischer Religionspolitik zu berücksichtigendes Dokument der Nähe des Kaisers zum Christentum dar. Zugleich hat Konstantin mit den wesentlichen Elementen der Laterans-Kirche – dem schlichten Außenbau, der aufwendigen Innenausstattung und dem funktional gegliederten Innenraum – einen Bautyp geschaffen, dessen Rezeptionsgeschichte bis in die Gegenwart reicht: „Mit diesem Konzept, das die Tradition des antiken Sakralbaues aufhob und die Idee des christlichen Kirchengebäudes zum ersten Mal verwirklichte, wies die Laterans-Kirche für den christlichen Kultbau – unabhängig von allen sich später herausbildenden Formvarianten im einzelnen – die Richtung bis in unsere Zeit."[492]

Trotz aller genannten Neuerungen trifft auf der anderen Seite jedoch auch für die Kirchenbaupolitik Konstantins zu, was für seine (Religions-)Politik überhaupt zu berücksichtigen ist: Konstantin steht noch in der antiken Tradition, er bricht nicht radikal mit dem Erbe vorangegangener Zeiten, sondern modifiziert das Vorgefundene und paßt es den eigenen Intentionen an. Dies betrifft zunächst den Bautypus der Basilika: Als von Säulen oder Pfeilern getragene, meist an Fora, an öffentlichen Plätzen, gelegene Halle,[493] bildete diese einen gängigen Vertreter monumentaler Zweckbauten, der wiederum aus der griechischen Stoa abgeleitet worden war:[494] „So ist die christliche Basilika also ein Bautypus, der in seiner Erscheinung ganz der römischen Architektur verpflichtet ist."[495]

---

491 Von letzterer ist zwar nichts mehr erhalten, aber die noch sichtbaren Dübellöcher zeugen von der Existenz der (gewiß marmornen) Inkrustationen.
492 Brandenburg (1979) 37.
493 Nur exempli gratia seien die beiden großen Basiliken des Forum Romanum in Rom – die Basilica Aemilia und die Basilica Iulia – genannt: Coarelli (1975) 60f., 81f.
494 Brandenburg (1979) 42ff.; Krautheimer (o. Anm. 490, 1988), passim.
495 Brandenburg (1979) 50.

Überkommenem Komment entspricht auch die Rolle des Kaisers als Stifter von Sakralbauten. Dies ergab sich zum einen aus seiner – auch von Konstantin beibehaltenen – Funktion als oberster Sakralbeamter („pontifex maximus"), zum anderen aus der stets als selbstverständlich angesehenen Zuständigkeit des Kaisers für alle öffentlichen Belange, und darunter insbesondere für Großbauten aller Art.[496] Wie in Konstantinopel erweist sich Konstantin auch in Rom zwar als „der erste Bauherr der Kirchenarchitektur",[497] zugleich aber als Augustus, „patronus" und Euerget der Römer.

2.6: Der neue Kurs (II): Christen, Häretiker, Heiden und Juden

M 24: Das Edikt des Galerius vom Jahr 311

(Lact. mort. pers. 34)[498]

Wenn auch im Rückblick des Historikers der Spätherbst 312 als der für alle Zeitgenossen sicht- und begreifbare Durchbruch des Christentums zu gelten hat, so stammt doch das erste und keinesfalls in seiner Bedeutung zu unterschätzende Dokument auf dem letztlich unaufhaltsamen Weg des Christentums zur römischen Staatsreligion bemerkenswerterweise aus der Feder eines ursprünglich sehr engagierten Christenverfolgers, nämlich von Galerius. Dieser dezidiert heidnische Kaiser konzedierte den Christen mit seinem Edikt im Jahre 311 das, was diese in den folgenden Jahrzehnten Abweichlern in den eigenen Reihen und Vertretern nichtchristlicher Religionen nur noch höchst widerwillig und keinesfalls in vollem Umfang mehr zubilligten: den Status einer offiziell akzeptierten Religionsgemeinschaft.

Der Text des Edikts, dessen öffentliche Bekanntmachung in Nikomedeia mit Laktanz (mort. pers. 35,1) zuverlässig auf den 30. April 311 zu datieren ist, wird hier in der bei Laktanz (mort. pers. 34) tradierten Version wiedergegeben, von der auch eine griechische Übersetzung bei Eusebius (HE 8,17, 3-10) existiert:[499]

„(1) Unter den übrigen Dingen, die wir stets zum Vorteil und Nutzen des Staates regeln, hatten wir bisher alles gemäß den alten Gesetzen und der öffentlichen Ordnung der Römer verbessern und dafür Sorge tragen wollen, daß auch die Christen, welche den Weg ihrer Vorfahren verlassen hatten, zu einer anständigen Gesinnung zurückkehrten. (2) Denn aus irgendeinem Grund hatte diese selben Christen ein so starker Wille heimgesucht und eine so große Dummheit ergriffen, daß sie jene Grundsätze der Alten nicht länger befolgten, die vielleicht zuerst ihre eigenen Vorfahren geschaffen hatten, sondern nach eigenem Gutdünken, und wie es ihnen beliebte, sich selbst Gesetze gaben, die sie befolgten, und in verschiedenen Gebieten verschiedene Völker zusammenscharten. (3) Als schließlich ein Befehl von uns erging mit der Maßgabe, zu den Gesinnungen der Alten zurückzukehren, wurden viele einem Gerichtsverfahren unterworfen, viele auch verjagt. (4) Und weil die meisten in ihrem Vorhaben starr blieben und wir sahen, daß sie weder den Göttern Verehrung und geschuldete Anbetung erwiesen noch den Gott der Christen verehrten,[500] haben wir – indem wir den Blick auf unsere mildeste Güte richteten und auf unsere immerwährende Praxis, mit der wir gewöhnlich allen Menschen Verzeihung gewährten –, geglaubt, daß unsere willfährigste Güte auch auf diese auszudehnen sei, so daß sie wieder Christen sein und ihre Versammlungsstätten aufbauen können, freilich so, daß sie nichts gegen die öffentliche Ordnung tun. (5) In einem anderen Schreiben werden wir den Provinzstatthaltern[501] verdeutlichen, was sie beachten müssen. Deshalb werden sie [die Christen] entsprechend unserer Güte zu ihrem Gott für unser Heil und für dasjenige des Staates und für ihr eigenes beten müssen, damit der Staat nach allen Richtungen hin unversehrt bleibe und sie sicher in ihren Wohnsitzen leben können.“

Der Wortlaut des galerischen Ediktes spiegelt deutlich die historischen Umstände wider, unter denen es entstanden ist: Galerius konzediert die Einstellung der unter Diokletian begonnenen Christenverfolgung (M 11), ohne im Grunde an deren sachlicher Berechtigung zu zweifeln. Denn wie bereits im

496 Vgl. Brenk (1977) 36f.
497 Brenk, ebd.
498 Lateinisch-Deutsche Fassungen finden sich auch bei Guyot/Klein (1993, 188–191) und (weniger zuverlässig) bei V. Keil, Quellensammlung zur Religionspolitik Konstantins des Großen, 1989, 42ff.
499 Neueste Erläuterungen bei Guyot/Klein (1993) 413f.; P. Siniscalco, L'editto di Galerio del 311, in: Atti dell'Accademia Romanistica Costantiniana X, 1995, 41–53; Girardet (1998), 37ff.
500 Hier werden mit Hilfe durchsichtiger, argumentativer Verrenkungen die einst verfolgten Christen als Gottlose disqualifiziert, die nicht einmal ihren eigenen Christengott auf anständige Weise verehrten – dies „soll natürlich das Scheitern der Christenpolitik verdecken, das man nicht offen eingestehen möchte“ (Guyot/Klein, 1994, 414).
501 Guyot/Klein (1993, 191) übersetzen „iudices“ als „Gerichtsbeamte“, Keil (o. Anm. 498, 43) als „Richter.“ Gemeint sind hier zweifellos ausschließlich die in den spätantiken Quellen „iudices“ genannten Provinzstatthalter, zu deren vornehmsten Aufgaben auch die Rechtsprechung gehörte (s. nur K. Rosen, Iudex und Officium, Anc Soc 21, 1991, 273–292). In ihrem Kommentar auf S. 414 (Anm. 129) weisen auch Guyot/Klein (1994) darauf hin, daß hier unter „iudices“ „vor allem“ Provinzstatthalter zu verstehen seien.

Eheedikt von 295 (M 9) werden die Gesetze und Grundregeln früherer Zeiten als die idealen und nicht diskutablen Normen bekräftigt, an denen sich eigentlich alle (also auch die Christen) zu orientieren hätten. Das Edikt entspringt daher nicht etwa einem aus innerer Überzeugung gewonnenen Anerkennen der Christen als legitimer Religionsgemeinschaft oder gar einem abstrakten Toleranzgebot, sondern allein der Einsicht, daß die Realität nicht zu ändern sei. Denn die traditionellen Vorbehalte gegenüber Christen bleiben auch in diesem Edikt bestehen: So erinnert der Vorwurf, die Christen seien stur und uneinsichtig geblieben (Lact. mort. pers. 34,4), an die traditionelle römische Kritik am christlichen Starrsinn („pertinacia").[502]

Die Kernformel des Galeriusediktes lautet: „ut denuo sint Christiani," worauf die gängige Bezeichnung ‚Toleranzedikt' letztlich beruht. Das Christentum enthält damit bereits jetzt, nicht erst in der Mailänder Vereinbarung zwischen Licinius und Konstantin (313),[503] den Rang einer „religio licita." Ob man sogar noch weiter gehen und mit Blick auf die Schlußbestimmung des Erlasses (mort. pers. 34,5), Christen hätten künftig für die „salus" auch des Staates zu beten, den Christengott zu den nun sogar auch aus heidnischer Sicht für das Staatswohl wichtigen Gottheiten rechnen darf,[504] erscheint unsicher. Ich sehe in dieser Bestimmung weniger ein integratives oder prochristliches Moment, sondern vielmehr einen disziplinierend gemeinten Appell an die Christen, sich künftig dem römischen Staat gegenüber positiv zu verhalten. Insofern dürfte der im Tenor unverändert antichristliche und mit Blick auf die tetrarchische Christenverfolgung eher apologetische Erlaß des Galerius kaum als bahnbrechende Voraussetzung der christlichen Wende Konstantins zu interpretieren sein.

M 25: Der christliche Kaiser und die Juden

(Eus. Vita Const. 3,16-19)

„16: Brief des Kaisers über das Fest der Rettung, welchen er an die Kirchen schrieb nach dem Zusammenbringen der Synode in Nikaia."

---

502 Plin. ep. 10,96,3.
503 Daß das sogenannte ‚Toleranzedikt von Mailand' von Konstantin und Licinus (Lact. mort. pers. 48,2–12) tatsächlich nichts anderes gewesen ist als eine briefliche Vereinbarung zwischen beiden Kaisern, stellt jüngst noch einmal Girardet (1998) heraus und kann darüber hinaus deutlich machen, daß Konstantin wahrscheinlich noch stärker prochristliche Regelungen angestrebt hatte, sich damit aber gegen Licinius (noch) nicht durchsetzen konnte.
504 In diesem Sinne jetzt Girardet (1998), 37ff.

17: „Konstantin, siegreicher und größter Augustus, an die Kirchen.
(1) Da ich aus dem glücklichen Zustand des Staatswesens die Erfahrung
gewonnen habe, wie groß die Gunst der göttlichen Macht ist, habe ich
beschlossen, daß gewiß vor allem anderen dieses Ziel mir auferlegt ist, daß
bei den glücklichsten Anhängern der katholischen Kirche ein Glaube und
eine lautere, gleichgeartete Liebe und die Verehrung des allmächtigen Gottes
bewahrt werden…

18(1) Da jetzt auch eine Untersuchung bezüglich des hochheiligen Ostertages
stattgefunden hat, wurde in allgemeiner Übereinstimmung beschlossen, es
sei gut, daß alle überall an ein- und demselben Tag (das Osterfest) begehen.
Denn was wird für uns schöner, was ehrwürdiger sein können, als daß es
möglich sein wird, daß dieses Fest, von dem wir die Hoffnung auf Unsterb-
lichkeit gewonnen haben, in einer Ordnung und nach der allseits bekannten
Berechnung ohne Fehl und Tadel abgehalten wird? (2) Zuerst nun schien es
uns unwürdig zu sein, jenes hochheilige Fest zu begehen, indem man der
Gewohnheit der Juden folgt, die ihre eigenen Hände durch frevelhaftes
Vergehen besudelt haben und mit Recht als Blutbefleckte wie mit Blindheit
geschlagen sind.[505] Denn es steht frei, nach einer wahrhaftigeren Ordnung
als derjenigen dieses verworfenen Volkes, die wir vom ersten Leidens-
(= Oster-)tag bis zum heutigen Tag beachtet haben, auch in kommenden
Zeiten die Begehung dieses Festes vorzunehmen. Nichts also soll uns gemein
sein mit dem höchst verhaßten Judenhaufen. (3) Denn wir haben von dem
Retter einen anderen Weg empfangen, der Weg zu unserer hochheiligen
Religion liegt deutlich vor Augen, und er ist rechtmäßig und geziemend.
Diesen ergreifen wir in Übereinstimmung, und so wollen wir uns losreißen
von jener gräßlichen Haltung, ehrwürdigste Brüder! Denn es wäre wahrhaf-
tig im höchsten Grade widersinnig, daß jene sich rühmten, daß wir wirklich
außer mit ihrer Lehre nicht in der Lage wären, dieses (Fest) zu begehen.
(4) Denn wie werden jene das Richtige denken können, die nach jenem
Herrenmord und Vatermord den Verstand verloren haben und nicht durch
irgendeine vernünftige Überlegung, sondern durch zügellosen Drang getrieben werden, wohin sie der ihnen angeborene Wahnsinn treibt! Daher also
sehen sie wohl auch in diesem Punkt die Wahrheit nicht, so daß sie sogar,
sich im Höchsten verirrend, statt gebührende Verbesserung anzunehmen, im
selben Jahr ein zweites Mal das Osterfest begehen. Warum also folgen wir

---

505 Die hier und auch an anderen Stellen des Briefes geradezu in Haßausbrüchen
    angeprangerte Blutschuld der Juden besteht nach Konstantins Auffassung natür-
    lich in der vermeintlichen Verantwortung der Juden für den Tod Jesu, vgl. Girardet
    (1998), 81ff.

denen, die, wie allgemein bekannt ist, an schrecklicher Verirrung leiden? Denn wir werden wohl niemals zulassen, ein zweites Osterfest in einem Jahr zu veranstalten. Aber selbst wenn sich dies nicht so verhielte, wäre es nötig, eure Geistesgegenwart durch Eifer und Gebet immer zu bewahren, daß die Reinheit eurer Seele keinerlei Ähnlichkeit mit den Sitten dieser verruchten Menschen aufzuweisen scheint.

(5) Darüber hinaus ist es tunlich, jenes genau zu erkennen, daß es frevelhaft ist, wenn in einer so bedeutenden Angelegenheit und der Feier einer derartigen Gottesverehrung Uneinigkeit herrscht. Denn einen Tag unserer Freiheit, das heißt des hochheiligen Leidens (Ostern), hat uns unser Retter gegeben, er hat gewollt, daß seine katholische Kirche eins sei, deren Teile auch gewiß auf viele und verschiedene Orte verteilt sind, aber dennoch von einem Geist, das heißt von einem göttlichen Willen, entzündet werden.

(6) Die Geistesgegenwart eurer Gottesverehrung aber soll bedenken, wie furchtbar und unanständig es ist, wenn an denselben Tagen die einen sich dem Fasten widmen, die anderen aber Gelage veranstalten, und wenn sich die einen nach den Ostertagen in Feiern und Zügellosigkeiten ergehen, die anderen aber sich dem vorgeschriebenen Fasten hingeben. Deswegen also will die göttliche Vorsehung, daß diese (Angelegenheit) die geziemende Verbesserung erfährt und zu einer Regelung geführt wird, wie es meiner Meinung nach alle begreifen.

19(1) Weil es sich folglich ziemt, daß diese (Angelegenheit) so bereinigt wird, daß nichts an Gemeinsamkeit mit diesem Volk jener Vatermörder und Herrenmörder besteht, und die Regelung angemessen ist, die alle Kirchen der westlichen und südlichen und nördlichen Teile der Erde beachten und einige der östlichen Gegenden, hielten daher alle es zum gegenwärtigen Zeitpunkt für gut – und auch ich selbst erklärte, es werde eurer Geistesgegenwart gefallen –, daß das, was in der Stadt Rom, in Italien und ganz Afrika, in Ägypten, Spanien, Gallien, Britannien, Libyen, ganz Griechenland, in der asianischen und pontischen und kilikischen Diözese[506] in einer und einmütiger Haltung bewahrt wird, auch eure Vereinigung gern billigen wird, in der Erwägung, daß nicht nur die Anzahl der Kirchen an den genannten Orten größer ist, sondern daß auch dies im höchsten Grade göttlich geboten ist,

---

506 Die (zunächst 12, später 14) Diözesen bilden vielleicht schon seit der Zeit der Tetrarchie die Verwaltungseinheiten unterhalb der Präfekturen und oberhalb der Provinzen (s. dagegen Migl, 1994, 54ff., 261, der diese Neuerungen erst Konstantin zuschreibt). Sie unterstanden den „vicarii", die auch militärische, vor allem aber Aufgaben der Gerichtsbarkeit wahrzunehmen hatten. Die christliche Kirche (zunächst stärker im Osten als im Westen) übernahm diese Einteilung und auch die entsprechenden Termini, s. Demandt (1989) 248ff.

daß alle gemeinsam das wollen, was die gründliche Vernunft zu fordern scheint und keinerlei Gemeinschaft mit dem Eidbruch der Juden aufweist. (2) Um das Hauptsächlichste ohne Umschweife zu benennen: Gemeinsam wurde durch die Entscheidung aller beschlossen, das hochheilige Osterfest an ein- und demselben Tag zu begehen. Denn es ziemt sich nicht, daß bei einer derart heiligen Angelegenheit irgendeine Uneinheitlichkeit existiert, und es ist besser, dieser Auffassung zu folgen, in welcher es keine Gemeinschaft mit fremdem Irrtum und Vergehen geben wird."

Der vorliegende Brief Konstantins steht im Kontext des seinerzeit schon traditionellen Konfliktes um den Termin des christlichen Osterfestes, das aus dem am 14. Tag des jüdischen Monats Nisan gefeierten Passahfest hervorgegangen war.[507] Viele christliche Gemeinden (vor allem in Kleinasien) begingen stets am Tag des jüdischen Passah das Osterfest, in anderen Regionen (z. B. in Rom und Alexandria) hatte man das Osterfest auf den dem Passahfest folgenden Sonntag gelegt. Frühere Versuche, einen reichseinheitlichen Ostertermin zu fixieren, waren erfolglos geblieben, nun aber, in dem von ihm im Anschluß an das Konzil von Nikaia verfaßten Brief, insistiert Konstantin auf der bereits 314 (Konzil von Arles) verordneten und beim Konzil von Nikaia neuerlich bekräftigten Regelung, laut welcher im gesamten Imperium Romanum ein einziger Ostertermin gelten sollte, und zwar der Sonntag im Anschluß an das Passahfest. Hervorhebung verdient der „bemerkenswerte Verbalradikalismus",[508] mit welchem Konstantin die Juden überzieht: Sie seien Vater- und Herrenmörder, also ein verruchter Haufen, mit dem man nichts gemein haben könne. Dem Bekenntnis des Kaisers zu einer einheitlichen, katholisch-orthodoxen Glaubenslinie entspricht also eine Verteufelung abweichender und andersartiger Glaubensrichtungen, die offenbar als um so gefährlicher angesehen wurden, je näher sie dem Christentum standen.

Trotz des unmißverständlichen Wortlautes des konstantinischen Schreibens wäre es nicht statthaft, von der martialischen Rhetorik auf eine entsprechend aggressive Judenpolitik Konstantins zu schließen, denn „die Judengesetzgebung ab Konstantin ... stellt zunächst keinerlei Bruch mit der Vergangenheit dar. Die privilegierte Stellung des Judentums (außerhalb Jerusalems) wird nahtlos übernommen. Insofern bedeutet die Regierung Konstantins hier keinerlei Einschnitt, und dies bleibt im Grunde bis zur arabi-

---

507 Vgl. zum Hintergrund des Osterstreits G. Visonà, Art. Ostern/Osterfest/Osterpredigt I, TRE 25, 1995, 523; zum Passahfest: G. Stemberger, Jüdische Religion, 1995, 34–38.
508 Girardet (1998), 84.

schen Eroberung Palästinas so."[509] Als „Gradmesser für die theoretischen und praktischen Möglichkeiten von ‚Toleranz'"[510] dürfen folglich nur die tatsächlich erkennbaren Regelungen politisch-rechtlicher Natur dienen, und hier ergibt sich der bemerkenswerte Befund, daß die dem monotheistischen Christentum innewohnende Intoleranz die Juden weniger stark bedrängt hat als Häretiker und Heiden. Auf die Integration der Juden oder auch nur auf friedliche Koexistenz mit ihnen zielte diese Politik zwar nicht ab, aber mit den treffenden Worten von K. L. Noethlichs könnte man dennoch „diesen Typ von Minderheitenpolitik als ‚repressive Toleranz' bezeichnen."[511]

---

509 Noethlichs (1996) 101. Die einschlägigen Gesetze werden bei Noethlichs (ebd., 102f.) zusammengestellt und paraphrasiert.
510 Noethlichs (1996) 101.
511 Noethlichs (1996) 140.

3. Die Söhne Konstantins (337–361)

3.1: Die Krise des Kaisertums: Nachfolgekämpfe und Usurpationen

M 26: Die Nachfolgeordnung Konstantins

Die literarische Überlieferung zu geplanten Sukzessionsregelungen Konstantins ist insgesamt wenig glaubwürdig, was insbesondere für die christlichen Autoren des 4. und 5. Jahrhunderts gilt.[512] Noch relativ zuverlässig gibt die Epitome de Caesaribus Auskunft, und besonders bedeutsam sind, wie wir sehen werden, die Münzen.

> Epit. Caes. 41,19-20:
>
> „So wurde die Herrschaft über den römischen Erdkreis auf drei Personen übertragen, auf Constantinus, Constantius und Constans, die Söhne Konstantins. Jeder von ihnen verfügte über folgende Herrschaftsbereiche: der jüngere Konstantin über alles jenseits der Alpen, Constantius über Asia (vom Propontischen Meer ab) und den Orient, Constans über Illyricum, Italien und Africa, Delmatius über Thrakien, Makedonien und Achaia, Annibalianus, ein Bruder des Caesars Delmatius, über Armenien und angrenzende Gebiete."

Die Epitome de Caesaribus, der späteste der auf uns gekommenen, in lateinischer Sprache verfaßten Geschichtsabrisse (Breviarien) aus der Spätantike, stammt wahrscheinlich aus den letzten Jahren des 4. Jahrhunderts und behandelt aus heidnischer Sicht die Kaisergeschichte von Augustus bis Theodosius I.[513] Das Werk bietet eine zwar knappe, aber durchaus qualitätvolle und aus zahlreichen Quellen schöpfende Darstellung, und die Ungereimtheiten des vorliegenden Textes dürften auf bereits in den Quellen der Epitome herrschende Unsicherheiten zurückgehen. Über die Details der konstantinischen Sukzessionsregelungen ist sich der Verfasser der Epitome

---

512 Siehe oben Seite 39f.

513 Grundlegend zu allen mit der Epitome de Caesaribus verbundenen Fragen: J. Schlumberger, Die Epitome de Caesaribus. Untersuchungen zur heidnischen Geschichtsschreibung des 4. Jh. n. Chr., 1974.

nämlich ersichtlich nicht im klaren: Schreibt er zunächst noch, die Herrschaft sei auf die drei Söhne Konstantins übergegangen,[514] so listet er anschließend fünf Regenten auf: die drei Söhne Konstantins, seinen Stiefneffen Delmatius sowie dessen Bruder Hannibalianus – hier hat der Epitomator nicht zwischen Nachfolgeregelungen und dem Resultat von Nachfolgekämpfen unterscheiden können, und auch in der modernen Forschung herrschte lange Zeit Unklarheit über die von Konstantin ins Auge gefaßte Sukzession.

An erster Stelle nennt die Epitome Constantinus (II.), der, 316 (?) geboren, bereits 317 zum Caesar erhoben worden war; erst im Jahr 335 wurde ihm ein fester Zuständigkeitsbereich zugewiesen: die Regionen westlich der Alpen, also Gallien, Britannien und Spanien. Der anschließend erwähnte, 317 geborene Constantius II., avancierte im Jahr 324 zum Caesar und erhielt ebenfalls 335 als Aktionsraum den gesamten Orient (östlich der Meerengen) zugewiesen. Constans schließlich, der jüngste der drei (320 oder 323 geboren), erlangte im Jahr 333 das Caesariat und übernahm 335 die Verwaltung von Italien, (Nord-)Africa und Illyricum.

Als vierten Teilherrscher nennt die Epitome darüber hinaus noch den (wahrscheinlich um 315 geborenen) Stiefneffen Konstantins des Großen, Flavius Delmatius. 335 machte Konstantin ihn zum Caesar für Thrakien, Makedonien und Achaia, so daß in diesem Jahr eine ‚Tetrarchie' von vier Caesares komplettiert wurde und somit der wichtigste Grundstein der konstantinischen Nachfolgeordnung gelegt war. Denn der ebenfalls in der Epitome genannte Hannibalianus erhielt zwar auch im Jahr 335 als römischer König über Armenien und die angrenzenden Gebiete eine exponierte Position, aber nicht den Caesar-Titel, der allein ihn zum präsumtiven Nachfolger designiert hätte.

Bis vor kurzem ist man, nicht zuletzt im Anschluß an den Text der Epitome, davon ausgegangen, daß Konstantin eine Samtherrschaft der Caesares vorgesehen und damit eine letztlich offene und instabile Situation geschaffen habe: „Constantins Testament sah eine Verwaltung des Reiches durch vier Caesares vor."[515] H. Chantraine hat demgegenüber vor allem aufgrund einiger Münzen zeigen können, daß dies nicht der Fall gewesen sein dürfte:[516] Zunächst wendet sich Chantraine mit Recht gegen die These einer geplanten ‚Tetrarchie' von Caesares: „Der Name Augustus war seit dem ersten römischen Kaiser mit dem Herrscher verbunden und bald für

---

514 Dies entspricht der vor allem von den Kirchenschriftstellern vertretenen Version.
515 So noch A. Demandt (1989) 81, und F. Vittinghoff, Staat, Kirche und Dynastie beim Tode Konstantins, in: Dihle (1989) 27ff.
516 Das Folgende nach Chantraine (1992) 13ff.

diesen titular geworden und der Rang eines Caesars nicht minder eindeutig seit 200 Jahren auf den präsumtiven Nachfolger festgelegt."[517]

Die Konflikte nach dem Tod Konstantins, die Augustuserhebung seiner drei Söhne und die unterschiedlichen Positionen und Ehrungen[518] der Caesares sprächen des weiteren dafür, daß die konstantinischen Sukzessionspläne Rangunterschiede zwischen den vier Kandidaten gekannt hätten. Die gewünschte Bestätigung für diese Annahme liefern einige Darstellungen auf Münzen wie die folgende:[519]

Abb. 20: Medaillon aus
Konstantinopel (335–337)

Die abgebildete Rückseite eines nach Ausweis der im unteren Feld gegebenen Angabe in Konstantinopel geprägten Medaillons zeigt in der Mitte den thronenden und mit Nimbus versehenen Kaiser Konstantin, der in der Rechten das Zepter hält. Jeweils außen stehen zwei kleinere Männer, die freilich durch Tracht, Insignien und Größe den beiden noch kleineren, jeweils direkt neben dem Thron stehenden Figuren deutlich übergeordnet sind: Sie tragen nämlich Militärtracht und halten Zepter sowie Parazonium[520] und sind aufgrund ihrer Feldherrnfunktion als die Caesares Constantinus II. und

517 Ebd. 13f.
518 So hatten z. B. nur Constantius II. und Constantinus II. bereits den Konsulat bekleidet und Siegesbeinamen erworben.
519 RIC VII 583, 89 = R.-Alfödi (1963) Katalog Nr. 446, Abb. 245 (Tafel 29) = Chantraine (1992) Abb. 2.
520 Das Kleinschwert als Zeichen der Feldherrngewalt.

Constantius II. zu identifizieren. Aufgrund der Ikonographie rangieren sie vor den beiden kleineren, ebenfalls militärisch gewandeten Caesares (mit Zepter und Globus bzw. mit Zepter und Schild), die als Constans und Delmatius zu bezeichnen sind. Das zwischen 335 (Caesarernennung des Delmatius) und 337[521] geprägte Goldmultiplum reflektiert offenbar den letzten Stand der konstantinischen Nachfolgeregelung, worauf auch die Legende hindeutet: SECURITAS PERPETUA. Die „ewige Sicherheit" soll durch den Kaiser und seine Nachfolger gewährleistet werden, die auf das künftige Reichswohl gerichtete Projektion paßt folglich gut zu dem Sukzessionsgedanken. Chantraine folgert: „Die kleinere und abweichende Darstellung der jüngeren Caesares ist nicht lediglich Naturalismus, sie drückt, wie auch sonst damals üblich, die Ranghöhe aus."[522] Offenbar hat Konstantin geplant, daß zwei höherrangige (als Augusti?) und zwei rangniedrigere (als Caesares) Familienmitglieder eine dynastisch fundierte Tetrarchie[523] bilden sollten.[524] Diese Idee hat sich freilich gegenüber der Realität, insbesondere gegenüber den Ansprüchen des Constans, nicht behaupten können.

M 27: Ein „solidus" des Magnentius

Abb. 21: Solidus des Magnentius

---

521 Die Vorderseite zeigt Constantius II. mit der Legende FL(avius) IUL(ius) CON-STANTIUS NOB(ilissimus) CAES(ar).

522 Chantraine (1992) 16.

523 Diokletians Tetrarchie ist also nur mit Blick auf die Teilung der Herrschaft unter je zwei Augusti und zwei Caesares ein Vorbild – den Ausschluß leiblicher Söhne oder gar eine Abdankungsregelung kannten die konstantinischen Vorstellungen zweifellos nicht.

Flavius Magnentius, gebürtiger Germane, Offizier des Heeres in Gallien und Anhänger des alten Heidentums, hatte im Januar 350 die Augustuswürde usurpiert, der Kaiser Constans war kurz darauf ermordet worden. In der Folgezeit suchte Magnentius seine Position zu stabilisieren und zu legitimieren und war durchaus auch an einer gütlichen Einigung mit Constantius II. interessiert. In diesen Kontext gehört die vorliegende Münze.[525]

Es handelt sich um eine Goldmünze, einen „solidus" (vgl. M 18), der im Jahre 350 in der norditalischen Münzstätte Aquileia[526] geprägt wurde. Die Vorderseite zeigt das nach rechts gewandte Porträt – ohne Kranz oder Diadem – des Magnentius, der mit dem Feldherrnmantel („paludamentum") bekleidet ist. Die Legende lautet: FL(avius) MAGNENTIUS TR(iumphator)[527] P(ius) F(elix) AUG(ustus).

Historisch bedeutsam ist die Darstellung auf der Rückseite: Der in militärisches Ornat gekleidete Magnentius schreitet nach links. In der Linken hält er das „labarum", die Kaiserstandarte mit dem Christogramm,[528] in der Rechten eine kleine Siegesgöttin (Victoria), die, auf einem Globus stehend, ihm einen Kranz entgegenhält. Das Bild wird umschlossen von der Legende „Restitutor Libertatis" („Wiederhersteller der Freiheit").

Offenbar intendiert der heidnische Usurpator durch eine Aufnahme christlicher Motive in seine Ikonographie eine Annäherung an den dezidiert christlichen Augustus Constantius II. Er verbindet dabei das traditionelle Motiv der Sieghaftigkeit des Kaisers – gewährleistet durch die Gunst der die (in dem Globus symbolisierte) Weltherrschaft garantierenden Victoria – mit dem neuen christlichen Feldzeichen, das von Konstantin eingeführt und am

---

524 Ohne Kenntnis von Chantraines Arbeit hat nahezu gleichzeitig P. Cara den Nachweis zu führen versucht, Konstantin habe eine Primogenitur-Erbfolge angestrebt und daher zunächst Konstantin II. als einzigen Augustus vorgesehen (La successione di Costantino, Aevum 67, 1993, 173–180). Die von Cara angeführten Münzen belegen dies jedoch nicht, und vor allem ist Caras Ansicht (176) unzutreffend, die Ernennung von vier Caesares habe nur der Effektivierung der Reichsverwaltung gedient und nichts mit etwaigen Nachfolgeplänen zu tun gehabt – daß eben letzteres der Fall gewesen sein dürfte, hat Chantraine nachgewiesen.

525 Ausführlich siehe D. Stutzinger, Katalog Nr. 81, in: Spätantike und frühes Christentum (1983) 479f.

526 Dies geht aus dem unteren Feld der Rückseite hervor: SMAQ weist auf die kaiserliche Offizin („sacra moneta") in Aquileia.

527 J. P. C. Kent kommentiert diese einzigartige Verwendung des Triumphatortitels im Rahmen der Herrschertitulatur folgendermaßen: „A very early solidus... with the unique titulature FL MAGNENTIUS TR P F AUG, suggests a fleeting imperial visit within the first weeks of the reign, before typology and style had been determined" (RIC VIII, 1981, 309).

528 Dazu vgl. o. M 13 u. M 22.

Ende der 320er Jahre auch erstmals auf Münzen abgebildet worden war.[529] Eusebius hat in seiner nach dem Tode Konstantins verfaßten panegyrischen Biographie des Kaisers dieses Labarum beschrieben, das Konstantin angeblich nach seiner nächtlichen Vision Christi habe gestalten lassen (Eus. Vita Const. I 31,1f.): „Das Zeichen war in folgender Gestalt gefertigt: Ein langer, vergoldeter Lanzenschaft trug eine Querstange und war folglich in der Gestalt eines Kreuzes verfertigt. Am oberen Rand des Ganzen war ein aus Edelsteinen und Gold geflochtener Kranz befestigt, in welchem das Zeichen des Namens des Erlösers angebracht war: Zwei Buchstaben, die als Anfangsbuchstaben den Namen Christi anzeigten, in dem Rho (P) in der Mitte durch das Chi (X) gekreuzt war. Diese Buchstaben pflegte der Kaiser in späteren Zeiten auch an seinem Helm zu tragen. An der Querstange, die durch den Lanzenschaft gesteckt war, hing noch ein Leinentuch, kostbares Gewebe, welches ... einen herrlichen Anblick gewährte ... Der senkrechte Lanzenschaft aber ... trug, unter dem Zeichen des Kreuzes, am oberen Ende des dargestellten Gewebes, das vergoldete Brustbild des gottgeliebten Kaisers und ebenso das seiner Kinder." Mag auch die Auffassung des Eusebius, daß Konstantin bereits seit 312 diese Standarte eingeführt habe, unkorrekt sein,[530] so ist das Labarum dennoch als bedeutsames äußeres Zeichen einer Hinwendung Konstantins zum Christentum in den 320er Jahren zu werten.

Die (eusebianische) Auffassung, die Einführung des Labarums mit der (schon an der Milvischen Brücke dokumentierten) Sieghaftigkeit des Kaisers zu verbinden – ein Gedanke, welcher der Ikonographie des Magnentius- „solidus" zugrundeliegt –, dürfte erst in späterer Zeit Verbreitung gefunden haben. Darauf deuten Münzen aus der Mitte des 4. Jahrhunderts (Constantius II./Vetranio), welche den Kaiser mit Labarum und Victoria zeigen umgeben von der Legende: „Hoc signo victor eris" („in diesem Zeichen wirst du siegen").[531] Dem heidnischen Usurpator Magnentius hat die Adaption christlicher Siegesideologie nichts genützt – von Constantius II. besiegt, beging er 353 Selbstmord.

---

529 Es handelt sich um die bekannte SPES PUBLICA-Münze, eine Bronzeprägung Konstantins: Bleckmann (1996) 61 (mit Münzabbildung).

530 Bleckmann (1996) 60ff. P. Weiß (1993), 166f. deutet das Labarum als bildliche Darstellung der von Konstantin angeblich realiter zuteil gewordenen Haloerscheinung (zu diesen Halos/‚Nebensonnen' siehe Weiß, ebd. 148ff.).

531 S. etwa RIC VIII, S. 44. 344f. 368f.; Abbildung bei Bleckmann (1996) 63.

3.2: Innere Konflikte: Staat, Kirche und Gesellschaft

M 28: Der Rombesuch Constantius' II. im Jahr 357

(Amm. 16,10,1-17).[532]

„(1) Während diese Dinge in den östlichen Reichsteilen und in Gallien gemäß den aktuellen Gegebenheiten geregelt wurden, wünschte Constantius – gleichsam als wären der Ianus-Tempel geschlossen und alle Feinde niedergestreckt worden –, Rom aufzusuchen, um nach dem Tod des Magnentius zwar ohne einen (Imperator-)Titel, aber aufgrund vergossenen römischen Blutes einen Triumph zu feiern. (2) Denn niemals hat er persönlich ein Volk besiegt, welches Kriege anzettelte,[533] oder auch nur erfahren, daß eines durch die Tapferkeit seiner Heerführer besiegt worden sei, noch hat er dem Imperium territorialen Zuwachs gebracht oder ist jemals in höchsten Gefahrensituationen an der Spitze oder jedenfalls unter den ersten gesichtet worden, sondern er wollte vielmehr dem Volk eine sehr ausgedehnte Festprozession und von Gold strotzende Standarten sowie die Pracht seines Gefolges vorführen – einem Volk, das sehr ruhig seinen Angelegenheiten nachging und dieses oder ein ähnliches Spektakel zu sehen weder erwartete noch jemals wünschte... (5) Als er sich der Stadt näherte und die Hommagen des Senats und die verehrungswürdigen Abbilder patrizischen Geschlechts mit heiterem Antlitz betrachtete, da glaubte er, nicht wie jener Gesandte des Pyrrhus, Cineas, eine zusammengeballte Menge von Königen[534], sondern gar die Zufluchtstätte der gesamten Welt vor sich zu sehen.[535] (6) Als er sich dann zum Volk wandte, da geriet er ins Staunen darüber, in welcher Zahl[536] Menschen

---

532 Die Übersetzung orientiert sich nur zum Teil an der lateinisch-deutschen Fassung von W. Seyfarth (Teil 1, 1968), die bisweilen etwas ungenau ist (vgl. z. B. die folgende Anm.).

533 Seyfarth (ebd., 175) übersetzt unkorrekt: „kein einziges Volk hat er im Krieg selbst überwunden" – lateinisch aber heißt es: „nec enim gentem ullam bella cientem per se superavit."

534 Der Thessaler Kineas verhandelte 288/79 v. Chr. im Auftrag des Pyrrhos in Rom, wo er laut Überlieferung den Senat als eine Versammlung von Königen bezeichnete und Rom eine Stadt von Königen genannt haben soll.

535 Der Gedanke, daß die Stadt Rom gewissermaßen die Welt beherberge, findet sich bereits in der berühmten, dem 2. Jh. n. Chr. entstammenden Lobrede des Aelius Aristides auf Rom: vgl. R. Klein, Die Romrede des Aelius Aristides, 1981.

536 Die Handschriften bieten „celeriate" („[mit welcher] Schnelligkeit"), so auch wieder Seyfahrt in seiner Teubner-Ausgabe Ammians (1978, 83), ich folge hier der Konjektur „celebritate" (so bereits Seyfahrt, oben Anm. 532, 175, und E. Galletier, Ammien Marcellin I, 1968, 165).

jeglicher Art von überallher in Rom zusammenströmten. Gleichsam als wolle er den Euphrat durch den Anblick seiner Waffen erschrecken oder den Rhein, saß er, während man auf beiden Seiten die Feldzeichen vorantrug, allein in seinem goldenen Wagen, der von Strahlen bunter Edelsteine glänzte, mit dessen Glanz sich ein wechselndes Licht zu vermischen schien...[537]

(13) Nachdem er so Rom betreten hatte, das Wohnhaus des Reiches und aller Tugenden, und zur Rednertribüne[538] gelangt war, da geriet er ins Staunen über das Forum, hochberühmt wegen der früheren Macht, und wurde, nach welcher Seite er auch immer die Augen richtete, durch die Fülle der Wunderdinge geblendet. Er sprach zu den Senatoren in der Kurie und zum Volk vom Tribunal aus; unter vielfachen Gunstbezeugungen in das Palatium gelangt, genoß er die erwünschte Freude, und oft, wenn er Reiterspiele gab, ergötzte er sich an dem Witz des einfachen Volkes, das weder übermütig wurde noch von dem im Laufe der Zeit gewachsenen Freimut abließ, und auch er selbst hielt korrekt das rechte Maß. (14) Denn er nahm es hin, daß die Wettkämpfe nicht, wie in anderen Orten, nach seinem Willen beendet wurden, sondern überließ dies, wie es Sitte ist, dem Lauf der Dinge. Anschließend besichtigte er die zwischen den Gipfeln der sieben Hügel und Abhängen und Senken gelegenen Teile der Stadt sowie die Umgebung, und sobald er irgend etwas gesehen hatte, glaubte er, gerade dieses rage unter allem anderen hervor: das Heiligtum des Iupiter Tarpeius,[539] das so weit hervorragt wie alles Göttliche über Menschliches; Bäder, im Ausmaß von Provinzen erbaut; den gewaltigen Bau des Amphitheaters, fest erbaut durch das Gefüge tiburtinischen Steins,[540] zu dessen höchstem Punkt kaum der menschliche Blick hinaufreicht; das Pantheon, wie ein ganzes gerundetes Stadtviertel in prächtiger Erhabenheit gewölbt; die weit hinaufgeführten, bis zur obersten Spitze besteigbaren Säulen, welche Nachahmungen der frühen Principes trugen; den Tempel der Stadt, das Friedensforum, das Pompeiustheater, Odeion und Stadion sowie alle möglichen anderen Schmuckstücke der ewigen Stadt.

---

537 In 16,10,7–12 setzt Ammian die Schilderung des Festzuges mit Hinweisen zum militärischen Gefolge des Constantius II. und kritischen Bemerkungen zum sich unnahbar gebenden Kaiser fort. Diese Prachtdemonstration und die Haltung des Princeps entsprechen freilich durchaus, wie Klein betont (1979, 103f.), dem üblichen spätantiken Zeremoniell.

538 Auf dem Forum Romanum, seit der Neugestaltung des Forums durch Caesar und Augustus auf der Westseite (nahe dem Septimius-Severus-Bogen) gelegen: Coarelli (1975) 71f.

539 Zu den einzelnen Monumenten vgl. die Erläuterungen gleich unten.

540 Gemeint ist Travertin, ein aus den – noch heute im Gebrauch befindlichen – Steinbrüchen bei Tivoli gewonnener Kalkstein, von dem allein für das Kolosseum mehr als 100.000 m³ verbaut wurden (Coarelli, 1975, 167).

(15) Als er aber schließlich zum Trajans-Forum kam, dem unserer Meinung
nach unter dem gesamten Himmel unvergleichlichen, sogar mit Zustimmung
der Götter als wunderbar anzusehenden Bauwerk, da hielt er wie vom
Donner gerührt inne und bedachte bei sich die gigantischen Konstruktionen,
die weder mit Worten angemessen zu beschreiben noch je von Menschen zu
wiederholen sind. Deshalb schwand bei ihm die Hoffnung, jemals etwas
derartiges zu versuchen, und er sagte, daß er nur das in der Mitte des
Atriums aufgestellte Pferd Trajans, welches den Kaiser selbst trägt, nachbilden
wolle und könne...[541] (17) Nachdem er vieles mit kaum glaublicher Bewun-
derung gesehen hatte, beklagte sich der Kaiser über das so schmähliche wie
böswillige öffentliche Gerede, welches immer alles übertreibe, jedoch versage
beim Schildern alles dessen, was es in Rom gäbe; lange überlegte er, was er
selbst tun könne, und beschloß endlich, dadurch den Schmuck der Stadt zu
vermehren, daß er einen Obelisken im Circus Maximus errichten ließ."

Dem Rombesuch Constantius' II. sowie seiner Schilderung durch Ammian
gebührt gleich in mehrfacher Hinsicht besondere Aufmerksamkeit: Erstens
beleuchtet der Bericht des Geschichtsschreibers den Hintergrund für die
unverkennbare Zäsur in der Religionspolitik des Kaisers, die nach seinem
Romaufenthalt erfolgt ist. Zweitens liegt hier ein wichtiges Zeugnis für die
heidnische Variante der spätantiken Romidee vor, und drittens ermöglicht
die Beschreibung Ammians interessante Einblicke in das Stadtbild des spätantiken Rom.
Ammian vernebelt den Anlaß der (von Ende April bis Ende Mai 357
dauernden) Romvisite Constantius II., wenn er betont, dieser sei ohne Impe-
rator-Titel nach dem Ende des Magnentius zur Feier eines Triumphes nach
Rom gekommen (16,10,1) – und das, obwohl er alles andere als persönliche
militärische Erfolge habe vorweisen können (16,10,2). In der epigraphischen
(ILS 736) und literarischen (Themist. or. 3,426) Parallelüberlieferung ist
hingegen im Plural von Triumphen die Rede, und so dürften vor allem auch
die erfolgreichen Alamannenfeldzüge von Constantius II. in den Jahren
354–356 ihren Teil zu dem feierlichen „adventus" des Kaisers in Rom beigetragen haben.[542] Nicht zuletzt aber wird auch die Tatsache, daß sich die
Augustusproklamation Constantius' II. zum zwanzigsten Mal jährte, bei
diesem Anlaß gewürdigt worden sein.[543] In seinem Bestreben, Constan-

541 Von der verlorenen Reiterstatue Trajans vermitteln nur noch Münzbilder eine
    schwache Vorstellung: Coarelli (1975) 112.
542 Av. Cameron (1994, 107f.) hingegen scheint Ammians Polemik zu teilen.
543 So mit Recht – unter Verweis auf Münzen – Klein (1979), 101, auch wenn keine
    formellen Vicennalia gefeiert worden sein mögen (Demandt, 1989, 85 mit Anm. 32).

tius II. in ein schlechtes Licht zu rücken, ignoriert Ammian hier diese Dinge, um dem Kaiser überdies noch fehlende „virtus" vorwerfen zu können.

Rombesuche sind in der Spätantike selten geworden[544] – als Residenz-stadt des Kaisers spielte die alte Kapitale – abgesehen von der Zeit des Usurpators Maxentius (306–312) – kaum noch eine Rolle, ungeschmälert war jedoch Roms Bedeutung als Hort von Tradition und Kultur sowie als Symbol römischer Weltherrschaft. Senat und stadtrömischer „populus" dürften daher die Visite gerade desjenigen Kaisers, der die neue Konkurrenz-stadt Konstantinopel in besonderer Weise begünstigte, durchaus begrüßt haben, um sich selbst ins rechte Licht setzen zu können.[545]

Nach Beendigung dieses Aufenthaltes wird sich die positive Grundstim-mung vor allem der heidnischen Römer sogar noch verstärkt haben, denn, und damit kommen wir zum ersten Punkt, die Demonstration altrömischer (und d. h. vor allem auch: paganer) Herrlichkeit hat bei Constantius II. offenbar Spuren hinterlassen: Bereits im Oktober 357 (CTh 15,12,2) ließ er die seinerzeit von Konstantin verbotenen Gladiatorenspiele in Rom wieder zu. Auch die von Ammian (16,10,17) vermerkte Stiftung des Obelisken im Circus Maximus[546] entsprach durchaus altkaiserlichem Euergetismus. Zwei-felsohne hat also die von Ammian mit besonderem Nachdruck betonte Monumentalität gerade auch der Sakralbauten Constantius II. beeindruckt. Im einzelnen erwähnt der Historiker (16,10,14) den kapitolinischen Jupiter-Tempel, das alte Hauptheiligtum Roms,[547] das ursprünglich von Agrippa errichtete und dann von Hadrian monumental neugestaltete Pantheon[548] und den – größten stadtrömischen – Tempel für Venus und Roma.[549] Schließ-

---

544 Eine Aufstellung der Rombesuche in der Spätantike bietet Demandt, ebd. 376 Anm. 7.

545 Klein (1979) 103. 107f.

546 Der später zerbrochene Obelisk wurde im 16. Jahrhundert auf Veranlassung des Papstes Sixtus V. repariert und vor der Lateransbasilika aufgestellt, wo er sich jetzt noch befindet.

547 Ammian spricht vom Heiligtum des „Iupiter Tarpeius" (nach dem alten Namen „Mons Tarpeius" für das Kapitol). Einen knappen, gleichwohl fundierten Über-blick über die komplizierten archäologischen Probleme des Kapitolstempels bietet Coarelli (1975) 44f.; siehe ferner (mit neuester Literatur): F. Kolb, Rom, 1995, 91ff.

548 Zum 609 in die Kirche S. Maria ad Martyres umgewandelten und daher vorzüglich erhaltenen Pantheon siehe Coarelli (1975) 257ff.

549 Vgl. Coarelli (1975) 99. Der Tempel war gerade nach einem Brand im Jahre 307 n. Chr. durch Maxentius umfassend restauriert und mit Apsiden sowie Tonnen-gewölben versehen worden. Die ammianische Terminologie – „Urbis templum" (Tempel der Stadt Rom) – ist Ausdruck der spätantiken Romideologie.

lich befand sich auch auf der nach Ammian eindrucksvollsten Anlage, dem Trajansforum (16,10,15), der Tempel des Divus Traianus.[550] In dem gesamten, rhetorisch aufwendig gestalteten Abschnitt über den Aufenthalt des Kaisers inmitten der architektonischen Zeugen altrömischer Größe (16,10,13-17) fehlt auf einmal jegliche Kritik des heidnischen Geschichtsschreibers Ammian an dem arianischen Kaiser Constantius II. Dies liegt freilich nicht, wie bisweilen angenommen worden ist, an der Verarbeitung neuer Quellen durch Ammian oder gar an einer veränderten Haltung Ammians dem Kaiser gegenüber, sondern läßt sich unschwer mit der Rombegeisterung Ammians erklären. Ammian erweist sich hier als glühender Verfechter der Idee der „Roma aeterna."[551] Rom als „Heimat aller Tugenden" (16,10,13: „virtutum omnium lar") bezieht nach dieser Auffassung seine ewige Sonderstellung aus der Gunst der alten Götter und der ruhmreichen Herrlichkeit vergangener Zeiten. Daher wird Constantius II. auf das alte politische Zentrum Roms, das Forum Romanum, und in das Amtsgebäude des Senats – die unter Diokletian neu gestaltete Curia[552] – geführt (16,10,13) und mit den Denkmälern römischer Sieghaftigkeit und unvergänglicher Größe konfrontiert (16,10,14): mit riesigen Thermen („lavacra"[553]), dem (nur „amphitheatrum" genannten) Kolosseum,[554] grandiosen Siegessäulen[555] sowie mit dem von Vespasian begonnenen und unter Septimius Severus nach einem Brand wiedererrichteten Forum der Flavier;[556] ferner sah der Kaiser das Pompeius-Theater, das erste Steintheater Roms, welches von einer prächtigen Porticus umgeben war und ebenfalls in der Zeit der Tetrarchie umfassend restauriert wurde,[557] sowie zwei weitere Bauten, die sich heute nur noch durch ihre Grundrisse im römischen Stadtbild widerspiegeln: das Odeum

---

550 Zu dem grandiosen, 300 m langen und 185 m breiten Trajansforum, dem letzten der Kaiserfora in Rom, siehe Coarelli (1975) 112ff. Noch im 5. Jh. wurden dort Gesetze publiziert und neue Statuen und Inschriften aufgestellt.

551 Klein (1979) 105.; A. Demandt, Zeitkritik und Geschichtsbild im Werk Ammians, 1965, 115ff. Grundlegend: F. Paschoud, Roma aeterna, 1967.

552 Coarelli (1975) 65ff.

553 In erster Linie ist hier an die riesigen Diokletiansthermen (F. Kolb, Rom, 1995, 669: „das größte Hallenbad der Welt") und die Caracallathermen zu denken; dazu siehe jeweils Coarelli (1975) 229ff. 302ff.

554 Coarelli (1975) 166ff.

555 Wahrscheinlich meint Ammian vor allem die noch heute stehenden Säulen Trajans (Coarelli, 1975, 116ff.) und Marc Aurels (ebd. 269f.) sowie die einst nahe der letzteren aufgestellte Säule des Antoninus Pius (ebd. 270).

556 Coarelli (1975) 133ff. In der Spätanike hieß der eigentlich nur als monumentale Tempelanlage konzipierte Platz nach dem der Friedensgöttin Pax geweihten Heiligtum nur noch „Forum Pacis" (so auch Amm. 16,10,14).

557 Coarelli (1975) 254f.

und das Stadium, also die unter Domitian erbauten Anlagen für (griechische) Athletenkämpfe und musisch-literarische Darbietungen.[558] „Andere Schmuckstücke der ewigen Stadt" („alia decora urbis aeternae") erwähnt Ammian (16,10,14) nur summarisch, meint damit aber gewiß keine christlich beeinflußten Bauten, die er geflissentlich übergeht: weder erwähnt er die bald nach 313 begonnene Laterans-Basilika (M 23) noch die gewaltige, von Konstantin vollendete Maxentius-Basilika (M 4).[559]

Ammian erweist sich somit als versierter Traditionalist, wie nicht nur der Denkmälerkatalog, sondern auch die sprachliche Gestaltung lehrt: Nicht zufällig erwähnt er die Freiheit („libertas": 16,10,13), auf welche die römische „res publica" immer stolz gewesen ist, und den „mos" (16,10,14), der unter dem Schlagwort des „mos maiorum" gewissermaßen die gesamten sittlichen und zivilisatorischen Qualitäten der Römer, welche durch jahrhundertelange Praxis eingeübt und tradiert wurden, bezeichnet. So feiert der Heide Ammian noch einmal einen nur kleinen und vorübergehenden, aber erkennbar genossenen Triumph über das immer weiter vordringende Christentum.

M 29: Gesetz zur Steuerpflicht christlicher Kleriker

(CTh 16,2,15)

„Derselbe Augustus [Constantius II.] und der Caesar [Julian][560] an Taurus, den Prätorianerpräfekten.[561]

Auf der Synode von Ariminum[562] ist nach Abhaltung einer Beratung über die Privilegien der Kirchen und der Kleriker eine Bestimmung dahingehend erlassen worden, daß iuga,[563] welche zur Kirche zu gehören scheinen, von der öffentlichen Abgabenpflicht frei sind...

---

558 Die heutige Piazza Navona entspricht dem Stadion, und das Halbrund des Zuschauerraumes vom Odeon bestimmt heute die halbrunde Fassade des Palazzo Massimo (Coarelli, 1975, 266f.).
559 Coarelli (1975) 94f.
560 Daß die Gesetze im Namen des Augustus und des Caesars erlassen werden, ist normal, bedeutet aber nicht, daß Julian tatsächlich an der Gesetzgebung beteiligt war.
561 Der Präfekt Taurus – Flavius Palladius Rutilius Taurus Aemilianus – ist recht gut bekannt: Als Anhänger Constantius' II. und dezidierter Arianer leitete er das Konzil von Ariminum, unter Julian wurde er verbannt: A. Lippold, Art. Taurus (2), Der Kleine Pauly 5, 1979, 548.
562 Die Synode (im heutigen Rimini) fand im Jahr 359 statt.
563 Das heißt steuerpflichtiger, im Zensus erfaßter Landbesitz (s. o. zu M 8).

Die Kleriker aber und diejenigen, die man nach jüngster Praxis Totengräber zu nennen begonnen hat, sollen verschont bleiben von den niederen Steuerpflichten[564] und von der Steuerzahlung, wenn sie nur bei kleinen Handelsgeschäften für ihre Ernährung und Bekleidung sorgen; die übrigen aber, deren Namen das Händlerverzeichnis enthielt zu dem Zeitpunkt, als die Steuerzahlung allgemein bekannt gemacht wurde, sollen die Abgabenpflicht für Händler und die Zahlungen akzeptieren, sofern sie später dem Klerikerstand beigetreten sind.
Bezüglich der Kleriker aber, die über Landbesitz verfügen, soll deine erhabene Autorität[565] nicht nur festsetzen, daß sie in keinem Fall fremde iuga von der Steuerpflicht entbinden, sondern auch, daß die genannten Kleriker für das Land, das sie selbst besitzen, der Steuerzahlung zu unterwerfen sind. Denn wir befehlen, daß alle Kleriker, sofern sie Landbesitzer sind, die provinzialen Steuerzahlungen akzeptieren, vor allem, da im Gefolge unserer glanzvollen Herrlichkeit[566] andere Bischöfe, die aus verschiedenen Teilen Italiens gekommen sind, und auch solche, die sich aus Spanien und Africa eingefunden haben, zugestimmt haben, daß dies völlig zu Recht angeordnet wird, so daß außer den iuga und der offiziellen Deklaration, die sich auf die Kirche beziehen, die Kleriker dazu angehalten werden müssen, alle Abgabenpflichten zu übernehmen und die Einlieferung von Steuerzahlungen zu übernehmen.
Als Brief[567] gegeben am 30. Juni in Mailand unter dem zehnten Konsulat des Augustus Constantius und unter dem dritten Konsulat des Caesars Julian (d. h. im Jahr 360)."

Dieses Gesetz markiert eine wichtige Veränderung in der staatlichen Kirchenpolitik und in dem Verhältnis von Staat und Klerus. Es steht im Kontext einer ganzen Reihe in den spätantiken Gesetzessammlungen erhaltener Kaisererlasse,[568] welche sich sämtlich mit dem Problem befaßten, ob und inwiefern den christlichen Klerikern (vor allem in steuerlicher Hinsicht) eine Sonderstellung gebührte und auf welche Weise dabei den gesamtstaatlichen Interessen Rechnung getragen werden konnte.

---

564 Zu den „munera sordida" zählten vor allem auch solche Tätigkeiten für das öffentliche Gemeinwesen, die körperliche Arbeit erforderten.
565 In für die Spätantike typischer, blumiger Terminologie ist dies die Anrede des Prätorianerpräfekten.
566 Vgl. die vorherige Anm. (hier auf den Kaiser selbst bezogen).
567 Der Erlaß ist also schriftlich in Mailand eingegangen, wo sich der Augustus Constantius II. zu dieser Zeit nicht befand.
568 Die von Konstantin bis weit ins 5. Jh. hinein zu verfolgende Gesetzgebung erörtert K. L. Noethlichs, Zur Einflußnahme des Staates auf die Entwicklung eines christlichen Klerikerstandes, JbAC 15, 1972, 136–153.

Mit der Anerkennung des Christentums als einer zugelassenen und anerkannten Kultgemeinschaft („religio licita") gebührten zunächst allen christlichen Klerikern dieselben steuerlichen Immunitäten wie den heidnischen Kultpriestern, angesichts der enormen Zahl dieser „clerici" hatte Konstantin jedoch Zugangsbeschränkungen zum Klerikeramt verhängt, um ein Ausbluten der städtischen Kurien zu verhindern und die Einnahmen des Fiskus nicht über Gebühr zu beschneiden.[569] Mit dieser ambivalenten Politik, die sich als wenig effektiv herausstellte, bricht nun Constantius II., wofür das vorliegende Gesetz das zentrale Dokument darstellt: In explizit hervorgehobener Übereinstimmung mit den auf der Synode von Rimini versammelten Würdenträgern der Kirche[570] werden die steuerlichen Privilegien christlicher Kleriker (nicht aber diejenigen der christlichen Kirche als Körperschaft!)[571] weitestgehend annulliert und diese den ‚normalen' Bürgern im Prinzip gleichgestellt. Dies ist nicht etwa als antichristliche Maßnahme des dezidiert prochristlichen Kaisers Constantius II. zu deuten, sondern vielmehr als Indiz eines gezielten Integrationswillens: „Die staatliche Organisation holt den Klerus mehr und mehr zu sich herein, die Geistlichen werden, von Ausnahmen abgesehen, als Bürger der staatlichen Rechtsordnung unterworfen."[572] Zugleich dienen diese Maßnahmen gesamtstaatlichen Interessen: Wie in einem als Ergänzung des vorliegenden Erlasses zu verstehenden Gesetz von 361 (CTh 12,1,49) ausgeführt wird, werden die Kleriker nicht nur in puncto Steuerpflicht, sondern auch bezüglich der Kuriatspflichten den übrigen „cives Romani" im Prinzip gleichgestellt – nur für die weiterhin in der Gesetzgebung bevorzugten christlichen Bischöfe sollen Ausnahmeregelungen gelten.

Das Gesetz CTh 16,2,15 bietet zugleich vielsagende Einblicke in die Möglichkeiten, neben dem Kirchendienst weiteren Erwerbstätigkeiten nachzugehen. Offensichtlich war es keineswegs selten, daß „clerici" lukrative Handelsgeschäfte betrieben – die reiche Gesetzgebung auch außerhalb von CTh 16,2,15 bezüglich klerikaler Händler („negotiatores") legt davon beredtes Zeugnis ab.[573]

---

569 Demandt (1989) 445.

570 So mit Recht Noethlichs (1989), 286: „Somit bietet CTh XVI 2,15 ein einzigartiges Zeugnis für die Verknüpfung kirchlicher und weltlicher Rechtsordnung." Die Auffassung von L. de Giovanni (Il libro XVI del Codice Teodosiano, 1985, 57f.), die Synodalen von Rimini hätten eine Steuerbefreiung der Kleriker angestrebt, was Contantius II. abgelehnt habe, ist eine Fehlinterpretation.

571 „In CTh XVI 2,15 wurde erstmals zwischen dem (steuerfreien) Kirchenvermögen und dem jetzt prinzipiell steuerpflichtigen Vermögen des einzelnen Klerikers unterschieden:" Noethlichs (1989), 286.

572 Noethlichs, ebd., 288.

573 Die einschlägigen Gesetze sind gesammelt bei Noethlichs (o. Anm. 568), JbAC 15, 1972, 151f.

3.3: Der permanente Konflikt: Rom und Persien

M 30: Die Belagerung von Nisibis im Jahre 350

(Zonaras 13,7 ed. Behrend III, Leipzig 1870, p. 193, Zeile 24 – p. 195 Zeile 5):

„Während Constantius dies bedachte und zauderte, nutzte Sapor den günstigen Zeitpunkt zum Angriff, da auch ihm zur Kenntnis gelangt war, was mit Constans passiert war, und zog mit einem großen Heer gegen die unter der Herrschaft der Römer befindlichen Gebiete und Poleis. Er plünderte ein großes Gebiet, nahm sogar Festungen ein und belagerte schließlich Nisibis; dieses gehörte ehemals zum Königreich Armenien, dann unterstand es Mithridates, welcher der Schwiegersohn des damals über Armenien herrschenden Tigranes war und die Polis von jenem übernahm, und schließlich wurde es nach einer Belagerung von den Römern genommen. Dorthin nämlich kam Sapor und setzte seine gesamte (Belagerungs-)Ausrüstung in Bewegung, um die Stadt einzunehmen. Denn er verlegte Mauerbrecher an die Stadtmauer und ließ unterirdische Gänge anlegen, aber die Belagerten leisteten gegen all dies wacker Widerstand. Und so leitete Sapor den Fluß, der mitten durch die Stadt floß, durch Gräben um, damit die Polisbewohner, von Durst gequält, ihm die Stadt übergäben. Diese aber besaßen reiche Wasservorräte aus Brunnen und Quellen. Da seine Einfälle nicht zu dem gewünschten Erfolg führten, verfiel Sapor auf etwas anderes. Er lief den Fluß hinauf, der, wie gesagt, die Stadt durchfloß, und gelangte zu einer Schlucht, wo der Raum, durch den das Wasser floß, sich verengte; er versperrte die Stelle und hemmte die Flut. Als das Wasser überfloß, entfernte er die Sperre an dem Ausgang des Wasserdurchflusses, und die Flut ergoß sich hinab zur Stadt. Die Masse des angesammelten Wassers prallte mit heftiger Gewalt gegen die Stadtmauer und durchbrach einen Teil von ihr. Aber der Barbar drang nicht sogleich in die Stadt ein, sondern – zumal diese ja schon erobert sei – er verschob, da es gegen Abend ging, die Einnahme der Stadt auf den folgenden Tag, sofern nichts Widriges geschah. Die Polisbewohner gerieten infolge des Mauerdurchbruchs außer Fassung; sobald sie freilich erkannten, daß die Perser die Erstürmung aufschoben, verbrachten sie die Nacht schlaflos und befestigten mit zahlreichen Helfern die Stelle, indem sie im Inneren einen weiteren Mauerring errichteten. Als Sapor dies am Morgen erblickte, schrieb er seinen Mißerfolg seiner eigenen Sorglosigkeit zu. Aber er ließ nicht von der Belagerung ab. Dieses und jenes ersann er noch gegen die Stadt, aber er verlor die meisten seiner Leute – man sagt, daß über 20.000 Mann des persischen Heeres bei der Belagerung von Nisibis in Gefahr gerieten –, und so

zog er sich in Schimpf und Schande zurück. Denn schon waren die Massage-
ten nach Persien eingedrungen und fügten Persien Schaden zu. Der Kaiser
Constantius befestigte Nisibis und richtete seine Bewohner wieder auf."[574]

Da die erhaltenen Bücher von Ammianus Marcellinus erst mit dem Jahr 353
einsetzen, ist man für die vorhergehenden Jahre auf ein Quellenkonglomerat
von bunter Provenienz angewiesen: auf die nicht allzu ergiebigen Kurzfassungen (Breviarien) römischer Geschichte aus dem 4. Jh. (Aurelius Victor,
Eutrop, Epitome de Caesaribus), auf die zeitgenössische (meist heidnische)
Rhetorik (z. B. Julian, Libanios) und (christliche wie pagane) Poesie (z. B.
des Christen Ephraim von Nisibis), auf die (häufig tendenziösen) Kirchen-
schriftsteller vornehmlich des 5. Jh. (Philostorgios, Sozomenos, Socrates,
Theodoret) sowie auf spätere, byzantinische Chroniken und Geschichtswer-
ke. Von besonderer Bedeutung ist dabei natürlich stets die Quellenfrage –
wie glaubwürdig und zuverlässig, auf welchen Autoren fußend und mit
welchen Intentionen wird etwas berichtet?
    Der vorliegende Text stammt aus der Feder des Johannes Zonaras (Ende
11. Jh. bis nach 1160), eines ehemals hochrangigen Hofbeamten, der wahrscheinlich unfreiwillig den Dienst quittierte und als Mönch eine von der
Schöpfung bis zum Jahr 1118 reichende Weltchronik (Epitome Historion)
verfaßte.[575] Sein Bericht zur Belagerung von Nisibis durch Shapur II.[576] im
Jahre 350 verdient besonderes Interesse, da er sehr detailliert ausfällt, im
Lichte einer reichen Parallelüberlieferung zu bewerten und somit auch hinsichtlich der gesamten Quellenfragen analysierbar ist.
    Zunächst jedoch zum historischen Hintergrund: Zwischen 337 und 350
wurde die Stadt Nisibis nicht weniger als dreimal von dem sassanidischen
Herrscher des Perserreiches belagert, konnte jedoch nie erobert werden. Die
zentrale Rolle von Nisibis im Rahmen dieser langwierigen römisch-per-
sischen Auseinandersetzungen fußt auf der großen strategischen Bedeutung
der Stadt, welche von Ammian als „stärkstes Bollwerk des Ostens"[577] bezeichnet wurde: Im nördlichen Mesopotamien an wichtigen Kommunika-
tionsverbindungen gelegen, unterstand die schon in altorientalischer Zeit
bedeutsame Siedlung im Hellenismus erst seleukidischer, dann (nach 129
v. Chr.) parthischer und zur Zeit des Tigranes (frühes 1. Jh. v. Chr.) armeni-
scher Herrschaft; die Römer erlangten erstmals unter Lucullus (im Jahr 68

---

574 Vgl. o. S. 45 Abb. 3.
575 Vgl. K. Ziegler, Artikel Zonaras, RE X A, 1972, 718–732; Bleckmann (1992) 1–16.
576 Die Namensgebung ist in den antiken Quellen uneinheitlich, s. J. Duchesne-Guil-
     lemin, Art. Sapor, Der Kleine Pauly 4, 1979, 1545f.; die persische Form lautet:
     Sahbuhr (J. Wiesehöfer, Das antike Persien, 1993, 269 u. ö.).
577 Amm. 25,8,14: „Orientis firmissimum claustrum."

v. Chr.) die Verfügungsgewalt über Nisibis.[578] Zur (zunächst dauerhaften, wenn auch meist prekären) römischen Kontrolle über Nisibis kam es erst im Laufe des von L. Verus geführten Partherkrieges (165 n. Chr.), unter Septimius Severus avancierte die Stadt zur „colonia", und unter Severus Alexander wurde sie mit dem Ehrentitel „metropolis" ausgezeichnet, dennoch blieb auch im weiteren Verlauf des 3. und im 4. Jh. Nisibis Schauplatz häufiger römisch-persischer Auseinandersetzungen – als Jovian, der Nachfolger Julians, Nisibis im Jahr 363 an die Sassaniden abtrat, bezeichnete Ammian dies als schmählichen Verlust und eine dem römischen Reich unwürdige Schandtat.[579]

So weit war man im Jahr 350 noch nicht, im Gegenteil: Die Nisibener verhinderten offenbar durch heldenhaften Einsatz die Einnahme ihrer Stadt durch Shapur II. Dieser hatte seinen neuerlichen Eroberungsversuch laut Zonaras als Reaktion auf die nach dem Tod des Constans und der Usurpation des Magnentius erneut aufgetretenen innerrömischen Probleme gestartet – ob dies zutrifft, muß fraglich bleiben: Erstens dürften der Offensive Shapurs längere Vorbereitungen vorausgegangen sein, zweitens scheint Constantius II. vor seinem geplanten Abmarsch gen Westen umfängliche Verteidigungsmaßnahmen getroffen zu haben, und schließlich befand sich der Kaiser offenbar – so auch nach dem letzten Satz des Zonarasberichtes – während der Ereignisse in Nisibis noch im Osten.[580]

Die Details der ca. drei bis vier Monate währenden Begebenheiten[581] vor und in Nisibis sind umstritten, obwohl – oder vielleicht besser: gerade weil – mehrere Versionen existieren: Die wichtigsten Quellen – neben Zonaras – sind: der spätere Kaiser Julian (or. I 27ff. II 62ff.), der Christ, aus Nisibis stammende und die Ereignisse von 350 als Augenzeuge erlebende Ephraim („der Syrer'), der ca. zehn Jahre später als poetisches Echo dieser Vorgänge die „Carmina Nisibena" verfaßte, sowie der Kirchenhistoriker Theodoret (II 30,1-14). In allen diesen Berichten spielt der Fluß Mygdonius eine Rolle, aber alle Berichterstatter sagen Verschiedenes: Laut Julian ließ Shapur nach erfolglosem Einsatz konventioneller Belagerungsmaschinen Flußmassen in

---

578 Zur Geschichte von Nisibis s. ausführlich J. Sturm, Art. Nisibis (1), RE XVII 1, 1936, 714–757; kurz und bündig: Lightfoot (1988) 106ff.; zuletzt (mit einigen neuen Akzentsetzungen): E. Chrysos, Räumung und Aufgabe von Reichsterritorien: Der Vertrag von 363, BJ 193, 1993, 193ff.

579 Amm. 25,9,8: „indignum imperio facinus"; zu diesem Vertrag siehe jetzt Chrysos, ebd., 165-202.

580 Vgl. Lightfoot (1988), 113; M. DiMaio, Zonaras' Account of the Neo-Flavian Emperors. A commentary, 1977, 285.

581 Zu den unterschiedlichen Zeitangaben in den Quellen siehe Lightfoot (1988) 114. Die Belagerung begann wohl im Januar/Februar 350: DiMaio, ebd., 288.

den durch den Belagerungwall von Nisibis entstandenen Ringgraben leiten, Schiffe heranführen und von diesen aus neuerliche Eroberungsanstrengungen unternehmen. Diesen wenig glaubwürdigen Angaben gegenüber[582] klingt die Version des Zonaras plausibler – allerdings bleibt auch hier unklar, ob das fernab der Stadt gestaute Wasser tatsächlich die Mauer von Nisibis hat durchbrechen können;[583] zudem behauptet Zonaras, der Mygdonius sei durch Nisibis geflossen – laut Ephraim (Carm. Nisib. 13,18) befand sich der Flußlauf aber außerhalb der Stadtmauern.[584]

Immerhin, und das ist für einen christlichen Mönch bemerkenswert, kommt Zonaras ohne Verweis auf göttlichen Beistand aus – ganz im Gegenteil zu den früheren christlichen Überlieferungen: Während laut Theodoret der (realiter bereits 338 verstorbene) Bischof Jacob von Nisibis göttliche Hilfe für die Nisibener erlangte,[585] wurden die Sassaniden laut Philostorgios (III 23) und Theophanes (39,13ff.) durch göttliche Intervention selbst Opfer ihrer eigenen Strategie, indem sie von den Trümmern der unter den anrollenden Wassermassen zusammengebrochenen Stadtmauern begraben wurden. Zonaras dagegen liefert einen eher rational anmutenden, wenn auch nicht immer ganz stimmigen Bericht,[586] was für die These von B. Bleckmann sprechen könnte, daß der Zonaras-Bericht letztlich auf eine gute annalistische Überlieferung bereits des 4. Jh. (Nicomachus Flavianus?) zurückgeht:[587] „Wo die Kirchenhistoriker also zur militärisch-politischen Geschichte nur einen grob vereinfachten und legendarisch überlieferten Bericht bieten, findet man bei Zonaras die pragmatische Erzählung über eine Belagerung, deren Verlauf von den besten Vertretern der klassischen Historiographie kaum anders beschrieben worden wäre."[588]

---

582 So Lightfoot (1988) 116ff.
583 Skeptisch: Lightfoot, ebd. 115., siehe dagegen Bleckmann (1992) 329f. Anm. 14.
584 Vgl. Lightfoot, ebd., 110.
585 Theodoret II 30,1–10; Theodoret vermengt in seinem Bericht offenbar die Belagerungen von 338 und 350: Bleckmann (1992), 330 Anm. 15.
586 Laut Zonaras legt Shapur freiwillig eine nächtliche Pause vor der geplanten endgültigen Erstürmung der Stadt ein, die freilich die Nisibener zur Anlage einer neuen Befestigungsmauer zu nutzen vermögen – das klingt weniger plausibel als Julians Angabe von nächtlichen Kämpfen nach dem Mauerdruchbruch: Lightfoot (1988) 120f.
587 Bleckmann (1992) 327–415.
588 Ebd., 330. Allenfalls der letzte Abschnitt über den Vergleich des Zonaras mit den ‚besten Vertretern der klassischen Historiographie' wäre vielleicht zu relativieren.

4. Julian (361–363)

4.1: Politische Restauration: Städte und Steuern

M 31: Der Kaiser ist tot – es lebe der Kaiser!

(Zos. 3,11)

Der im Anschluß übersetzte Abschnitt entstammt dem Geschichtswerk des Zosimos, der in der 2. Hälfte des 5. Jh. n. Chr. (und vielleicht auch noch in den Anfangsjahren des 6. Jahrhunderts) lebte und wirkte.[589] Seine vielleicht nie vollendete und überdies nur unvollständig überlieferte „Neue Geschichte" umfaßte die römische Geschichte von den Ursprüngen bis zum Goteneinfall Alarichs (410 n. Chr.). Zosimos, hoher Funktionsträger in der kaiserlichen Administration in Konstantinopel, war überzeugter Heide, und entsprechend negativ fällt etwa sein Konstantinbild aus. Das Gegenteil gilt für Julian, dessen dem Tod Constantius' II. unmittelbar vorausgehende Regierungstätigkeit und dessen Anfänge als Augustus der anschließende Textabschnitt behandelt.[590]

„(1) Während Julian sich in Sirmium aufhielt, wurden zu ihm Gesandte geschickt aus – wie man sagen kann – ganz Griechenland; er antwortete ihnen das, was sich gebührte, und gewährte ihnen gütig das, was gerecht war; mit seinem aus Gallien stammenden Heer vereinigte er ein weiteres, das er aus Sirmium selbst sowie aus in Pannonien und Mösien stationierten Einheiten aufgestellt hatte, und setzte seinen Vormarsch fort. Nachdem er Naissus (Nisch) erreicht hatte, prüfte er zusammen mit den Wahrsagern das,

---

589 Dihle (1989b) 489ff. (zu Person und Werk des Zosimos).

590 Die hier gebotene deutsche Übersetzung hat sich derjenigen von O. Veh bedient, orientiert sich aber stärker am Wortlaut des griechischen Textes: O. Veh, Zosimos. Neue Geschichte. Übersetzt und eingeleitet von O. Veh, durchgesehen und erläutert von S. Rebenich, 1990, 128–130. Ergänzend herangezogen wurde die französische Übersetzung von Paschoud (1979) 24–26.

was zu tun war. Die Opfer kündeten ihm, er solle noch eine Zeit lang in der Gegend bleiben, und dies tat er, wobei er zugleich auf den Zeitpunkt wartete, der ihm im Traum verkündet worden war.

(2) Als nun die Bewegungen der Sterne zusammenzulaufen schienen, kam zu ihm, der sich noch in Naissus befand, eine große Zahl von Reitern aus Konstantinopel und meldete, Constantius sei gestorben[591], und die Truppen beriefen Julian zur Herrschaft über alle. Er nahm dieses Geschenk des Gottes an und setzte seinen Vormarsch fort. Als er Byzanz erreicht hatte, nahmen ihn alle mit freudigen Akklamationen auf; sie nannten ihn ihren Mitbürger und Zögling, da er ja in dieser Stadt geboren und aufgezogen worden sei,[592] und sie erwiesen ihm weitere Ehren, als sei er dazu ausersehen, für die Menschen der Urheber der größten Wohltaten zu werden.

(3) Ebendort wandte er seine Aufmerksamkeit den Belangen sowohl der Stadt als auch der Truppen zu; er schenkte der Stadt einen Senat, wie ihn auch Rom besaß,[593] ferner baute er ihr einen riesigen Hafen – als Schutz für die von dem Südwind bedrohten Schiffe – und eine eher sigmaförmige als gerade Säulenhalle, die zum Hafen hinabführte, und zudem baute er noch in der kaiserlichen Säulenhalle eine Bibliothek, in welcher er alle Bücher deponierte, die er besaß;[594] anschließend rüstete er zum Krieg gegen die Perser. Nachdem er zehn Monate in Byzanz verbracht hatte, ernannte er Hormisdas und Victor zu Generälen,[595] vertraute ihnen die höheren Offiziere und die Truppen an und zog weiter nach Antiochia.

---

591 Constantius II. starb am 3. November 361 in Mopsukrenai bei Tarsos in Kilikien. Laut Ammianus Marcellinus (21,15,4 und 22,2,1), der die Ereignisse als unmittelbarer Zeitzeuge viel besser beurteilen konnte als Zosimos, hatte Constantius II. angeblich noch Julian zu seinem Nachfolger designiert.

592 Julian war im Frühsommer 331 in Konstantinopel geboren worden, „das er als seinen Geburtsort und seine Heimat liebte und verehrte" (Amm. 22,9,2).

593 Diese Nachricht ist unkorrekt, da bereits Konstantin den Senat von Konstantinopel geschaffen hatte (s. nur Origo Const. 30, vgl. o. M 16 und vor allem A. Berger, Die Senate von Konstantinopel, Boreas 18, 1995, 131–143; ferner Paschoud, 1979, 97f.). Zosimos bezieht sich hier vielleicht auf die Ende der 350er Jahre durch Constantius II. erfolgte Aufwertung des Senats von Konstantinopel, der nun dem stadtrömischen gleichrangig war, und überträgt diese Maßnahme entweder versehentlich oder aufgrund projulianischer Gesinnung auf den heidnischen Kaiser.

594 Der detaillierte, insgesamt weitgehend glaubwürdige Bericht über Julians Bautätigkeit in Konstantinopel ist ohne gleichwertige Parallelen in den spätantiken Quellen: Paschoud (1979) 98f.

595 Zu beiden s. PLRE I 443. 957–959. Der Sarmate Flavius Victor avancierte später zum Heermeister („magister equitum"), Hormisdas, Sohn des gleichnamigen Sassanidenkönigs, war ca. 324 aufgrund von Thronwirren nach Rom geflohen und brachte es dort zum hohen Militär.

(4) Mit welcher Ruhe und Disziplin die Soldaten den ganzen Marsch absol-
vierten, muß hier nicht geschildert werden; denn es war ja auch nicht zu
erwarten, daß sie, da sie unter dem Befehl des Kaisers Julian standen, irgend
etwas Anstößiges begehen würden. Bei seiner Ankunft in Antiochia nahm
ihn die Bevölkerung freundlich auf. Da sie aber von Natur aus schaulustig und
weit mehr der Schwelgerei als ernsthaften Tätigkeiten zugetan war, geriet sie
natürlich in Zorn über die Vernunft und Selbstdisziplin, die der Kaiser in allem
zeigte, denn er hielt sich von den Theatern fern und wohnte selten und dann
auch nicht den ganzen Tag über den öffentlichen Spielen bei.
(5) Deshalb schleuderten sie ihm scharfe Worte entgegen und beleidigten
ihn; der wehrte sich, erlegte aber den Antiochenern keine Strafe auf, sondern
verfaßte ein höchst witziges Pamphlet gegen sie und die Polis, welches so viel
mit Ironie vermischte Bissigkeit enthielt, daß es hinreichte, um die Schmähun-
gen der Antiochener überallhin zu verbreiten.[596] Aber jene empfanden Reue
über ihre Verfehlungen, und der Kaiser gewährte der Stadt angemessene
Unterstützung, indem er ihr eine große Zahl von Curialen (Ratsherren) zuer-
kannte; in dieser Funktion folgten sie jeweils ihrem Vater, und überdies
gelangten auch jene dazu, die von Töchtern der Curialen stammten – was,
wie wir wissen, nur wenigen Poleis konzediert worden ist. Nachdem Julian
auch noch vieles andere gut und gerecht geregelt hatte, rüstete er sich zum
Krieg gegen die Perser."

Zosimos liefert einen sehr wohlwollenden und – wie bei näherem Hinsehen
deutlich wird[597] – zugunsten des von ihm geschätzten Kaisers manipulierten
Bericht über die Anfänge des Augustus Julian. Schon der Beginn ist chronologisch ungenau: Zosimos läßt Julian während seines Aufenthaltes in Sirmium Gesandtschaften „aus ganz Griechenland" empfangen und „gütig"
regieren, setzt also eine längerfristige Präsenz des Kaisers voraus. Tatsächlich
jedoch (Amm. 21,10,1f.) gab er am Tag nach seiner Ankunft in Sirmium ein
Wagenrennen, um gleich zu Beginn des 3. Tages wieder aufzubrechen.[598]

---

596 Die Rede ist von Julians satirischer Schrift „Misopogon" („Der Barthasser', ge-
     münzt auf den bewußt von Julian getragenen Philosophenbart, der ihn in die
     philhellenische Tradition stellte). Sie dürfte kurz vor der im März (oder Anfang
     April) 363 erfolgten Abreise Julians aus Antiocheia verfaßt worden sein, vgl.
     Wiemer (1995) 48.
597 Eine kritische Analyse des Zosimostextes wird durch die Existenz von Parallel-
     berichten bei Ammian (21,10–22,1) sowie bei den byzantinischen Autoren (vor
     allem Zonaras, vgl. o. M 30) ermöglicht (vgl. zu letzterem vor allem Bleckmann
     (1992) 358–375).
598 Vgl. Paschoud (1979) 96.

Auch die anschließenden Angaben über Julians Wirken in Naissus sind nicht völlig glaubwürdig: So verweilte er laut Zosimos in dieser Gegend aufgrund von Orakelsprüchen; Ammian hingegen weiß zu berichten (22,1, 1-3), daß die von Julian durch die Deutung von Eingeweiden und Vogelflug erhofften Auskünfte zweideutig blieben und er sich daher auf eigene Faust für einen längeren Aufenthalt entschied – die proheidnische Überlieferung bei Zosimos[599] hat hier ein stimmiges Zusammenwirken von heidnischem Orakel und realem Geschehen konstruiert.

Auch über Julians Maßnahmen in Konstantinopel, wo er am 11. Dezember 361 eintraf, informiert uns Zosimos nicht korrekt: Die unzutreffende Angabe bezüglich der vermeintlichen Einrichtung eines zweiten Senats in Konstantinopel durch Julian ist bereits erwähnt worden (o. Anm 593), und auch hier ‚verlängert‘ Zosimos (bzw. seine Quelle) eigenmächtig die Verweildauer Julians von tatsächlich maximal 6 bis 7 Monaten auf 10 Monate.[600]

Am deutlichsten fallen die projulianischen Tendenzen in dem Abschnitt über Julians Antiochia-Aufenthalt ins Auge. Die in 3,11,5 vermerkte Wiederannäherung zwischen den Antiochenern und dem Kaiser dürfte eine pure Fiktion darstellen. Auch unterschlägt Zosimos den größten Teil und die wesentlichen Ursachen der Konflikte zwischen Julian und der Stadt: Diese entstanden gewiß nicht in erster Linie aus dem Dissens zwischen der vergnügungssüchtigen Bevölkerung und dem derlei Spektakel gegenüber distanziert eingestellten Herrscher, sondern wurzelten vielmehr in dem Gegensatz zwischen dem heidnischen Kaiser und einer schon gründlich christianisierten Stadtbevölkerung.[601] Verschärft wurden diese Spannungen noch durch politische und ökonomische Faktoren: Die Versorgungskrise, unter der die Stadt zur Zeit von Julians Anwesenheit litt, konnte der Kaiser trotz massiven Drängens der unzufriedenen Menschen nicht beheben[602] – Zosimos (bzw. Eunapios) verschweigt diese ihm zweifellos bekannten Vorgänge. Und Julians – von den Antiochenern im übrigen nicht als gnädige Konzession empfundene – Kurienpolitik resultierte nicht etwa, wie Zosimos unterstellt, aus einem vermeintlichen Ausgleich zwischen Kaiser und Stadt im Anschluß an Julians satirische Schrift „Misopogon", sondern gehört vielmehr in die Zeit des erfolglosen Wirkens Julians in Antiochia, denn er erwähnt seine Maßnahmen bezüglich der Kurialen bereits in diesem Pamphlet.[603]

---

599 Zosimos fußt hier auf dem ebenfalls heidnischen, freilich nur in wenigen Fragmenten erhaltenen Historiker Eunapios von Sardeis (349–nach 404), s. Bleckmann (1992) 363 Anm. 136; weitere Details vermerkt Paschoud (1979) 96.
600 Paschoud (1979) 99.
601 Paschoud (1979) 101.
602 Vgl. o. S. 50f. mit den entsprechenden Literaturangaben.
603 Iul. Misop. 40 (367d), s. Paschoud (1979) 101.

Der auch in seinen direkten Wertungen Julian gegenüber stets ausgesprochen wohlwollend eingestellte Bericht des Zosimos über die Anfänge des
Augustus Julian entpuppt sich folglich als Dokument tendenziöser Historiographie – der heidnische Kaiser hat in der späteren heidnischen Geschichtsschreibung ein noch positiveres Echo gefunden als bei Ammianus Marcellinus, dem ebenfalls heidnischen Zeitgenossen und Sympathisanten Julians.

M 32: Der neue Augustus: Julian

(Iul. ep. 28 Bidez-Cumont)

Neben dem eben behandelten historiographischen Bericht über Julians Reaktion auf den überraschenden Tod seines Rivalen Constantius II. (M 31)
liegt uns auch ein Selbstzeugnis vor, das unmittelbar im Anschluß an den
Erhalt von der Todesnachricht entstanden sein muß. Es handelt sich um
einen Brief, den Julian noch Ende November oder Anfang Dezember 361 an
seinen Onkel Iulianus, den Bruder seiner Mutter Basilina, richtete. Mit diesem Iulianus[604] verband den Kaiser eine enge Beziehung, so daß es ihm sogar
gelang, diesen, einen Christen, zum Heidentum zu bekehren. Bald nach
seinem Avancement zum alleinigen Augustus machte Julian seinen Onkel
dann zum „comes Orientis" (Anfang 362), und dieser tat sich in seinem Amt
bemerkenswerterweise als engagierter Sachwalter der religionspolitischen
Interessen seines heidnischen Kaisers hervor, indem er in Antiochia diverse
christliche Kirchen schloß. Von dem gerade auch in konfessionellen Fragen
herrschenden Nahverhältnis beider legt auch der vorliegende Brief Julians
Zeugnis ab:[605]

„Die dritte Stunde der Nacht bricht an, und da ich nicht einmal über einen
Schreiber verfüge, weil alle beschäftigt sind, finde ich kaum die Kraft, diese
Zeilen an dich zu schreiben. Wir leben durch das Wirken der Götter befreit
davon, Unheilvolles zu erleiden oder zu verüben. Zeuge ist Helios, den ich am
meisten von allen angefleht habe, mir beizustehen, und auch der König Zeus,
daß ich noch nie für den Tod des Constantius gebetet habe, vielmehr das
Gegenteil wünschte. Warum also bin ich gekommen? Weil mir die Götter es
ausdrücklich befahlen und mir, wenn ich gehorchte, Rettung in Aussicht
stellten, wenn ich aber bliebe, etwas, was keiner der Götter tun möge. Ferner
beabsichtigte ich, als ich zum Staatsfeind erklärt wurde, nur Angst zu erzeu-

604 R. Hanslik, Art. Iulianus (9), Der Kleine Pauly 2, 1979, 1518.
605 Eine hier herangezogene deutsche Übersetzung bietet B. K. Weis, Julian. Briefe.
     Griechisch-Deutsch, 1973, 15 (ep. 5).

gen und den Angelegenheiten eine bessere Behandlung zuteil werden zu
lassen, wenn aber in der Schlacht entschieden würde, alles der Tyche und den
Göttern anzuvertrauen und abzuwarten, was deren Menschenfreundlichkeit
für gut erachtete."

Der recht persönlich gehaltene, kaum für die Öffentlichkeit verfaßte Brief
dokumentiert, daß sich Julian einem starken Legitimationsdruck ausgesetzt
sah, zumal er – aus staatsrechtlicher Sicht – seit der Anfang des Jahres 360 in
Paris erfolgten Augustuserhebung als Usurpator galt. Gegen die bisweilen in
der modernen Forschung vertretene Ansicht, Julians anfängliche Weigerung,
den Augustustitel anzunehmen, sei nur eine Inszenierung mit politischen
Absichten gewesen,[606] unterstreicht dieser Brief die Darstellung von Ammianus Marcellinus (20,4-5), derzufolge Julian sich tatsächlich zunächst ge-
sträubt hat, dem Willen seiner Soldaten zu folgen und die Proklamation zum
Augustus zu akzeptieren. Auch die ausführliche Paraphrase eines Briefes
Julians an Constantius II. (Amm. 20,8,5-17), in welchem Julian bei Constantius um Verständnis für die Pariser Vorgänge nachsucht und sich dezidiert
auch für die Zukunft mit einer rangniedrigeren Position einverstanden erklärt,[607] gewinnt im Spiegel des vorliegenden Briefes an Glaubwürdigkeit.
Denn Julian scheint tatsächlich längere Zeit auf eine Verhandlungslösung
gehofft zu haben, die durch die schroffe Reaktion Constantius' II., der die
strikte Subordination seines Caesars forderte, jedoch verwehrt wurde. So
motiviert Julian seinen schließlich unvermeidlichen Heereszug nach Osten
gegen Constantius – „warum also bin ich gekommen?" – mit der Berufung
durch die (natürlich heidnischen) Götter, von denen er namentlich den Sonnengott Helios (Sol) und Zeus (Jupiter) sowie die Schicksalsgöttin Tyche
(Fortuna) nennt.
   Auch in dieser Hinsicht besteht kein begründeter Anlaß, Julians Äußerungen als unglaubwürdig abzutun. Nicht nur Zosimos (3,11,1 = M 31)
weiß von der Neigung Julians zu berichten, Traumerscheinungen, göttlichen
Zeichen u. ä. große Bedeutung zuzumessen, sondern auch der Zeitgenosse
und Anhänger Julians, Ammianus Marcellinus, gibt entsprechende Hinweise.[608] Überdies ist an Julians tiefer innerer Verbundenheit mit den heidnisch-
klassischen Kulten angesichts seiner späteren Religionspolitik und seiner
eigenen Verlautbarungen nicht zu zweifeln, und kaum zufällig beruft sich

---

606 Vgl. die Hinweise bei Demandt (1989) 98.
607 Vor allem in Amm. 20,8,12: „Verzeih mir... Was mit Vernunft gefordert wird,
      wünsche ich nicht so sehr realisiert wie von dir als nützlich und richtig gebilligt zu
      sehen, und ich werde auch in Zukunft bereitwillig deine Anordnungen befolgen."
608 Amm. 20,5,10. 21,2,2.

Julian im vorliegenden Brief auf den Gott Helios, dem er in einer eigenen
Schrift („König Helios") geradezu die zentrale Stellung im gesamten Kos-
mos zuweist.[609] Für Julian, den Anhänger der neuplatonischen Theologie,
„ist Helios das ewige Sein, die Erde ein ewiges Werden und Vergehen,"[610]
und daß Julian sich in diesem irdischen Konflikt auf Helios beziehen zu
können glaubt, spricht einerseits für die von ihm empfundene Dramatik der
Entscheidungssituation, andererseits aber auch für die Authentizität der in
diesem Brief beschriebenen Haltung.

Der Tod Constantius' II. bot Julian daher gleich in mehrfacher Hinsicht
die offenbar dringlich ersehnte Bestätigung: Nicht nur galt ihm damit sein
Kaisertum legitimiert, sondern auch die heidnischen Götter hatten sich in
seinen Augen als die stärkeren erwiesen, so daß er sich zu öffentlich propa-
giertem Heidentum und offensiver Restaurationspolitik nicht nur ermutigt,
sondern geradezu berufen gefühlt haben muß.

Schließlich spricht auch Julians respektvolle Haltung nach dem Tod
Constantius' II. dafür, daß er tatsächlich, wie im vorliegenden Brief behauptet, nicht den Tod seines Verwandten gewünscht hat und vielmehr einen
Kompromiß begrüßt hätte. So zelebrierte er selbst die Totenfeier für Constantius II. in Konstantinopel und ließ ihn in Konstantins Grabkirche beiset-
zen. Einen kleinen heidnischen Triumph versagte sich Julian jedoch auch in
diesem Fall nicht: Er genehmigte die Konsekration des toten Augustus durch
den Senat und seine Erhebung unter die Götter als „divus Constantius"[611] –
eine Ehre, auf die der arianische Christ Constantius II. vermutlich gern
verzichtet hätte.

M 33: Ein Standbild Julians (?)

Die heute im Pariser Louvre (Salle des portraits romaines) ausgestellte Statue
ist 1787 aus Italien nach Paris gekommen; ihre genaue Herkunft sowie
Fund- und Aufstellungsumstände sind unbekannt. Die schon früh vorgeschlagene Zuschreibung des Standbildes an Julian blieb zunächst nicht unwi-
dersprochen, ist aber inzwischen – zumal angesichts der Auffindung von
Repliken dieses Bildnisses[612] – zur eindeutigen Mehrheitsmeinung gewor-

609 Vgl. Demandt (1989) 103f.
610 Demandt (1989) 104.
611 Eutrop 10,15,2.
612 Zu nennen sind hier vor allem eine weitere, ebenfalls im Louvre befindliche Statue
(= H. G. Niemeyer, Studien zur statuarischen Darstellung der römischen Kaiser,
1968, 90 Nr. 33) sowie ein Kopf aus Thasos: v. Sydow (1969) 70.

Abb. 22: Julian (?)

den; besonders engagiert wendet sich jedoch weiterhin K. Fittschen gegen
die Identifizierung des dargestellten Mannes mit Julian.[613]
Die Debatte kann als exemplarisch für methodische Probleme der Zuschreibung von nicht epigraphisch benannten oder stilistisch eindeutig auf
eine bestimmte Person zu beziehenden Kunstwerken gelten. Denn die Vertreter der divergierenden Auffassungen bedienen sich größtenteils iden-
tischer Vergleichsstücke und gelangen dennoch zu unterschiedlichen Ergebnissen. So bestreitet K. Fittschen gerade mit Blick auf die Münzbilder Julians
die communis opinio,[614] während M. Wegner formuliert: „Auf der Grundlage dieser Münzbildnisse lassen sich die Statue in Paris und der Kopf in
Thasos sicher als Bildnisse Julians bestimmen."[615] Ohne weiteres Vergleichs-
material[616] wird die Kontroverse kaum mit einem eindeutigen Resultat beendet werden können – mit Vorbehalten (nicht anders als bei dem bereits
behandelten Kaiserporträt aus Nikomedeia: M 1) gehen wir hier im Anschluß an die Mehrheitsmeinung davon aus, ein Bildnis Julians vor uns zu
haben.[617]
Die marmorne Statue erreicht etwa Lebensgröße, nur die untere Hälfte
der Nase, das Ende der in der linken Hand gehaltenen Rolle sowie die rechte
Ecke der Plinthe sind ergänzt;[618] auffällig ist das Fehlen der Augenbohrung.
Besondere Hervorhebung verdient die Tatsache, daß Julian sich nicht in
der üblichen kaiserlichen Tracht und mit den entsprechenden Herrscherin-

---

613 Im Jahr 1970 (BJ 170, 1970, 548 zu Nr. 132/3) schien Fittschen nur „die Benen-
     nung der beiden Statuen im Louvre als Julian Apostata... noch nicht endgültig
     bewiesen", inzwischen (GGA 236, 1984, 200) hält er seinen Vorschlag, diese Bild-
     nisse ins frühe 2. Jh. n. Chr. zu datieren, offenbar für die eindeutig richtige, einzig
     mögliche Lösung.
614 K. Fittschen, BJ 170, 1970, 548 zu Nr. 32/3.
615 M. Wegner, Nachtrag: Die Bildnisse der Frauen und des Julian, in: L'Orange
     (1984) 159. Es muß verwundern, daß Fittschens Skepsis von Wegner (162f.: Litera-
     turliste) gar nicht erwähnt wird.
616 In der Zwischenzeit ist, soweit ich sehe, neben einigen Elfenbeinstatuetten (s. die
     nächste Anm.) neu in die Diskussion nur ein Mainzer Kolossalporträt gelangt, das
     vorsichtig Julian zugeschrieben wird: H. P. Frenz, Julianus Apostata? Ein kolos-
     saler Bildniskopf aus Mainz. Versuch einer Deutung, Mainzer Zeitschrift 75/78,
     1982/3, 173–181. Frenz teilt übrigens Fittschens Ablehnung der traditionellen
     Benennung der Pariser Statue.
617 So auch zuletzt noch H. v. Heintze, Nordsyrische Elfenbeinstatuette. Zu den Bild-
     nissen des Kaisers Julian, in: Festschrift W. Deichmann, Bd. 3, 1986, 34: „Von
     großplastischen Werken kann man als für ihn [Julian] gesichert wohl die beiden
     Statuen in Paris sowie den Kopf aus Thasos annehmen." Ebenso: M. E. Micheli,
     ‚Eiconidia' di Guliano l'Apostata, in: Bisanzio e l' Occidente: arte, archeologia,
     storia. Festschrift F. de'Mattei, Rom 1996, 9f. und K. de Persanson. Louvre. Cata-
     logue des portraits romaines. Tome 2, 1996, 526f. Nr. 251.
618 Die Beschreibung folgt M. Wegner, Nachtrag, in: L'Orange (1984) 162f.

signien darstellen läßt, sondern in griechischem Aufzug als „pontifex maximus", worauf das Bindendiadem hindeutet. Hier steht also vielleicht der dezidiert heidnische Anhänger griechischen Denkens und griechischer Tradition vor dem Betrachter, dessen Kleidung (die „graeca vestis": Tunika, Pallium und Sandalen) genauso Programm ist wie gut zwei Jahrhunderte früher bei dem philhellenischen Kaiser par excellence, Hadrian.[619] Eine derartige Stilisierung ist allenfalls in der Zeit der Alleinherrschaft Julians denkbar, der Bildnistypus gehört folglich am ehesten in die Jahre 361–363.

Der Klassizismus der Statue ist unverkennbar, und darin liegt die oben angesprochene Kontroverse um die Zuschreibung des Bildnisses begründet: Eine qualitätvolle, dezidiert klassizistische Arbeit ist von einem tatsächlich klassischen Stück eben nicht immer eindeutig zu unterscheiden.

Das den Kopf schmückende Diadem trug, wie die vorn sichtbare Beschädigung zeigt, ursprünglich einen bekrönenden Aufsatz, wahrscheinlich Götterbüsten, wie man sie vor allem von entsprechenden Bildnissen kleinasiatischer Kultpriester kennt.[620] Angesichts dieses deutlich klassisch-paganen Aufzuges könnte es durchaus möglich sein, daß bereits in der Antike diese Büsten von interessierter (christlicher?) Seite nach dem Ende der nur kurzfristigen Herrschaft dieses ‚Abtrünnigen' entfernt worden sind.[621]

4.2: Religiöse Restauration

M 34: Das Rhetoren- und Grammatikergesetz Julians

1. Codex Theodosianus 13,3,5:

„Der Imperator Julianus: Es ist notwendig, daß Lehrer der Gelehrsamkeit und Rhetoriklehrer in erster Linie durch charakterliche Qualitäten, erst an zweiter Stelle durch Beredsamkeit hervorragen. Weil ich aber nicht in jeder einzelnen Gemeinde persönlich anwesend sein kann, befehle ich, daß jeder, der den Lehrberuf ausüben will, sich nicht plötzlich und ohne weiteres auf diese Aufgabe stürzt, sondern er soll, durch das Urteil des Gemeinderates gebilligt,

---

619 Siehe nur Niemeyer (o. Anm. 612) 90 Nr. 31. Für Fittschen (o. Anm. 613) liegt hier freilich keine Anspielung auf Früheres vor, vielmehr sieht er gerade in der klassischen (oder nicht doch: klassizistischen?) Gewandung ein starkes Argument dafür, daß die Statue tatsächlich im 2. Jh. entstanden ist. Hierin besteht freilich exakt das kaum definitiv zu lösende methodische Problem: Wie differenziert man eindeutig zwischen Klassik und Klassizismus?

620 v. Sydow (1969) 71f.

621 Ebd.

einen entsprechenden Beschluß der Ratsmitglieder erhalten, mit Zustimmung der besten (Bürger). Dieser Beschluß soll nämlich mir zur Prüfung übersandt werden, so daß sie (die Lehrer) sich, mit einer Art höherer Weihe durch unser Urteil ausgestattet, an die wissenschaftliche Ausbildung in den Gemeinden machen können.
Gegeben am 17. Juni, eingegangen in Spoletium am 29. Juli unter dem Konsulat von Mamertinus und Nevitta (362)."

Dieses von den Kompilatoren des (im Jahr 438 publizierten) Codex Theodosianus offensichtlich im Archiv des „corrector Tusciae" im heutigen Spoleto aufgefundene und abgeschriebene Gesetz[622] gehört zu den meistbehandelten Erlassen des Kaisers Julian.[623] Auch wenn Christen darin nicht explizit erwähnt werden, gilt seine antichristliche Stoßrichtung als unbestritten, vor allem wegen eines im Briefcorpus Julians enthaltenen, aber ohne Adresse oder Datum überlieferten Schreibens des Kaisers, das im folgenden in der Übersetzung beigegeben wird, da in ihm „der Schlüssel zum wirklichen Verständnis des kaiserlichen Gesetzes liegt:"[624]

2. Brief Julians (ep. 61 c Bidez-Cumont).[625]

„Wir glauben, daß rechte Bildung nicht im niveauvollen Wohlklang von Worten und Sprache besteht, sondern in der gesunden Ordnung eines vernunftgeleiteten Verstandes und in richtigen Ansichten über das, was gut und was schlecht, was schön und was häßlich ist. Wer also das eine denkt, seine Zöglinge aber anderes lehrt, der scheint mir ebensoweit von Bildung entfernt zu sein, wie davon, ein rechtschaffener Mann zu sein. Denn wenn nur in Kleinigkeiten ein Unterschied besteht zwischen Meinung und Meinungsäußerung, so ist dies zwar ein Übel, aber noch irgendwie ertragbar. Wenn aber hinsichtlich der wichtigsten Dinge jemand eine Meinung hat, aber das Gegenteil von dem lehrt, war er meint – wie ist dies dann nicht die Art von Krämerseelen, die Lebensart keineswegs rechtschaffener, sondern völlig verkommener Menschen, die das am meisten anpreisen, was sie für das Schlech-

622 Siehe Pack (1986) 261f.
623 Zur Forschungsgeschichte siehe Klein (1981) 80ff. und vor allem Pack (1986) 264ff.; siehe zuletzt Scholl (1994) 115–121 und Wiemer (1995) 108–110 sowie T. Banchich, Julian's School Law: Cod. Theod. 13.5.5 and Ep. 42, Ancient World 24, 1993, 5–14.
624 Klein, ebd. 75.
625 Eine deutsche Übersetzung (an der sich die hier gegebene teilweise orientiert) mit knappen Erläuterungen bietet B. K. Weis, Julian. Briefe. Griechisch-Deutsch, 1973, ep. 55.

teste halten, indem sie durch Lobeshymnen diejenigen betrügen und leimen, an die sie ihre meiner Meinung nach schlechten Sachen loswerden wollen? Es ist also notwendig, daß alle, die irgend etwas zu lehren anbieten, anständig in ihrem Verhalten sind und nicht Ansichten in ihrer Seele tragen, die dem widersprechen, was sie öffentlich betreiben; viel mehr als bei allen anderen muß dies meiner Meinung nach bei denen der Fall sein, die zu wissenschaftlichen Zwecken mit jungen Leuten zusammentreffen, als Interpreten der Schriften der Alten, entweder als Lehrer in der Prosa (Rhetoren) oder als Lehrer in der Dichtung (Grammatiker) und besonders als Professoren (Sophisten).[626] Denn diese wollen zusätzlich zu anderem nicht nur Lehrer der Stilkünste, sondern auch des Charakters sein, und sie behaupten, die politische Philosophie sei ihr eigentliches Spezialgebiet.

Ob dies der Wahrheit entspricht oder nicht, bleibe dahingestellt. Ich lobe sie immerhin dafür, daß sie nach einem so schönen Fach streben, ich würde sie freilich noch mehr loben, wenn sie nicht lögen und nicht selbst an den Tag brächten, daß sie das eine denken, aber das andere ihren Schülern beibringen. Denn wie steht es doch? Für Homer und Hesiod und Demosthenes und Herodot und Thukydides und Isokrates und Lysias führen die Götter zu jeglicher Bildung. Hielten sich nicht die einen für die Geweihten des Hermes, die anderen für solche der Musen? Ich halte es für unsinnig, daß die Interpreten der Werke dieser Autoren den von ebendiesen verehrten Göttern die Achtung verweigern. Freilich sage ich nicht – selbst wenn ich dies für abwegig halte –, daß diese erst nach einem Gesinnungwandel junge Leute unterrichten sollen. Ich überlasse ihnen die Wahl, nicht das zu lehren, was sie nicht für wünschenswert erachten, oder, wenn sie lehren wollen, zuerst durch die Tat zu lehren und ihre Schüler zu überzeugen, daß weder Homer noch Hesiod noch irgendein anderer der Schriftsteller, die sie ausdeuten und denen sie Ehrfurchtslosigkeit, Unverstand und Irrtum über die Götter zuerkannt haben, [Dummköpfe gewesen sind].[627] Denn weil sie sich von dem, was jene geschrieben haben, ernähren, indem sie für Lohn arbeiten, geben sie zu erkennen, daß sie höchst geldgierig und um weniger Drachmen willen zu allem bereit sind.

---

626 Weis (177) übersetzt – nahe an den julianischen Termini –: „seien sie Rhetoren, Grammatiker oder gar erst Sophisten." Mit Klein (1981, 74) ist dies freilich dahingehend zu präzisieren, daß unter den „Grammatikern" kaum die Elementarlehrer, sondern Lehrer in der Dichtung gemeint seien, die, genauso wie ihre Kollegen in der Prosaerziehung (die Rhetoren), auf der zweiten Stufe des dreigliedrigen Ausbildungssystems anzusiedeln sind; sie entsprechen folglich den „magistri studiorum" des oben übersetzen, julianischen Gesetzes. Die Professoren (Sophisten) werden im lateinischen Gesetzestext als „doctores" bezeichnet.

627 Hier liegt offenbar eine Lücke im überlieferten Text vor – der Sinn (der hier übersetzten Konjektur) dürfte freilich kaum zweifelhaft sein.

Bis zu dieser Zeit gab es gewiß viele Gründe, nicht die Tempel zu besuchen, und der von allen Seiten drohende Schrecken gewährte Vergebung dafür, sogar die wahrhaftigsten Meinungen über die Götter zu verbergen.[628] Da aber uns die Götter die Freiheit gegeben haben, scheint es mir nicht sinnvoll zu sein, die Menschen jenes zu lehren, was man nicht für gut erachtet. Wenn sie [die Christen] aber jene für weise erachten, deren Interpreten sie sind und als deren Propheten sie gewissermaßen thronen, dann sollen sie vor allem deren Ehrfurcht den Göttern gegenüber nacheifern. Wenn sie aber meinen, daß diese hinsichtlich der verehrungswürdigsten [Götter] in die Irre gelangt sind, dann sollen sie in die Kirche der Galiläer[629] gehen und Matthäus und Lukas interpretieren, denen ihr[630] gehorcht und deswegen vorschreibt, sich von heiligen Handlungen fernzuhalten.

Ich freilich will, daß sowohl eure Ohren, wie ihr wohl sagen würdet, als auch eure Zungen wiedergeboren werden[631]... [Textlücke], die sich fernhalten von all dem, woran stets teilzuhaben ich mir selbst wünsche sowie auch jedem, der das von mir Geschätzte denkt und tut.

Für die Professoren und Lehrer gilt also ein allgemeines Gesetz. Wer von den jungen Leuten (den Unterricht) besuchen will, ist nicht davon ausgeschlossen. Denn es ist weder angemessen noch sinnvoll, Knaben, die noch nicht wissen, wohin sie sich wenden sollen, vom besten Weg auszuschließen, in der Furcht, auch Widerstrebende zum angestammten (Glauben) zu führen. Freilich wäre es richtig, wie die Irren so auch diese gegen ihren Willen zu kurieren; allerdings kann man allen diesen vielleicht Verzeihung gewähren für diese Krankheit. Denn man muß, wie ich glaube, die Unvernünftigen belehren, nicht aber bestrafen."

Die in der gelehrten Diskussion dieser Zeugnisse dominierenden Aspekte lassen sich auf zwei wesentliche Fragen reduzieren: 1. Legt das julianische Gesetz Zeugnis ab von dem fanatischen Christengegner Julian? Daran schließt sich sofort die zweite Frage an: Kann Julians Edikt in einen größeren (reform-)politischen Kontext gestellt werden?

---

628 Hier spielt Julian gewiß auf die antiheidnische Politik seiner Vorgänger, vor allem von Constantius II., an.

629 Die Christen nennt Julian mit Bedacht abfällig „Galiläer", genauso wie in seiner verlorenen, nur aus wenigen Hinweisen bekannten Streitschrift ‚Gegen die Galiläer', siehe R. Smith, Julian's Gods. Religion and Philosophy in the Thought and Action of Julian the Apostate, 1995, 189ff.

630 Bemerkenswert ist, daß sich Julian plötzlich und direkt an die christlichen Lehrer wendet.

631 Hier benutzt Julian natürlich mit Bedacht die christliche Terminologie in polemischer Absicht.

Bereits das antike Echo auf dieses umfassende, die Christen praktisch mit einem Lehrverbot belegende, im übrigen weitgehend folgenlose Gesetz[632] war einhellig negativ: Nicht nur Christen wie Gregor von Nazianz – um von den späteren Kirchenhistorikern zu schweigen – warfen dem Kaiser Verblendung und antichristlichen Fanatismus vor,[633] selbst von heidnischer und ansonsten projulianischer Seite wurde er gerügt. So meinte Ammian,[634] am besten solle man jenes Edikt „mit ewigem Schweigen bedecken, welches den Lehrern der Rhetorik und Grammatik, soweit sie sich zum christlichen Glauben bekannten, die Lehrtätigkeit verbot." Und der ausgewiesene Julian-Freund Libanios, der heidnische Rhetorikprofessor aus dem syrischen Antiochia, überging das Rhetorengesetz mit vielsagendem Schweigen.[635] Folgerichtig dominierten auch in der gelehrten Forschung bis in die jüngere Zeit hinein Stimmen, die von dem religiösen Eiferer Julian kündeten.[636] Seither haben vor allem B. Cameron Hardy[637] und R. Klein[638] versucht, dieses Bild zu korrigieren: Hardy begreift das julianische Gesetz als Ausdruck konservativer, politisch reflektierter Restaurationsabsichten: „Das über die Christen verhängte Verbot war eine konstruktive Maßnahme. Es war ein Ver-

---

632 Daß tatsächlich ein Gesetz existiert hat, läßt sich trotz mancher anderslautender Versuche nicht wirklich bestreiten: In dem Sendschreibens Julians ist zu Beginn des letzten Abschnittes ausdrücklich von einem „allgemeinen Gesetz" (koinos nomos) die Rede, Ammian (22,10,7) kritisiert das im Rahmen der julianischen Gesetzgebung erlassene Lehrverbot, und schließlich spricht auch das Aufhebungsedikt Valentinians I. vom Januar 364 (CTh 13,3,6) für die Existenz eines entsprechenden Vorgängergesetzes. Hervorhebung verdient die Tatsache, daß die christlichen Kaiser Julians Gesetz in den Codex Theodosianus aufgenommen haben. Dies läßt sich am ehesten mit dem Bestreben auch der christlichen Herrscher erklären, den staatlichen Einfluß auf Bildungsinhalte zu gewährleisten. Wir hören im übrigen nur von zwei Personen, die infolge des julianischen Gesetzes ihre Posten als Rhetoren aufgaben: Es handelt sich um Marius Victorinus in Rom und Prohairesios in Athen.
633 Greg. Naz. or. IV 6–11. 100–112; dazu und zu weiteren Stellen der Kirchenhistoriker siehe Klein (1981) 77ff.
634 Amm. 22,10,7.
635 Dies herausgestellt zu haben, ist das Verdienst von Scholl (1994) 117ff. und Wiemer (1995), 108–110, die auch verdeutlichen, daß die seit jeher zu Unrecht auf das Gesetz bezogenen Äußerungen des Libanios in seiner Leichenrede auf Julian (or. 18, 157–161) nur allgemein die Renaissance paganer Philosophie und Religion würdigen.
636 Die Belege bei Pack (siehe oben Anm. 623); hervorgehoben seien G. W. Bowersock, Julian the Apostate, 1978, 84f., und jüngst noch R. Smith, Julian's Gods (o. Anm. 629), 1995, 207–218.
637 B. Cameron Hardy, Kaiser Julian und sein Schulgesetz, in: Klein (1978) 387–408.
638 Klein (1981).

such, die Schulen zu ihren traditionellen Aufgaben zurückzuführen, und
nur in einem Punkt intolerant, nämlich darin, daß sich Julian weigerte,
irgendwelche Entstellungen oder Verdrehungen nichtchristlicher, klassischer
Gedanken zu dem Zwecke zu dulden, daß die klassische Kultur verun-
glimpft wurde."[639] Auch Klein sieht in Julians Maßnahmen keine Züge
antichristlichen Eifertums, im Gegenteil: Der im letzten Abschnitt des Briefes artikulierte Grundsatz, auf weitere Zwangsmaßnahmen zu verzichten
und junge Christen nicht vom Unterricht auszuschließen, zeuge sogar von
„Julians menschlicher Toleranz gegen die Christen."[640] Bei näherem Hinsehen entpuppe sich, so Klein, das Rhetoren- und Unterrichtsgesetz als Dokument wohlkalkulierter politischer Zweckrationalität:[641] Der Kaiser habe
Spannungen innerhalb des Christentums begünstigen wollen, denn viele
Christen hätten den Wert klassischer Bildung durchaus anerkannt und auf
diese nicht verzichten wollen – auch aus durchaus eigennützigen Gründen
nicht, denn die Bekleidung höherer Posten im Staatsdienst setzte stets ein
Studium und einen entsprechenden Bildungsgrad voraus. Überdies habe
Julian längerfristig Vorsorge treffen wollen, um die christlich gefärbte Beam-
tenschaft aus der Zeit Constantius' II. durch neue, klassisch erzogene und
traditionalistisch gesonnene Leute ersetzen zu können.
    Gegen diese Interpretation hat sich wiederum E. Pack gewandt:[642] Die
von Klein erwogenen Intentionen Julians demonstrierten nicht die Nüch-
ternheit seines politischen Kalküls, sondern vielmehr seine Naivität, die
allein in der Altgläubigkeit eine hinreichende Bedingung politischer Bere-
chenbarkeit gesehen hätte.
    Die ‚Säkularisierung' der julianischen Politik scheint mir in den zuletzt
referierten Deutungen zu weit getrieben worden zu sein – gerade in dem
oben übersetzten Brief 61 (Bidez) artikuliert sich der fundamental religiöse
Charakter der julianischen Intentionen. Allerdings geht Julian in der Tat
durchaus reflektiert vor, so gar nicht im Stile eines Fanatikers: So will er
offenbar zugleich mit seinem ‚geistigen' Anliegen die Rolle der Kurien in
diesen Angelegenheiten stärken, wie aus dem Gesetz 13,3,5 deutlich hervorgeht,[643] und auch der Duktus des Begleitschreibens ist bemerkenswert un-
aufgeregt: Da die Zeichen der Zeit sich wieder gewandelt hätten, sei es nur
logisch, wieder zum bewährten Einklang von Lehrstoff und Weltanschau-
ung zurückzukehren. Dabei ist selbstverständlich auch ein das Reichsganze

---

639 Hardy (o. Anm. 637) 398.
640 Klein (1981) 76 Anm. 8.
641 Ebd., 84ff.
642 Pack (1986), besonders 291ff.
643 Mit Recht hat jüngst Wiemer (1995, 365) herausgestellt, daß für Julian „Städte-
    und Religionspolitik... untrennbar verbunden" waren.

ins Auge fassendes Sendungsbewußtsein Julians in Rechnung zu stellen: Der Schlüssel zu Bewahrung imperialer Herrschaft, innerer und äußerer Freiheit und moralischer Festigkeit des „populus Romanus" lag für ihn zweifelsohne in der Rückbesinnung auf die alten Kulte und die Qualitäten der Vorfahren. Insofern liegt in der knappen inschriftlichen Belobigung Julians als Wiederhersteller von Freiheit und römischer Religion („restitutor libertatis et Romanae religionis": ILS 752) ein ganzes Programm: Freiheit und die Verehrung der römischen Götter gehören für ihn untrennbar zusammen, das eine ist ohne das andere nicht zu haben.

M 35: Totenklage: Libanios über Julian

Der Heide Libanios, bedeutender Rhetor, Sophist und engagierter Lokalpolitiker in Antiochia, lebte von 314 bis 393 und bietet mit seiner umfassenden literarischen Hinterlassenschaft (Briefe und Reden) wertvolle Einblicke in zahlreiche Bereiche der spätantiken Politik sowie des geistig-kulturellen, sozialen und ökonomischen Lebens dieser Zeit.[644] Insbesondere seine engen Beziehungen zum Kaiser Julian, die vor allem in der Zeit von Julians Antiochia-Aufenthalt (Juli 362 bis März 363) im direkten Kontakt intensiv gepflegt werden konnten, erheben Libanios in den Rang eines bedeutenden Zeitzeugen, der über die Rezeption julianischer Politik Auskunft geben kann. In einem glänzenden, erst kürzlich erschienenen Buch sind die ‚julianischen Reden' des Libanios einer eingehenden Analyse unterzogen worden,[645] darunter auch erstmals die in der gelehrten Forschung bislang kaum behandelte, in der anschließenden Übersetzung in Auszügen dargebotene „Monodie auf Julian" (or. 17).[646]

Die „Monodie" ist neben dem weitaus prominenteren „Epitaphios" die zweite Rede, die Libanios dem als tragisches Unglück empfundenen Tod des Kaisers gewidmet hat. Beide Reden sind in ihrer exakten Zeitstellung umstritten, unzweifelhaft ist jedoch, daß die persönlicher und pathetischer gehaltene „Monodie" dem „Epitaphios", der großen Lobrede auf den Verstorbenen, zeitlich vorausging. Wiemer hat nun plausibel darlegen können, daß die niemals publizierte, allenfalls im engeren Freundeskreis des Redners

---

644 Über die dementsprechend reiche gelehrte Literatur informieren G. Fatouros/ T. Krischer (Hgg.), Libanios, 1983; neueste Literaturüberblicke finden sich bei Scholl (1994) und Wiemer (1995).

645 Wiemer (1995), der die Reden 12 bis 17 ausführlich, die berühmte Leichenrede 18 nur kursorisch erörtert. Eindeutig im Schatten von Wiemers Werk steht die gleichzeitig entstandene Arbeit von Scholl (1994).

646 Wiemer (1995) 247–260.

verschickte „Monodie" ins Frühjahr 364 gehören,[647] der „Epitaphios" dagegen im Sommer 365 vollendet worden sein dürfte.[648]
Die folglich wahrscheinlich weniger als ein Jahr nach Julians Tod entstandene „Monodie" steht noch unter dem unmittelbaren Eindruck dieses Ereignisses und besitzt einen stark subjektiv-emotionalen Charakter, der dieser literarischen Gattung ohnehin eigen ist.[649] Die Rede besteht – neben Einleitung (1–3) und sehr persönlich gehaltenem Schluß (36–38) – aus einem dreigliedrigen Hauptteil, in welchem der Redner mit den Göttern hadert (4–13), den toten Kaiser preist (14–21) und Klage über den Tod Julians und dessen verhängnisvolle Konsequenzen führt (22–35):

„(1) Oh weh, gewaltige Trauer hat nicht nur das achaiische Land, sondern das ganze Reich erfaßt, wo das Gesetz der Römer herrscht. Stärkere Trauer wahrscheinlich noch dort, wo die Griechen wohnen, da sie allzusehr das Elend erfahren,[650] aber der Schlag hat, wie gesagt, die ganze Welt durchdrungen, indem er die Seelen niederschlug und niederriß, so daß es nichts Lebenswertes mehr gibt für einen vorzüglichen Mann und für einen, der das Verlangen hat, auf anständige Weise zu leben.
(2) Ruhm und Ehre der Guten schwinden, obenauf befinden sich die Schlechten und Zügellosen. Die Gesetze, die Verhinderer von Untaten, sind bereits zerstört oder im Begriff, sogleich zerstört zu werden, und denjenigen Anordnungen, die weiter existieren, wird nur übrig bleiben, nicht befolgt zu werden...
(3) Jemand hat Hektor ‚die feste Stütze Trojas' genannt,[651] und zwar zu Recht. Denn als er gefallen war, stand Ilion auf morschem Grund und war gleich im Begriff, mit Hektor darniederzuliegen. Jetzt aber ist nicht die Stütze einer Stadt am Hellespont oder einer Provinz gestürzt, sondern die Herrschaft der Nachkommen des Äneas,[652] das Allerschönste zu Land und zu Wasser, steht auf keinem festen Grund...

647 Wiemer (1995) 251–255; anders noch Scholl (1994) 3.9.
648 Wiemer (1995) 260–266; Scholl (1994) diskutiert das Problem nicht und geht von dem Jahr 368 als Abfassungszeit aus (3.9 mit Anm. 13).
649 Knappe gattungstypologische Hinweise finden sich bei Wiemer (1995) 247f. 258, ebenso die im folgenden referierte Gliederung (ebd., 248f.).
650 Hier spricht natürlich der in griechischer Tradition stehende, griechischem Denken verhaftete Sophist, der den philhellenischen Kaiser zu seinesgleichen zählte.
651 Pind. Ol. 2,89.
652 Geschickt verknüpft Libanios sein Exemplum (Hektor und Troja) mit dem Mythos Roms, das seine Wurzeln auf den aus Troja geflohenen Äneas zurückführte; Caesar und Augustus hatten bekanntlich diese Mythen auf hochraffinierte Weise adaptiert und politisch genutzt, indem sie sich selbst und ihr iulisches Geschlecht in dieselbe Abstammungslinie stellten.

(14) Oh glückliche Kunde, welche das Gerücht von Westen brachte und die Poleis erfreute:[653] Sie kündete von Kämpfen und Siegeszeichen, vom Befahren des Rheins, von der Vernichtung der Kelten und der Erringung von Kriegsgefangenen, von dem Empfang einst in Kriegsgefangenschaft geratener Römer und von Tributen seitens der Feinde, von der Aufrichtung dessen, was darniederlag, und von den Taten und der Trefflichkeit göttlichen Wirkens.[654]

(15) Oh, welche noch mehr zu bewundernden, nachfolgenden Nachrichten: von seiner Reise entlang der Reichsgrenzen und von dem verborgen gebliebenen Eilmarsch, von den sechs Soldaten, die 20.000 in Furcht versetzten, und von der Bewaffnung aller gegen ihn und von der kampflosen Beendigung des Krieges.[655] Oh, was wurde da in der abwägenden Überlegung offenbar und beim riskanten Wagnis bewiesen!

(16) Der Kaiser schlug durch das Verfassen einer Rede am Bosporos[656] einen Mann aus dem Felde, der aus Dummheit behauptete, in der Nachfolge des Diogenes von Sinope zu stehen, aber nichts als Unverschämtheit aufwies.[657] Der Kaiser schickte uns Briefe von unwiderstehlicher Schönheit, um die wir uns drängten.

(17) Er reiste zur Göttermutter nach Phrygien. Dann eilte er weiter, nachdem er dort etwas von ihr erfahren hatte.[658] Dann marschierte er von Kilikien aus

---

653 Die folgenden Paragraphen bieten eine kurze Würdigung der Regierungstätigkeit Julians als Caesar und Augustus – sehr viel ausführlicher geht Libanios in seinem „Epitaphios" (der freilich auch annähernd zehnmal länger ist als die „Monodie") auf diese Begebenheiten ein.

654 Dieser kurzgefaßte Panegyricus resümiert die Erfolge Julians als Caesar in Gallien – die ‚Keltoi' sind der Sammelbegriff für ‚Gallier' –: die Siege über Franken und Alamannen sowie die Rückeroberung von Köln und damit die neuerliche Beherrschung des Rheins (vgl. Amm. 16–17), ferner die Befreiung und Rückgabe gefangener Römer (z. B. von den Alamannen: Amm. 17,10. 18,2) sowie die Lieferung von Abgaben und Naturalien seitens der besiegten Barbaren (Amm. ebd.).

655 In verklärender Manier faßt Libanios den Zug Julians gegen Constantius II. zusammen, der durch den Tod des letzteren ein kampfloses Ende fand: den Marsch Julians entlang der Donau (Amm. 21,8), die (allerdings mit mehr als sechs Soldaten realisierte) Überwältigung des „magister equitum per Illyricum" Lucillianus bei Sirmium (Amm. 21,9) und die Gegenrüstungen Constantius' II. (Amm. 21,13).

656 D. h. in Konstantinopel.

657 Gemeint ist Julians Rede gegen den Kyniker Herakleios (or. 7), in welcher er die allegorische Mythenerklärung gegen deren radikale Ablehnung durch die Kyniker (deren prominentester Vertreter in der Kaiserzeit der im 1. Jh. n. Chr. lebende Diogenes von Sinope war) verteidigte, s. Dihle (1989b) 463.

658 Vgl. Amm. 22,9,5–8. In einer Rede auf die Göttermutter („Mater Magna" bzw. Kybele), deren Kultzentrum im phrygischen Pessinus lag, praktizierte Julian (or. 5) eben diese Methode der allegorischen Mythenerklärung, die er gegenüber dem

langsam weiter, auch dies dem Willen des Zeus entsprechend. Er kam zur Hauptstadt des Antiochos oder, wenn man so will, Alexanders, der ihm lieb und teuer war und ihn nicht ruhen ließ,[659] so wie es einst einem athenischen Strategen mit einem anderen erging.[660]

(18) Hier wurden unzählige Rechtsfälle geregelt, viele Gesetze erlassen, Bücher verfaßt zur Unterstützung der Götter, es wurden Besuchsfahrten unternommen zu den Heiligtümern in der Stadt sowie zu den vor der Stadt auf den Anhöhen gelegenen und zu den auf hohen Bergen lokalisierten heiligen Bezirken.[661] Kein Ort war so schwierig und unwegsam, daß er nicht leicht zugänglich schien, wenn er einen Tempel besaß oder früher besessen hatte. Als die bis an die entlegenen Grenzen Ägyptens und Libyens siedelnden Menschen erfuhren, wie intensiv der Kaiser sich um Heiligtümer kümmerte, benutzten sie auf einmal weniger ihre eigenen Behausungen und lebten in den Tempeln.

(19) Du hättest damals, oh bester Freund, die persische Gesandtschaft, die um einen Friedensvertrag nachsuchte und mit dem zufrieden war, was du beschlossest, nicht zurückweisen sollen. Aber die Leiden des Landes beim Tigris, das verwüstet und verlassen war und viele Einfälle ertragen hatte, von denen jeder den dort vorhandenen Reichtum dorthin [d. h. zu den Persern] brachte, zog deine Meinung in eine andere Richtung. Denn du glaubtest, es sei wie Verrat, Ruhe zu erstreben und nicht gerechte Strafe zu vollstrecken.

(20) Aber siehe da, die Gottheit widersetzte sich. Oder vielmehr hast du Strafen, die an Ausmaß das Unrecht übertrafen, ergriffen. Das Land der Assyrer, das Schönste dessen, was die Perser besaßen, war schattig von großen Palmen und allen möglichen anderen Bäumen, gewissermaßen ihre festeste Garnison für Gold und Silber, mit prächtigen darin errichteten Palästen, mit Wildschweinen, Hirschen und so vielen anderen Jagdtieren in

---

Kyniker Herakleios (s. die vorige Anm. 657) legitimierte. Der Kult dieser altanatolischen Gottheit war 205/4 v. Chr. nach Rom eingeführt und auf dem Palatin etabliert worden.

659 Zum (natürlich erfundenen) Besuch Alexanders des Großen in (dem realiter erst von Seleukos I. zu Ehren seines Vaters Antiochos gegründeten) Antiochia s. Iul. or. 11,72–77. In seinem Lobeshymnus auf den gestorbenen Kaiser weist auch Ammian (25,4,15) auf die Vorbildhaftigkeit Alexanders des Großen für Julian hin. Knapp zur Alexanderimitatio Julians: Scholl (1994) 138f.

660 Vgl. Plut. Them. 3,3 (zu Themistokles und Miltiades).

661 Antiochia zählte zu den führenden und prosperierenden Städten des spätantiken Imperium Romanum; es besaß zahlreiche heidnische Heiligtümer, war jedoch auch bereits stark christianisiert. Grundlegend: P. Petit, Libanius et la vie municipale à Antioche au IVe siècle après J.-C., 1955; J. H. W. G. Liebeschuetz, Antioch. City and Imperial Administration in the Later Roman Empire, 1972; ausführlich zu Julians Wirken in Antiochia: Lib. or. 18,164ff.

ummauerten Arealen, mit bewachten Forts, die, stärker als die Hand der Feinde, hoch in die Luft ragten, mit Dörfern, welche Städten vergleichbar waren, und von anderem Wohlstand, der ganz besonders gedieh.[662]
(21) Diese Assyrer überfiel er,[663] und er überraschte sie und plünderte sie aus, lachend und zugleich seinen Soldaten erlaubend, ein ‚Festgelage' zu veranstalten, so daß die Perser Kolonien dorthin legen mußten und nicht einmal eine ganze Generation das Unglück ausmerzen könnte. Und wirklich – der unglaubliche Aufstieg auf das erhöhte Ufer,[664] die nächtliche Schlacht, welche eine riesige Masse der Perser zerstörte, das Zittern, das sich auf ihre Glieder legte, und das Zuschauen aus der Ferne, wie das Land verwüstet wurde, ohne etwas wagen zu können – dies gehörte zu der Strafe, die er ihnen auferlegte.
(22) Gib uns, oh höchster der Götter, deinen Namensvetter[665] zurück, der so oft dich am Jahresbeginn anrief...
(36) Oh, welche Verwaisung, welche die ganze Erde ergriffen hat – die kranke, die du wie ein guter Arzt geheilt und dann von neuem dem Fieber und den früheren Krankheiten ausgeliefert hast! Oh, mein unglückliches Greisenalter, oh, mein doppeltes Elend – da ich mit anderen den Kaiser beklage, da ich aber auch den Gefährten und Freund beklage!"

Libanios zeichnet in dieser „Monodie" ein ausgesprochen positives Bild von dem Kaiser Julian (und seinen persönlichen Beziehungen zu ihm).[666] Es verwundert nicht, daß der Klage ein heidnisch-hellenischer Tenor eigen ist: Der mit hoher klassischer Bildung ausgestattete Redner zitiert aus den Mythen und der klassischen griechischen Literatur (or. 17,3.23ff.), bittet Zeus

---

662 Eine ähnlich hymnische, Reichtum und Fruchtbarkeit preisende Beschreibung Assyriens liefert Ammian im Rahmen seines Berichts über den Perserzug Julians (23,6,15ff.).
663 Ausführlich zu Julians Assyrieninvasion s. Amm. 24,1–6.
664 Auch im Parallelbericht von Ammian (24,6) ist vom Überwinden der „hohen und steilen Ufer" („praealtas ripas et arduas") die Rede.
665 Die (bewußt von Libanios genutzte) Mehrdeutigkeit des Griechischen läßt sich im Deutschen nicht mitteilen: „Hypatos" bedeutet sowohl „höchster, erhabenster" als auch „Konsul" (als Bezeichnung der höchsten römischen Magistratur); Julian amtierte in seinem Todesjahr 363 zum vierten Mal als Konsul. Der ordentliche Konsul trat stets am 1. Januar eines Jahres sein Amt an und begann seine Tätigkeit selbstverständlich mit sakralen Handlungen.
666 Immerhin bezeichnet auch Julian während seines Antiochia-Aufenthaltes Libanios öffentlich als seinen Freund (Misop. 354C). Näheres zur Stellung des Libanios „am Hofe Julians" findet sich bei Wiemer (1995) 48–68.

um die Rückgabe Julians (or. 17,22), würdigt die philosophisch-rhetorische Praxis des Kaisers (or. 17,16) und dessen restaurative Religionspolitik.[667] Als historische Quelle bietet die Rede dagegen nur wenig – mit einer bemerkenswerten Ausnahme: Während Libanios nämlich in dem späteren großen „Epitaphios" ein Loblied auf die Politik Julians gegenüber den Persern singt (or. 18,204-266), klingen hier (or. 17,19f.) noch deutliche Reserven an: Julian hätte auf die (freilich nur vagen)[668] Friedensbestrebungen der Perser eingehen sollen, zudem habe sein hartes Vorgehen gegen die Perser in deutlichem Mißverhältnis zu deren Vergehen gestanden. Offensichtlich war Libanios tatsächlich seinerzeit kein glühender Befürworter des Perserkrieges gewesen, denn bereits in seinem „Hypatikos", der auf den Antritt Julians zu seinem vierten Konsulat (1. Januar 363) gehaltenen Rede, läßt er Neigungen zu einer politischen Verhandlungslösung erkennen.[669] Hierin spiegelt sich die zeitgenössische Diskussion um die julianische Perserpolitik, von der wir vor allem durch Ammian Kenntnis erhalten[670] – eine Reihe von Zeitgenossen plädierte offenbar für eine Fortführung der vorsichtigen Strategie Constantius' II.[671]

Die „Monodie auf Julian" ist als erste erhaltene Momentaufnahme nach Julians Tod aus dem heidnischen Lager bedeutsam, weil sie in eindrucksvoller Manier zeigt, welche Hoffnungen der Heiden mit dem Tode des Apostata dahingegangen waren. Die Rede steht damit am Beginn eines in der Folgezeit in paganen Kreisen kultivierten Andenkens an Julian, das zum Beispiel in den anschließend vorzustellenden Denkmälern – den Kontorniaten (M 36) und den Elfenbeindiptychen (M 37) – zu fassen ist.

M 36: Kontorniat mit Bildnis Julians

Demselben geistesgeschichtlichen (proheidnischen) Kontext wie das Pariser Standbild Julians selbst gehört das hier zu behandelnde Medaillon an, das freilich erst Jahrzehnte nach Julians Tod entstanden sein dürfte und die große Bedeutung dieses Kaisers für das in die Defensive gedrängte Heidentum noch im späten 4. Jh. dokumentiert.

---

667 Iul. or. 17,34: „Weh um die Tempel, Heiligtümer und Standbilder, die nun aus den Palästen verbannt sind!"
668 Vgl. Wiemer (1995) 364.
669 Lib. or. 12,75-77, vgl. Wiemer (1995) 178–181; Scholl (1994) 134ff.
670 Amm. 22,12f.; weitere Stimmen zitieren Scholl und Wiemer, ebd.
671 Vgl. o. S. 46f.

*Abb. 23: Kontorniat
(Vorderseite)*

Es handelt sich um die Vorderseite eines sog. Kontorniat-Medaillons, auf der die gepanzerte, bärtige Büste des nach links gewandten Julian (mit Helm und Schild) abgebildet ist; eine Legende fehlt.[672]

Bei den sogenannten Kontorniaten handelt es sich um meist geprägte, selten auch gegossene Medaillons mit einer vertieften Randrille (italienisch: contorno), deren Erforschung fast ausschließlich Andreas Alföldi zu verdanken ist. Alföldi sieht in den nur im 4. und im 5. Jh. in der Stadt Rom hergestellten Medaillons, die wohl primär am Neujahrsfest als Geschenkmünzen dienten, ein „Propagandamittel der heidnischen Aristokratie Roms",[673] da die Bildmotive (bis zur Herrschaft Valentinians III.) ausschließlich heidnischer Natur sind: Neben historischen Persönlichkeiten (Alexander der Große, Trajan, Antoninus Pius, Nero u. a.) tauchen Philosophen und Dichter des klassischen Altertums, Götter und Spielszenen auf.[674] Daher handelt es sich bei den Kontorniaten auch nur um Medaillons aus Messing oder Bronze – die Edelmetallprägung war nämlich kaiserliches Privileg, für die Herstellung der Kontorniaten aber zeichnete wohl in erster Linie die stadtrömische Aristokratie in Rom verantwortlich.

---

672 Alföldi, Teil 2 (1990) Tafel 184,4; Teil 1 (1976): Katalog, 183 Nr. 614. Die Rückseite (Fechter über am Boden liegendem Gegner) steht nach Alföldi (ebd.) wohl nicht in ikonographischem Zusammenhang mit der Vorderseite.

673 Alföldi, Teil 2 (1990) 25ff.

674 Ebd. 34ff („Die Gedankenwelt der Kontorniaten").

Der spezifisch pagane Charakter der Kontorniaten ist unbestritten – dennoch ist Alföldis Ansicht, die Kontorniaten stellten ein dezidiert antichristliches, heidnisches Propagandamedium dar, nicht nur auf Zustimmung gestoßen,[675] die Kritiker bleiben allerdings bislang eine plausiblere Erklärung schuldig. Immerhin gibt es eine Reihe von (bei Alföldi zusammengestellten) Zeugnissen für den Brauch, zu festlichen Anlässen besondere Münzen zu verschenken,[676] und für das späte 4. Jh. belegt dies ausdrücklich einer der exponiertesten Vertreter der heidnischen stadtrömischen Aristokratie, Symmachus.[677]

In exakt diesen Rahmen gehören die Kontorniaten mit Julian, die Alföldi in die Zeit nach 395 datiert: „Für die bedrückte Lage des Heidentums ist es bezeichnend, daß man es nicht wagen konnte, das Bildnis Julians auch mit einer Umschrift zu verdeutlichen. Man kopiert sein bärtiges Porträt oder sein jugendliches Bildnis von seinen Münzen einfach ohne erklärende Legende: die Gleichgesinnten wußten es sowieso, wer gemeint war."[678] Alföldi glaubt geradezu einen Juliankult in den Kreisen dieser vornehmen Heiden erkennen zu können und führt als zusätzlichen Beleg die berühmte Elfenbeintafel aus dem British Museum (London) an, auf welcher wahrscheinlich die Apotheose Julians auf Geheiß der Symmachi dargestellt worden sei. (= M 37)[679] Da auch diese Elfenbeintafeln – vor allem die sog. Konsulardiptychen – von Mitgliedern der paganen Aristokratie zum Jahresanfang und dem damit oft verbundenen Amtsantritt von Familienmitgliedern als Konsuln oder Prätoren in Auftrag gegeben und verschenkt wurden, stellen sie in der Tat eine enge und aussagekräftige Parallele zu den ebenfalls dezidiert heidnischen Kontorniaten dar. In den Initiatoren und Liebhabern dieser Denkmäler lebte Julian als derjenige weiter, der er hatte sein wollen: als Restaurator und Bewahrer klassischer Bildung, Religion und Kultur, als Philosoph auf dem Kaiserthron.[680]

---

675 Vgl. die Hinweise bei Al. Cameron, Forschungen zum Thema ‚heidnische Reaktion' in der Literatur seit 1943, in: Alföldi, Teil 2 (1990) 63ff.; J.-P. Callu, Gnomon 65, 1993, 169.

676 Alföldi, Teil 2 (1990) 13ff.

677 Symm. Rel. 7,1, vgl. Alföldi, ebd. 17.

678 Ebd. 40.

679 Ebd. 46f.; siehe ferner besonders Straub (1972) 173ff. und zuletzt Av. Cameron (1994) 188ff.; skeptisch dagegen Al. Cameron (o. Anm. 675) 70.

680 Noch der ‚letzte heidnische Kaiser' Eugenius (siehe oben Seite 18) stilisierte sich durch seinen Spitzbart als eine Art „neuer Julian" (Alföldi, ebd. 43).

M 37: Diptychon: Die Apotheose Julians (?)

Abb. 24: Diptychon mit
Kaiserapotheose

Abgebildet ist hier die bereits angesprochene[681] vordere Tafel eines elfenbeinernen Diptychons, welche die Apotheose eines Kaisers zeigt.[682] Das Bildfeld wird von einem Perlstab eingerahmt und oben mit einem Blattornament und Monogrammschild verziert. Dessen gut lesbare Buchstaben lassen sich nicht mit Sicherheit auflösen – ein verlockender Vorschlag lautet „Symmachorum", womit das Diptychon derjenigen Familie zugeschrieben werden könnte, die mit besonderem Engagement für die heidnisch-senatorischen Belange eintrat, vor allem in der Person des berühmten Redners, Stadtpräfekten von Rom (384) und Konsuls (391) Quintus Aurelius Symmachus.[683]

Die Darstellung vereinigt mehrere Szenen in einem Bild: Unten ist eine Elefantenquadriga vor einem Wagen zu sehen, auf dem in einer Aedicula ein römischer Kaiser thront: Er ist bekleidet mit Tunika und Toga, hält Zepter und Lorbeerzweig und trägt einen Vollbart. Links von der Aedicula sieht man in der Bildmitte einen dreistufigen Scheiterhaufen („rogus"), auf dessen oberster Stufe eine kleine Quadriga steht, in welcher ein nackter Jüngling die Himmelfahrt antritt; vor der Quadriga fliegen zwei Adler.

Im oberen, rechts von einem halben Tierkreis und einer nimbierten Büste des Sonnengottes Helios/Sol begrenzten Teil des Bildfeldes ist erneut der bärtige Kaiser abgebildet, der von zwei nackten, geflügelten Genien gen Himmel getragen wird, wo ihn schon fünf Himmelsbewohner erwarten.

Das beherrschende Thema dieser allerdings sehr eigenwillig komponierten Szenen ist klar: „Alle Details nehmen Bezug auf ältere Darstellungen der imperialen Kunst und geben sie als Apotheose eines Kaisers zu erkennen."[684] Im einzelnen bleibt jedoch vieles undeutlich: Der untere Teil spielt natürlich auf die Leichenfeier an, doch schon die Benennung des nackten Jünglings in der kleinen Quadriga auf dem Scheiterhaufen ist bislang nicht gelungen.[685] Der Adler als Seelenträger ist ebenfalls ein gängiges Motiv,[686] doch ungewöhnlich ist hier die Anwesenheit von zwei Adlern. Von größtem historischen Interesse ist natürlich die Identifizierung des Kaisers. Der bislang prominenteste Vorschlag zielt auf Julian,[687] zumal diesem ein von dem heidnischen Historiker Eunapios von Sardeis[688] tradierter Orakelspruch die

---

681 S. o. M 36.

682 Die Beschreibung erfolgt weitgehend nach D. Stutzinger, Katalog Nr. 248, in:
      Spätantike und frühes Christentum (1983) 671–673, und Straub (1972) 172ff.

683 Vgl. R. Klein, Symmachus. Eine tragische Gestalt des ausgehenden Heidentums,
      1986.

684 Stutzinger, in: Spätantike und frühes Christentum (1983) 672.

685 Der Genius des Kaisers? oder ein Gott, vielleicht die bevorzugte Schutzgottheit
      des Kaisers?

686 Straub (1972) 173.

687 Ebenfalls erwogen wird Antoninus Pius, s. Straub (1972) 174.

688 Vgl. o. Anm. 599.

Fahrt in den Olymp mit einem „feuerglänzenden Wagen" prophezeit hatte.[689] Bedenkt man darüber hinaus, daß es bereits in der Spätantike eine lebhafte Diskussion zwischen Christen und Heiden um die (laut Eutrop 10,16,2 zweifelsfreie) Apotheose Julians gegeben hat,[690] so spricht in der Tat vieles dafür, das Diptychon thematisch auf Julian zu beziehen.

Entstanden ist die Elfenbeintafel erst einige Jahrzehnte nach Julians Tod, in der ersten Hälfte des 5. Jh. n. Chr., als Kaiserapotheosen nur noch den Heiden besonderer Erinnerung wert waren. Das Diptychon, über dessen zweite verlorene Tafel nur Vermutungen anzustellen sind,[691] gehört damit in denselben Kontext wie die Kontorniaten (M 36) und die spätantike heidnische, apologetische Literatur. Gerade die stadtrömisch-aristokratischen Familien, zwischen denen die Elfenbeintafeln als Geschenke zu besonderen Anlässen ausgetauscht wurden, hatten nach der endgültigen Etablierung des Christentums als Staatsreligion (unter Theodosius I.) „das Andenken Julians zu einem Kampfsymbol gegen die Christenherrschaft erhoben."[692] Daß dieser Kampf de facto längst entschieden war, ließ sich durch derartige Symbole allenfalls verschleiern – den Heiden des 5. Jh. n. Chr. blieb nur der verklärte Blick auf ihre Helden und Götter, die für die Christen jedoch nur Dämonen waren.[693]

---

689 Eunap. (FHG IV) fr. 26; vgl. Straub (1972) 172. Die Anwesenheit des Helios auf dem Diptychon, des Sonnengottes, der mit dem von den feuerschnaubenden Rossen gezogenen Wagen über den Himmel fährt, könnte meines Erachtens diese Assoziation bestärken.

690 Diese Diskussion zeichnet Straub (1972) nach und weist darauf hin, daß kaum zufällig am Ende des 4. Jh. n. Chr. erstmals ein besonderes Fest zur Erinnerung an Christi Himmelfahrt belegt ist (ebd. 176). Das Thema war also in dieser Zeit hochaktuell, Christen wie Heiden wetteiferten mit Blick auf das Motiv der Himmelfahrt miteinander.

691 Am dezidiertesten äußert sich Alföldi, Teil 2 (1990) 41: „Die verlorene zweite Tafel muß eine ganz entsprechende Szene enthalten haben, da die Hälfte des Zodiacus offenbar auf ihr fortgesetzt worden ist, und gegenüber der Büste des Sol oben in der rechten Ecke war auf der entsprechenden Stelle der fehlenden Tafel offenbar Luna dargestellt."

692 Alföldi, ebd., 42.

693 Ambros. ep. 17,1.

III. Anhang

1. Verzeichnis der abgekürzt zitierten Literatur /Arbeitsbibliographie

Alföldi = A. u. E. Alföldi, Die Kontorniat-Medaillons. Teil 1: Katalog, 1976. Teil 2: Text, 1990.

Barceló (1981) = P. A. Barceló, Roms auswärtige Beziehungen unter der constantinischen Dynastie (306–363), 1981

Bleckmann (1992) = B. Bleckmann, Die Reichskrise des 3. Jahrhunderts in der spätantiken und byzantinischen Geschichtsschreibung, 1992

Bleckmann (1995) = B. Bleckmann, Constantin und die Donaubarbaren, JbAC 38, 1995, 38–66

Bleckmann (1996) = B. Bleckmann, Konstantin der Große, 1996

Bleicken (1978) = J. Bleicken, Prinzipat und Dominat. Gedanken zur Periodisierung der römischen Kaiserzeit, 1978

Bleicken (1992) = J. Bleicken, Constantin der Große und die Christen (HZ Beih. NF 15), 1992

Blockley (1989) = R. C. Blockley, Constantius II. and Persia, in: C. Deroux (Hg.), Studies in Latin Literature and Roman History V, Brüssel 1989, 468–489

Böhnke (1994) = H. Böhnke, Ist Diocletians Geldpolitik gescheitert? ZPE 100, 1994, 473–483

Bonamente/Fusco = G. Bonamente/F. Fusco (Hgg.), Costantino il Grande dall'antichità all'umanesimo, 2 Bde., 1992/1993

Brandenburg (1979) = H. Brandenburg, Roms frühchristliche Basiliken des 4. Jahrhunderts, 1979

Brandt (1988) = H. Brandt, Zeitkritik in der Spätantike. Untersuchungen zu den Reformvorschlägen des Anonymus De rebus bellicis, 1988

Brenk (1977) = B. Brenk (Hg.), Spätantike und frühes Christentum, (Propyläen Kunstgeschichte Suppl. 1), 1977

Bringmann (1995) = K. Bringmann, Die constantinische Wende, HZ 260, 1995, 21–47

Brockmeier (1987) = B. Brockmeier, Der Große Friede 332 n. Chr. Zur Außenpolitik Konstantins d. Großen, BJ 187, 1987, 80–100

Cameron (1994) = Av. Cameron, Das späte Rom, 1994
Carrié (1994) = J.-M. Carrié, Diocletien et la fiscalité, in: Antiquité Tardive 2, 1994, 33–64
Chantraine (1992) = H. Chantraine, Die Nachfolgeordnung Constantins des Großen, Stuttgart 1992
Coarelli (1975) = F. Coarelli, Rom. Ein archäologischer Führer, 1975
Creed (1984) = J. L. Creed, Lactantius. De mortibus persecutorum, 1984
Cullhed (1994) = M. Cullhed, „Conservator urbis suae." Studies in the Politics and Propaganda of the Emperor Maxentius, 1994

Demandt (1989) = A. Demandt, Die Spätantike. Römische Geschichte von Diocletian bis Justinian 284–565 n. Chr., (HdA III 6), 1989
De Martino (1991) = F. De Martino, Wirtschaftsgeschichte des alten Roms, 2. Aufl. 1991
Dihle (1989) = A. Dihle (Hg.), L'Église et l'empire au IVe siècle, (Entretiens sur l'Antiquité Classique 34), 1989
Dihle (1989b) = A. Dihle, Die griechische und lateinische Literatur von Augustus bis Justinian, 1989
Dörries (1954) = H. Dörries, Das Selbstzeugnis Kaiser Konstantins, 1954

Girardet (1998) = K. M. Girardet, Die Konstantinische Wende und ihre Bedeutung für das Reich. Althistorische Überlegungen zu den geistigen Grundlagen der Religionspolitik Konstantins d. Gr., in: E. Mühlenberg (Hg.), Die Konstantinische Wende (VWGTh), Gütersloh 1998, 9–122
Grünewald (1990) = T. Grünewald, Constantinus Maximus Augustus. Herrschaftspropaganda in der zeitgenössischen Überlieferung, 1990
Guyot/Klein (1993) = P. Guyot/R. Klein, Das frühe Christentum bis zum Ende der Verfolgungen, Bd. 1: Die Christen im heidnischen Staat, 1993

Heather (1992) = P. J. Heather, Goths and Romans, 334–489, 2. Aufl. 1992

Jahn (1975) = J. Jahn, Zur Geld- und Wirtschaftspolitik Diokletians, JNG 25, 1975, 91–105
Jones (1964/1986) = A. H. M. Jones, The Later Roman Empire 284–602, (ND von 1964), 1986

Kähler (1964) = H. Kähler, Das Fünfsäulenmonument für die Tetrarchen auf dem Forum Romanum, 1964
Kent/Overbeck/Stylow (1973) = J. P. C. Kent/B. Overbeck/ A. U. Stylow, Die Münzen der Römer, 1973
Kienast (1990) = D. Kienast, Römische Kaisertabelle. Grundzüge einer römischen Kaiserchronologie, 1990

Klein (1978) = R. Klein, Julian Apostata, (Wege der Forschung Bd. 509), 1978

Klein (1979) = R. Klein, Der Rombesuch des Kaisers Constantius II. im Jahre 357, Athenaeum 57, 1979, 98–115

Klein (1981) = R. Klein, Kaiser Julians Rhetoren- und Unterrichtsgesetz, RQ 76, 1981, 73–94

König (1987) = I. König, Origo Constantini. Anonymus Valesianus. Teil I. Text und Kommentar, 1987

Kolb (1987) = F. Kolb, Diocletian und die erste Tetrarchie. Improvisation oder Experiment in der Organisation monarchischer Herrschaft?, 1987

Kolb (1988a) = F. Kolb, Zu chronologischen Problemen der ErstenTetrarchie, Eos 76, 1988, 105–125

Kolb (1988b) = F. Kolb, Die Datierung des ägyptischen Aufstands unter L. Domitius Domitianus und Aurelius Achilleus, Eos 76, 1988, 325–343

Kolb (1995) = F. Kolb, Chronologie und Ideologie der Tetrarchie, in: Antiquité Tardive 3, 1995, 21–31

Kraft (1955) = H. Kraft, Kaiser Konstantins religiöse Entwicklung, 1955

Künzl (1988) = E. Künzl, Der römische Triumph, 1988

Lauffer (1971) = Diokletians Preisedikt, hg. v. S. Lauffer, 1971

Lieu/Montserrat (1996) = S. N. C. Lieu/D. Montserrat, From Constantine to Julian: Pagan and Byzantine Views. A Source History, 1996

Lightfoot (1988) = C. S. Lightfoot, Facts and Fiction – the Third Siege of Nisibis (AD 350), Historia 37, 1988, 105–125

Lippold (1992) = A. Lippold, Konstantin und die Barbaren (Konfrontation? Integration? Koexistenz?), Studi Italiani di Filol. Class. 85, 1992, 371–391

Lo Cascio (1995) = E. Lo Cascio, Aspetti della politica monetaria del quarto secolo, in: Atti dell'Accademia Romanistica Costantiniana X, 1995, 481–502

Mango (1985) = C. Mango, Le développement urbain de Constantinople (IV–VII siècle), 1985

Mazzarino (1951) = S. Mazzarino, Aspetti sociali del quarto secolo, 1951

McNally (1979) = S. McNally, Der Diokletianspalast in Split, AW 10, 1979, 35–46

Migl (1994) = J. Migl, Die Ordnung der Ämter. Prätorianerpräfektur und Vikariat in der Regionalverwaltung des römischen Reiches von Konstantin bis zur Valentinianischen Dynastie, 1994

Müller-Wiener (1977) = W. Müller-Wiener, Bildlexikon zur Topographie Istanbuls, 1977

Noethlichs (1989) = K. L. Noethlichs, Kirche, Recht und Gesellschaft in der Jahrhundertmitte, in: Dihle (1989) 251–299

Noethlichs (1996) = K. L. Noethlichs, Das Judentum und der römische Staat. Minderheitenpolitik im antiken Rom, 1996

Pack (1986) = E. Pack, Städte und Steuern in der Politik Julians, 1986

Paschoud (1979) = F. Paschoud (Hg.), Zosime. Histoire nouvelle. Tome II. Texte établi et traduit par F. Paschoud, 1979

Portmann (1990) = W. Portmann, Zu den Motiven der diokletianischen Christenverfolgung, Historia 39, 1990, 212–248

L'Orange (1984) = H. P. L'Orange, Das spätantike Herrscherbild, 1984

R.-Alföldi, M. (1963) = M. R.-Alföldi, Die Konstantinische Goldprägung, 1963

R.-Alföldi (1978) = M. R.-Alföldi, Antike Numismatik, 2 Bde. 1978

Ruschenbusch (1977) = E. Ruschenbusch, Diokletians Währungsreform vom 1. 9. 301, ZPE 26, 1977, 193–211

Scholl (1994) = R. Scholl, Historische Beiträge zu den julianischen Reden des Libanios, 1994

Schwarte (1994) = K.-H. Schwarte, Diokletians Christengesetz, in: R. Günther/S. Rebenich (Hgg.), E fontibus haurire. Festschrift H. Chantraine, 1994, 203–240

v. Soden (1950) = H. v. Soden, Urkunden zur Entstehungsgeschichte des Donatismus, 2. Aufl. 1950

Spätantike und frühes Christentum (1983) = H. Beck/P. C. Bol (Hgg.), Spätantike und frühes Christentum. Katalog zur Ausstellung im Liebieghaus Museum alter Plastik in Frankfurt am Main, 1983

Speck (1995) = P. Speck, Urbs, quam Deo donavimus. Konstantin des Großen Konzept für Konstantinopel, Boreas 18, 1995, 143–174

Stallknecht (1969) = B. Stallknecht, Untersuchungen zur römischen Außenpolitik in der Spätantike 306–395 n. Chr., 1969

Straub (1972) = J. Straub, Die Himmelfahrt des Iulianus Apostata (ND v. 1962), in: ders., Regeneratio imperii Bd. 1, 1972, 159–177

v. Sydow (1969) = W. v. Sydow, Zur Kunstgeschichte des spätantiken Porträts im 4. Jh. n. Chr., 1969

Vittinghoff (1990) = F. Vittinghoff (Hg.), Europäische Wirtschafts- und Sozialgeschichte in der Römischen Kaiserzeit, (= Handbuch der Europäischen Wirtschafts- und Sozialgeschichte I), 1990

Weiß (1993) = P. Weiß, Die Vision Constantins, in: J. Bleicken (Hg.), Colloquium aus Anlaß des 80. Geburtstages von A. Heuß, 1993, 143–169

Wiemer (1995) = H. U. Wiemer, Libanios und Julian. Studien zum Verhältnis von Rhetorik und Politik im 4. Jh. n. Chr., 1995

Wilkes (1986) = J. J. Wilkes, Diocletian's Palace, Split: Residence of a Retired Roman Emperor, 1986

Wolfram (1990) = H. Wolfram, Geschichte der Goten, 3. Aufl. 1990

Wrede (1981) = H. Wrede, Der genius populi Romani und das Fünfsäulendenkmal der Tetrarchen auf dem Forum Romanum, BJ 181, 1981, 111–142

2. Zeittafel

20. Nov. **284**	Herrschaftsantritt Diokletians
Aug./Sept. **285**	Tod des Carinus
13. Dez. **285** (?)	Maximianus wird Caesar
April/Mai **286**	Erhebung des Maximianus zum Augustus
1. März **293**	Constantius I. Chlorus wird Caesar
21. Mai (?) **293**	Galerius wird Caesar
296–298	Aufstände in Ägypten
298	Friedensschluß mit den Persern
1. Sept. **301**	Währungsreform
Nov./Dez. **301**	Höchstpreisedikt
23. Feb. **303**	Beginn der Christenverfolgung
1. Mai **305**	Abdankung Diokletians und Maximians; neue Augusti: Galerius und Constantius I. Chlorus; neue Caesares: Severus und Maximinus Daia
25. Juli **306**	Tod des Constantius I. Chlorus; Ausrufung Konstantins zum Augustus; Galerius erkennt ihn nur als Caesar an
Aug. **306**	Severus wird Augustus
28. Okt. **306**	Usurpation des Maxentius in Rom
Spätsommer **307**	Maximian wird erneut Augustus
16. Sept. **307**	Tod des Severus
Nov. **308**	Konferenz in Carnuntum, erneute Abdankung Maximians
11. Nov. (?) **308**	Licinius wird Augustus
1. Mai (?) **310**	Maximinus Daia wird Augustus
Frühsommer **310**	Konstantin nimmt den Augustus-Titel an
Sommer **310**	Selbstmord Maximians
30. April **311**	Publikation des galerischen Toleranzediktes
Mai **311**	Tod des Galerius
28. Okt. **312**	Schlacht an der Milvischen Brücke; Tod des Maxentius
Jan./Feb. **313**	Mailänder Vereinbarung zwischen Konstantin und Licinius

Sommer 313	Tod des Maximinus Daia
3. Dez. (?) 313	Tod Diokletians
1. März 317	Constantinus II. wird Caesar
323	Goteneinfälle nach Thrakien und Moesien
Juli/Sept. 324	Siege Konstantins über Licinius
8. Nov. 324	Constantius II. wird Caesar
Frühjahr 325	Tod des Licinius
20. Mai– 19. Juni 325	Konzil von Nikaia
11. Mai 330	Einweihung von Konstantinopel
332	Gotenvertrag Konstantins
25. Dez. 333	Constans wird Caesar
18. Sept. 335	Delmatius wird Caesar
22. Mai 337	Tod Konstantins
9. Sept. 337	Constantius II., Constans und Constantinus II. werden zu Augusti
Sept. (?) 337	Tod des Delmatius
April 340	Tod des Constantinus II.
Anfang 350	Tod des Constans
18. Jan. 350	Usurpation des Magnentius
Frühjahr/ Sommer 350	Belagerung von Nisibis
15. März 351	Gallus wird Caesar
10. Aug. 353	Tod des Magnentius
Ende 354	Tod des Gallus
6. Nov. 355	Julian wird Caesar
357	Sieg Julians über die Alamannen bei Straßburg
28. April bis 29. Mai 357	Constantius II. in Rom
Feb. (?) 360	Ausrufung Julians zum Augustus durch die Truppen in Paris
3. Nov. 361	Tod des Constantius II.
17. Juni 362	Rhetoren- und Grammatikergesetz Julians
5. März 363	Aufbruch Julians in den Perserkrieg
26./27. Juni 363	Tod Julians

3. Glossar

Adäration:

Unter der „adaeratio" versteht man die Ersetzung von Natural- durch Geld-leistungen. Sowohl die von den Reichsbewohnern zu leistenden Steuerzah-lungen (Steueradäration) als auch die staatlichen Gehaltszahlungen (Vertei-lungsadäration) konnten in Geld statt in Naturalien erfolgen. Zu Konflikten konnte es bei der Frage kommen, zu welchem Tarif (Marktpreis oder staat-lich fixiertem Festpreis) adäriert werden sollte.

Apotheose:

Die in Rom mit der Erklärung des toten Caesar zum Divus Iulius erstmals praktizierte Vergöttlichung (griech. „apotheosis", latein. „consecratio") eines Herrschers steht in griechisch-orientalischer Tradition. Im Laufe der Kaiser-zeit wurde die Apotheose beinahe zum normalen Vorgang nach dem Tode eines Kaisers – sogar christlichen Kaisern, wie Konstantin dem Großen, ist noch die Konsekration zuteil geworden.

Arianismus:

Der nach dem alexandrinischen Presbyter Arius benannte Arianismus ent-stand im Zuge der theologischen Diskussion um die Natur Jesu. Arius be-zweifelte die Wesenseinheit von Gottvater und Jesus, doch auf dem Konzil von Nikaia (325) wurde das „nicänische Glaubensbekenntnis" der Wesens-gleichheit fixiert. Der Attraktivität arianischer Auffassungen tat dies jedoch keinen Abruch, und sogar Kaiser wie Constantius II. standen ihm nahe. Unter Theodosius I. als Häresie verboten, lebte der Arianismus dennoch weiter.

Aurum coronarium:

Das „Kranzgold", schon von siegreichen Imperatoren in der republikani-schen Zeit eingefordert, wurde in der Kaiserzeit als nahezu reguläre Abgabe erhoben. In der Spätantike bildete das anläßlich eines Herrschaftsantritts oder von Regierungsjubiläen fällig werdende „aurum coronarium" eine wichtige, vor allem von den städtischen Führungsschichten zu erbringende Einnahmequelle für die Kaiser.

Bagauden:

Unter diesem (keltischen) Namen begegnen erstmals im späten 3. Jh. n. Chr. in Gallien große Banden, die sich u. a. aus Bauern, Landarbeitern und entlassenen oder desertierten Soldaten sowie entlaufenen Sklaven zusammensetzten. Trotz ihrer Niederlage gegen Maximian blieben sie noch bis weit ins 5. Jahrhundert hinein eine bedeutende Gefahr für die römischen Herrscher. Ihre Hauptanliegen sind schwer zu ermitteln; in den spätantiken Quellen werden sie vorwiegend als „latrones" (Räuber) abqualifiziert, doch haben sie nach Ausweis von Münzprägungen im späten 3. Jahrhundert sogar einen Gegenkaiser ausgerufen.

Caesar:

Der Beiname („cognomen") des berühmten Diktators und Adoptivvaters des späteren Kaisers Augustus wurde Bestandteil der kaiserlichen Titulatur und seit dem 2. Jh. n. Chr. zur Bezeichnung für den designierten Thronfolger. In der diokletanischen Tetrarchie bezeichnete er den unter dem Augustus rangierenden Mitkaiser, und in diesem Sinne von ‚Unterkaiser' begegnet der Begriff auch noch im weiteren Verlauf des 4. Jahrhunderts.

Ciborium:

Der Begriff bezeichnet den Überbau eines Altars (oder auch eines Thrones oder Brunnens), eine auf Säulen oder Pilastern ruhende Bedachung. Ähnlich dem Baldachin gehört das Ziborium zur Zierarchitektur. Das ursprünglich pagane Motiv ist im 4. Jahrhundert in die christliche Kunst und Architektur aufgenommen und in der mittelalterlichen und neuzeitlichen Kirchenarchitektur weiterentwickelt worden.

corrector:

In der Kaiserzeit fungierte der „corrector" als außerordentlicher, bei Bedarf vom Kaiser bestellter Kontrolleur, um das Finanzgebaren der Städte zu beaufsichtigen. In der Spätantike hingegen amtierten „correctores" in Italien als Distriktgouverneure und im außeritalischen Raum als Provinzstatthalter.

damnatio memoriae:

Die vom Senat zu beschließende „damnatio memoriae" galt verstorbenen Kaisern, die sich unbeliebt gemacht hatten – die Annullierung ihrer Regierungsakte, die Vernichtung ihrer Statuen und Porträts sowie die Erasion ihrer Namen auf Inschriften sollten sie der Strafe des Vergessenwerdens ausliefern. Nero (68 n. Chr.), Maximinus Thrax (238 n. Chr.) und Licinius (325 n. Chr.) sind zum Beispiel der „damnatio memoriae" anheim gefallen.

Diözese:

Diözesen wurden in der Spätantike (vielleicht erst seit der Zeit Konstantins) als Unterbezirke der Präfekturen geschaffen und gliederten sich selbst wiederum in die verschiedenen Provinzen. Im 4. Jahrhundert existierten 12–14 Diözesen, denen Vikare als Vertreter der Prätorianerpräfekten vorstanden. Sie hatten vor allem Aufgaben in der Rechtsprechung zu versehen.

Donatismus:

Der Donatismus ist ein Resultat der tetrarchischen Christenverfolgung. Donatus wurde von rigoristischen Anhängern im Jahr 313 als Gegenbischof zu Caecilianus zum Bischof von Karthago gewählt, da letzterem vorgeworfen wurde, die Weihe von einem Bischof empfangen zu haben, der seinem Glauben und seinem Amt während der Verfolgung nicht treu geblieben wäre. Unter Donatus wurde der Donatismus zu einer afrikanischen Massenbewegung, in der auch viele christliche Sektierer und Außenseiter eine Heimat fanden. Trotz entschiedener Bekämpfung durch Kaiser und katholische Kirche war der Donatismus noch im 5. Jahrhundert virulent.

Follis:

Mit dem ursprünglich für einen Beutel mit Kupfermünzen gebräuchlichen Terminus „follis" bezeichnet man die mit einem schwachen Silberüberzug versehenen Bronzemünzen Diokletians, die seit 293/94 bis zur Mitte des 4. Jahrhunderts bei zunehmender Gewichtsverminderung geprägt wurden. Der Silberüberzug sollte dieses Nominal als Silbermünze ausweisen, und als solche wurde sie durch das diokletianische Währungsedikt vom 1. 9. 301 in ihrem Wert verdoppelt.

Konzil:

Kirchenkonzile – und nur diese sind mit dem vom lateinischen „concilium" abgeleiteten Begriff Konzil hier gemeint – demonstrierten auf eindrucksvolle Weise das Zusammenwachsen von Staat und Kirche seit der konstantinischen Zeit. Konstantin hat, obwohl er nicht getaufter Christ war, Bischofsversammlungen (Konzile bzw. Synoden) einberufen und ihnen – mit dem Einverständnis der Bischöfe – persönlich präsidiert, wahrscheinlich nicht schon im Jahr 314 (Arles), gewiß aber im Jahr 325 (Nikaia). Beide Konzile wurden aufgrund (primär) innerchristlicher Probleme (Donatismus bzw. Arianismus) abgehalten, dennoch fühlte sich das Staatsoberhaupt zum Eingreifen aufgerufen. Protokolle und Beschlüsse der Konzile sind uns in den Konzilsakten erhalten und stellen eine bedeutende Quellengattung dar.

Labarum:

Das Labarum ist das mit dem Christogramm geschmückte kaiserliche Feldzeichen, mit dem Konstantin laut Eusebius bereits 312 die Schlacht an der Milvischen Brücke bestritten haben soll. In bildlicher Darstellung ist das Labarum erstmals für 327/28 zu belegen (auf der Rückseite einer in Konstantinopel geprägten Bronzemünze), die Verwendung bereits im Jahre 312 ist daher zweifelhaft.

Multiplum:

Unter diesem Begriff versteht man die Prägung eines ‚Vielfach-Nominals‘, also zum Beispiel ein 10-Aurei-Stück.

Peristyl:

Der Begriff bezeichnet eine Säulenhalle, die einen offenen Hof umgibt.

Pontifex maximus:

Seit Augustus war das republikanische Oberpriesteramt mit dem römischen Kaisertum eng verbunden – die Oberaufsicht über den gesamten kultischen und sakralen Bereich war zum Vorrecht und zur Pflicht des sich als Patron der Römer verstehenden Princeps geworden. Auch die christlichen Kaiser wahrten zunächst diese Tradition – erst Gratian hat den Titel 382 abgelegt, doch schon bei seinem Amtsantritt im Jahre 379 hatte Theodosius I. auf die Funktion des „pontifex maximus" verzichtet.

Prätorianerpräfekt:

Seit Augustus, der das (zunächst kollegial besetzte) Amt des „praefectus praetorio" geschaffen hatte, fungierten die Prätorianerpräfekten zunächst nur als Befehlshaber der kaiserlichen Elitetruppe, der Prätorianer. Im Laufe der Zeit erhielten sie auch zivile Aufgaben (vor allem juristischer Natur), bis Konstantin sie zu reinen Zivilbeamten machte, die mit weitreichenden Kompetenzen auf den Feldern der Verwaltung, des Steuerwesens und der Heeresversorgung ausgestattet wurden und zu den mächtigsten Männern des spätrömischen Reiches gehörten.

Rostra:

Eigentlich sind damit an Kriegsschiffen befestigte Schiffschnäbel zum Rammen feindlicher Schiffe gemeint. Hier jedoch ist es die Redetribüne auf dem Forum Romanum, die mit Schiffschnäbeln von den Schiffen besiegter Gegner geschmückt worden war.

Sassaniden:

Diese neupersische Dynastie herrschte seit dem Jahr 224 in dem vorher parthischen Reich. Dem zweiten sassanidischen König, Shapur I., gelang es, den römischen Kaiser Valerian im Jahre 260 gefangen zu nehmen. Shapur II., der von 309 bis 379 regierte, befand sich in nahezu permanentem Kriegszustand mit den Römern, der auch durch den dreißigjährigen Friedensschluß mit dem Kaiser Iovian (363) nicht dauerhaft beendet werden konnte. Die Sassaniden büßten erst im Jahre 651 ihre Herrschaft ein.

Sibyllinische Bücher:

Die Bücher der Sibylle, der legendären Seherin von Cumae, besaßen in Rom die Bedeutung hochheiliger Orakelsprüche. Sie waren in griechischer Sprache verfaßt und sollen schon in der römischen Königszeit nach Rom gelangt sein, wo sie, da ihr Inhalt als geheim galt, unter strengem Verschluß gehalten wurden. Nur bei ungewöhnlichen Anlässen und bedrohlichen Ereignissen konsultierten speziell ausgesuchte Experten die „libri Sibyllini." Noch im späten 4. Jahrhundert hielten die Heiden an der Befragung der Bücher fest.

Stadtpräfekt:

Der „praefectus urbi" war in der römischen Kaiserzeit der Stellvertreter des Kaisers in Rom, insbesondere auch in juristischer Hinsicht. Ferner oblag ihm die Aufsicht über die städtische Polizei und das Sorgen für Ruhe und Ordnung. In der Spätantike erlangten die Stadtpräfekten ihre höchste Bedeutung: Sie standen im Rang unmittelbar unter den Prätorianerpräfekten, leiteten Senatssitzungen und fungierten im Umkreis von 100 Meilen als Appellationsgericht. Constantius II. richtete auch für Konstantinopel das Amt des Stadtpräfekten ein.

Terminalia:

Das dem Jupiter heilige Fest der Terminalia wurde am 23. Februar begangen; es markierte das Ende des altrömischen Jahres.

Thermen:

Thermen sind römische Badeanlagen, die in bescheidener Form (wenige Räume zum Umkleiden sowie zum Kalt-, Lau- und Warmbaden), aber auch in prächtiger und aufwendiger Ausstattung als monumentale Baukomplexe begegnen. Letztere finden sich vor allem in Form der Kaiserthermen in Rom (zum Beispiel die Caracalla-Thermen und Diokletiansthermen). Großzügige Gewölbebauten mit aufwendiger Gestaltung (Mamorverblendungen, Mosaikböden), Parkanlagen und Palästren bilden einen Gebäudekomplex, der nicht nur zum Baden diente, sondern mannigfaltige Möglichkeiten gesellschaftlichen, intellektuellen und sportlichen Vergnügens bot.

Toga:

Die Toga ist das klassisch-römische Bürgergewand. Erwachsene Bürger trugen die weiße Toga, welche die Ritter mit einem schmalen und die Senatoren mit breitem Purpurbesatz versahen. Bis in die Spätantike hinein blieb die Toga die in offiziellen Vorschriften geforderte Bekleidung zum Beispiel für Senatoren und Stadtpräfekten.

tribunicia potestas:

Die Amtsgewalt der Volkstribunen, die Augustus seit 23 v. Chr. in vollem Umfang besaß, hatte stets eine wichtige Quelle der kaiserlichen Macht gebildet: Ihr Inhaber genoß die Unverletzlichkeit, konnte gegen andere Magistrate einschreiten, den Senat einberufen und Gesetzesanträge an die Volksversammlung stellen. Obwohl die tribunizische Gewalt in der Spätantike, als die Kaiser kaum noch in Rom anzutreffen waren, ihre reale Bedeutung eingebüßt hatte, blieb sie zur Zeit der Tetrarchie noch regelmäßiger Bestandteil in den offiziellen Urkunden. Im Laufe des 4. Jahrhunderts taucht sie jedoch immer seltener auf und verschwindet nach Valentinian I. (375) fast vollständig.

Tropaion:

Das Tropaion, ein Siegesmal, wurde ursprünglich dort errichtet, wo der Feind die Wendung (griech. „trope") zur Flucht angetreten hatte. Bereits in hellenistischer Zeit wurden aufwendige Tropaia als Siegesmonumente in Residenzstädten oder in Heiligtümern erbaut, und die Römer übernahmen diese Sitte.

Tyche:

Die griechische Göttin des Schicksals, Zufalls und Glücks entspricht weitgehend der römischen Fortuna. Sie wurde oft als Stadtgöttin betrachtet und als solche mit der Mauerkrone dargestellt.

Velia:

Die Velia ist ein felsiger Hügelrücken in Rom, welcher den Palatin, den Hügel der späteren Kaiserresidenzen, und den Esquilin miteinander verband. Das bedeutendste Monument auf der Velia im kaiserzeitlichen Rom war Hadrians riesiger Tempel für Venus und Roma.

4. Abbildungsverzeichnis (mit Nachweisen)

Abb. 1: Das römische Reich in der Spätantike, aus: A. Cameron, Das späte Rom (Deutscher Taschenbuch Verlag), München 1994, S. 230f.

Abb. 2: Die Präfekturen und die Diözesen in der Spätantike, aus: J. Bleicken, Verfassungs- und Sozialgeschichte des römischen Kaiserreiches (Verlag F. Schöningh), 3. Aufl., Paderborn 1994, S. 8

Abb. 3: Der römische Osten, aus: J. F. Matthews, The Roman Empire of Ammianus (Gerald Duckworth & Co), London 1989, S. 47

Abb. 4: Diokletian (?), aus: H. Beck/P. C. Bol (Hgg.), Spätantike und frühes Christentum (Liebieghaus, Museum alter Plastik), Frankfurt a. M. 1983, S. 403, Nr. 23

Abb. 5: Das Fünfsäulendenkmal auf dem Konstantinsbogen, aus: H. Kähler, Das Fünfsäulendenkmal der Tetrarchen auf dem Forum Romanum (M. Dumont Schauberg), Köln 1964, Taf. 1,2

Abb. 6: Die Dezennalienbasis (DAI Rom, Inst. Neg. 35.734)

Abb. 7: Das Fünfsäulendenkmal (Rekonstruktion), aus: H. Kähler (s. o. Abb. 5), Abb. 6

Abb. 8: Maxentius-Basilika (von Süden), aus: F. Coarelli, Rom. Ein archäologischer Führer (Verlag Herder KG), Freiburg 1975, S. 95

Abb. 9: Maxentius-Basilika (Rekonstruktion), aus: F. Coarelli (s. o. Abb. 8), S. 95

Abb. 10: Die Diokletiansresidenz in Spalato (Modell) (DAI Rom, Inst. Neg. 73.1111)

Abb. 11: Aureus Diokletians, aus: J. P. C. Kent/B. Overbeck/A. U. Stylow, Die Münzen der Römer (Hirmer Verlag), München 1973, Taf. 129, Nr. 579

Abb. 12: Aureus Maximians, aus: Kent/Overbeck/Stylow (s. o. Abb. 11), Taf. 129, Nr. 581

Abb. 13: Konstantin der Große (DAI Rom, Inst. Neg. 52.30)

Abb. 14: Plan von Konstantinopel, aus: C. Mango, Le développement
          urbain de Constantinople (IV–VII siècle) (Boccard), Paris 1985,
          Plan 1
Abb. 15: Solidus Konstantins (Vorderseite), aus: Kent/Overbeck/Stylow
          (s. o. Abb. 11), Taf. XXV, Nr. 657 V
Abb. 16: Solidus Konstantins (Rückseite), aus: Kent/Overbeck/Stylow
          (s. o. Abb. 11), Taf. 140, Nr. 657 R
Abb. 17: Konstantinsbogen (Südseite) (DAI Rom, Inst. Neg. 77.1641)
Abb. 18: Silbermedaillon von Ticinum, aus: Spätantike und frühes Chri-
          stentum (s. o. Abb. 4), S. 640, Abb. 224
Abb. 19: Laterans-Basilika (Rekonstruktion), aus: H. Brandenburg, Roms
          frühchristliche Basiliken des 4. Jh. (Wilhelm Heyne Verlag),
          München 1979, S. 26/27
Abb. 20: Medaillon aus Konstantinopel, aus: M.-R. Alföldi, Die Constan-
          tinische Goldprägung (Habelt), Mainz 1963, Taf. 20, Nr. 245
Abb. 21: Solidus des Magnentius, aus: Spätantike und frühes Christentum
          (s. o. Abb. 4), S. 480, Nr. 81
Abb. 22: Julian (?), aus: Spätantike und frühes Christentum (s. o. Abb. 4),
          S. 65, Abb. 38
Abb. 23: Kontorniat (Vorderseite), aus: A. u. E. Alföldi, Die Kontorniat-
          Medaillons (Gebr. Mann Verlag), Berlin 1976/1990, Taf. 184,
          Nr. 4
Abb. 24: Diptychon mit Kaiserapotheose, aus: Spätantike und frühes
          Christentum (s. o. Abb. 4), S. 672, Nr. 248

5. Register

Thukydides   176
Ticinum   32, 135ff.
Titus   132
Trajan   94, 100, 117, 155ff., 186
Trier   42, 74
Troja   181
Tropaion   136, 206
Tyche   170, 206

Valens   59
Valentinian I.   206
Valentinian III.   186
Valeria   62
Valerian   100

Velia   71
L. Verus   163
Vespasian   157
Vetranio   40, 152
vicarii   23, 88, 203
Vicennalia   21, 66ff., 101
Victoria   66, 127, 129, 131, 136, 151

Währung   22, 31, 75ff.

Zeus (s. auch Jupiter)   169, 185
Zonaras   162ff.
Zosimos   40, 125, 165ff.

www.ingramcontent.com/pod-product-compliance
Lightning Source LLC
Chambersburg PA
CBHW030305100426
42812CB00002B/575